알파레이디 북토크

알파레이디 북토크
ⓒ들녘 2013

초판 1쇄 발행일 2013년 1월 20일

엮 은 이 경향신문 인터랙티브 팀(유기정·이인숙·이고은·박효재)
펴 낸 이 이정원

출판책임 박성규
편집책임 선우미정
편집진행 김상진
편 집 한진우·조아라·김재은
디 자 인 김지연·김세린
마 케 팅 석철호·나다연·도한나
경영지원 김은주·이순복
제 작 송승욱
관 리 구법모·엄철용

펴 낸 곳 도서출판 들녘
등록일자 1987년 12월 12일
등록번호 10-156
주 소 경기도 파주시 교하읍 문발리 출판문화정보산업단지 513-9
전 화 마케팅 031-955-7374 편집 031-955-7381
팩시밀리 031-955-7393
홈페이지 www.ddd21.co.kr

I S B N 978-89-7527-888-4(13320)
값은 뒤표지에 있습니다. 잘못된 책은 구입하신 곳에서 바꿔드립니다.

책으로 세상을 읽다

알파레이디 북토크

경향신문 인터랙티브 팀 엮음

들녘

ALPHA

LADY

BOOK

TALK

추천사 _책 속에 담긴, 알파걸을 위한 '잇' 콘텐츠

하루 종일 스마트폰을 손에 쥐고, 인터넷을 뒤지며 세상에 넘치는 정보를 검색하는 디지털 신인류. 하지만 정작 가장 편하고 쉽게 지식과 교양을 쌓을 수 있고, 심지어 자신을 성찰할 수 있는 독서에는 시간을 할애하지 않는다.

그럼 우리는 왜 책, 그것도 종이로 만든 책을 읽어야 할까? 이토록 바쁘고 모든 것이 급변하는 시대에 왜 한 장, 한 장 페이지를 넘기며 책을 읽는 수고를 해야 할까? 책이 우리에게 무엇을 약속하고 선물할 수 있을까?

〈경향신문〉은 2011년에 '알파레이디 리더십'을 기획, 진행했다. '똑똑하고 야무지고 체력도 뛰어난 알파걸들이 정작 사회생활을 하면서는 왜 알파레이디로 성장하지 못할까'라는 의문 때문이었다. 법과 제도, 사회적 인식을 탓하기 전에 여성들의 태도를 바꿔 진정한 리더십 역량을 키워보자는 의도였다.

그리고 2012년에 '알파레이디 북토크'를 마련했다. 리더십에서 가장 중

요한 것은 야심과 의지만이 아니라 다양한 콘텐츠, 탄탄한 인문학적 지식이기 때문이다. 미래학자들은 계급사회인 19세기의 상류층이 왕과 귀족, 자본주의가 지배하는 20세기 상류층이 재벌 등 부자였다면 21세기 상류층은 문화 콘텐츠가 풍부한 이들이라고 한다. 100년이 넘는 생애 주기에 예닐곱 개의 직장이 아니라 직업을 체험하며 살아야 할 이들에게는 특정한 자격증보다는 어떤 직업에서도 유용한 인문학적 콘텐츠가 가장 큰 무기가 될 것이라고 한다.

이 책은 각계의 전문가들이 자신이 쓴 책을 소개하고 자신의 삶을 이야기하는 북토크의 생중계다.

정교수직을 과감히 버리고 현재 일본에서 애니메이션학과 대학생으로 새 인생을 시작한 김정운 박사부터 평창 동계올림픽 유치에 기여한 나승연 전 평창동계올림픽유치위원회 대변인의 프레젠테이션 비법, 더욱 암울해진다는 세계 경제와 경제민주화에 대한 이야기를 쉽게 풀어준 경제학자 우석훈, 물건만이 아니라 개인도 이제는 브랜딩을 해야 한다고 강조한 홍성태 교수, 조그만 체격의 코미디언에서 사회운동가로 변신한 김미화 씨가 자신의 묘비명 '웃기고 자빠졌네'를 제목으로 쓴 진솔한 고백담까지 여러 저자의 이야기들이 담겨 있다.

한 권의 책을 쓰려면 1천 권 이상의 책을 읽어야 가능하다. 한 권의 책에는 수십 여 년간 저자들이 집념으로 일궈낸 전문분야가 있고, 풍성한 삶의 여정들이 녹아 있다. 어쩌면 책 한 권을 읽는 것만으로 수십 편의 다큐멘터리를 볼 수 있고, 수십 곳의 박물관을 관람할 수도 있다. '애플'의 창업자 스티브 잡스도, 투자전문가 워런 버핏도 자신들의 성공비결을 독서라고 했다. 책에서 읽은 한 줄의 문장이 인생을 바꿔주었다는 이들도 많다.

각 분야의 전문가들이 풍성하게 차린 진수성찬의 향연에 여러분을 초대한다. 아무리 포식을 해도 탈이 나지 않고, 한 가지 음식만 먹어도 충분히 영양을 섭취할 수 있다. 독서는 확실한 성공을 보장하지는 못하지만, 분명 우리를 성장시켜 준다. 오늘보다 나은 내일을 위한 마음가짐으로 이 책을 읽어보길 바란다.

유인경(경향신문 선임기자)

| 차례 |

추천사 _책 속에 담긴, 알파걸을 위한 '잇' 콘텐츠(유인경 경향신문 선임기자) 5

몸과 마음, 나 자신부터 사랑하기

책 한 권이 바꾸는 나의 삶 _**정혜윤**(CBS 라디오PD) 12
여성의 몸, 진정한 주체는 바로 나 _**고미숙**(고전평론가) 38

사랑, 인생을 배우는 처음이자 끝

진정한 소통으로 성숙한 사랑을 이루다 _**곽금주**(서울대 심리학과 교수) 70
행복하기 어려운 한국남자, 이해와 대처법 _**김정운**(문화심리학자, '여러가지문제연구소' 소장) 92

시민의식, 일상부터 일생까지 바꾼다

깨어 있는 '여성시민'이 사회를 깨운다 _**우석훈**(경제학자, 성공회대 외래교수) 118
진정한 맛을 알아야 진정한 시민 _**박찬일**(요리전문가) 142

소통, 나를 알리고 남을 설득하는 노하우

나의 브랜드를 완성하는 '공감능력' _**홍성태**(한양대 경영학부 교수) 176
마음을 움직이는 프레젠테이션 _**나승연**(전 평창동계올림픽유치위원회 대변인) 212

내 인생, 나의 것으로 만들기

인생은 타이밍, 행복을 좇아라 _**김미화**(방송인, 코미디언) 248
심심한 인생, 가슴 찌릿할 재미를 찾아라 _**조영남**(가수, 화가, 작가) 272

후기 _알파레이디 시즌2, 책에서 지혜를 빌리다 301

몸과 마음,
나 자신부터
사랑하기

책 한 권이 바꾸는 나의 삶

정혜윤

책 속에

눈을 들이고,
귀를 기울이면

그곳에
내 삶이
투영된다

정혜윤은 CBS라디오에서 PD로 시사교양·다큐멘터리 프로그램을 만들고 있습니다. 정 PD는 '매혹적인 독서가'로 불립니다. 그는 돈을 벌고 성공하는 법을 알기 위한 책 읽기가 아니라 '어떻게 살아야 하나'를 생각하기 위한 책 읽기를 추구합니다.

정 PD는 2007년 11월 독서 에세이 「침대와 책」을 시작으로, 책과 사람 그리고 여행을 오가는 여행에세이 「런던을 속삭여줄게」, 「여행, 혹은 여행처럼」 등을 잇달아 펴내며 감각적인 책 이야기로 주목받았습니다. 그가 2012년 6월에 쓴 「삶을 바꾸는 책 읽기」는 세상의 모든 책을 삶을 바꾸는 재료로 쓰는 법을 이야기합니다.

책을 발견하다

"호기심이 내 안에 쏙 들어왔어요"

어제 대전의 한 중고 서점가게를 오픈하는 행사에 다녀왔어요. 참 좋았어요. 서점이 정말 컸는데요. 책을 좋아하는 사람들이 와서 산책하듯 놀듯 지낼 수 있는 공간이었어요.

저는 책과 얽힌 추억 중 서점에 관련한 것이 두 가지가 있어요. 그 추억 얘기가 제가 쓴 책에도 나와 있어요. 제가 '이게 책이구나' 하고 발견하고 책을 좋아하게 된 때가 여덟 살 때입니다. 지금도 굉장히 강렬하게 생각나는데, 어머니가 계몽사의 세계문학전집을 영업사원에게 사서 거실 책상에 쫙 꽂아놓고는 흐뭇해하셨어요. 말하자면 '인테리어용'이었는데, 어느 날 책을 꺼내 읽어보니 재미있어요.

제가 특별히 좋아했던 책은 「쌍무지개 뜨던 언덕」이라는 책이었어요.

어렵게 고생한 쌍둥이가 만나는 감동적인 이야기인데요. 그다음에 제 인생에 두 번 정도 실제로 쌍무지개를 봤던 것 같습니다. 그다음으로는 「메리 포핀스」가 좋았어요. 그 책을 읽은 분들은 아시겠지만 메리 포핀스는 굉장히 과격한 가정교사예요. 저는 메리 포핀스가 좋으니까 흉내도 냈어요. 책 속에 보면 메리 포핀스가 계단 난간을 미끄럼 타고 쭉 내려오는 장면이 있는데요. 저도 그걸 따라했던 기억이 나요.

책 속 아이들도 저처럼 메리 포핀스가 좋은지 어느 날 물어봐요. "우리를 떠날 거예요?" 메리 포핀스는 떠날 거라고 해요. 아이들이 다시 언제 떠날 거냐고 물으니까 메리 포핀스는 '하늬바람'이 불 때 떠난다고 해요. 제가 그때 '하늬바람'이 뭔지 알 턱이 없잖아요. 근데 저도 메리 포핀스가 떠나는 게 싫으니까 '하늬바람'이 대체 뭔지 알고 싶었어요.

그래서 마당에 나가서 바람을 보고 싶단 생각이 들었어요. 그때 마침 아빠의 흰 와이셔츠가 빨랫줄에 쭉 널려 있고 진짜로 한 줄기 바람이 불었어요. 이게 하늬바람일까 생각했죠. 그리고 때마침 바로 그때 해가 지고 하늘이 빨갛게 물들었는데 내 마음속으로 뭔가 쏙 들어왔던 것 같아요. 그게 뭐냐면 '더 알고 싶다'는 호기심이었어요. 내가 모르는 것을 알고 싶은 마음, 호기심이 몸에 어떤 감각으로 남아 있었던 것 같아요.

제가 그때부터 계몽사의 세계문학전집을 읽기 시작했어요. 밤에 부모님께서 자라고 그러는데 책은 보고 싶고, 어두운 건 무서우니까 항상 오빠를 거실에 데리고 나와 손전등을 비춰달라고 했어요. 어느 날 「톰소여의 모험」을 읽는데 너무 재미있는 거예요. 요즘에도 많은 부모님들이 세계문학전집에 있는 「톰소여의 모험」을 자녀들에게 많이 읽게 하시는데요.

저는 특히 어떤 장면을 좋아했느냐요. 톰이 예쁜 베키를 짝사랑하는데 베키는 좀 도도해요. 어느 날 베키가 선생님 몰래 책상 서랍에 있는 것을 꺼냈다가 깨뜨리는 사고를 쳤어요. 얼마 후 선생님께서 돌아와서 "누가 그랬어?"라고 소리쳐요. 톰은 베키가 한 것을 다 알고 있죠. 그런데 톰이 '분연히' 떨쳐 일어나 "제가 그랬어요"라고 해요. 제가 그 장면을 읽고 톰한테 반한 거예요. '이렇게 멋진 남자가 있다니…….' 그리고 나서 저희 반 남자 애들을 봤더니 고자질로 날밤을 새우는 모습이 참으로 한심해 보였어요.

책이 삶에 들어오다
"서점 계단에 앉으면 외롭지 않았어요"

중학교에 들어간 뒤 어느 날 저는 진정한 여자가 되고 싶었어요. 2차 성징도 오고, 사춘기잖아요. 그래서 엄마한테 물어봤어요. "엄마 어떻게 하면 진정한 여자가 될 수 있어?" 우리 엄마가 "오줌이나 아무 데나 싸지 마라"고 하시더라고요. 그런데 그건 제가 생각해도 수준이 낮은 거예요. 제가 그 전까지는 엄마 손을 잡고 참고서나 전과 같은 책만 사러 갔는데 처음으로 저도 모르게 진정한 여자가 되기 위한 책을 구하러 서점에 갔어요. '여자'라는 글자가 들어간 책을 찾기 시작했죠.

「댈러웨이 부인」이나 「마담 보바리」 등을 사서 돌아왔어요. 책을 읽기 시작했는데 무슨 얘기인지 하나도 몰랐어요. 그래도 「마담 보바리」가 가장 쉬웠어요. 「마담 보바리」를 보면 첫 장면이 삶의 권태, 삶이 얼마나 지루한지를 표현하기 위해서 식탁과 벽지를 묘사하면서 시선이 쭉 내려가는 장면이 나와요. 그건 제가 부모님께 야단맞을 때 하는 일이거든요. 또 하나는 개가 나비를 따라 빙글빙글 도는 장면이 있어요. 그건 우리 개가 만날 하는 일이거든요. 그 장면만큼은 너무나 이해하기가 쉬운 거예요.

제가 고등학생 때 남자친구가 생겼거든요. '순결'이 부모님의 당연한 관심사가 됐죠. 제 엄마가 굉장히 과감한 분인데 하루는 저랑 남자친구만 놔두고 외출을 하시는 거예요. 제가 더 놀랐어요. "엄마, 이러면 안 되는 거 아니야?" 이랬더니 엄마가 하는 말씀이 "상반신만 허락해라." 엄마가요. 제가 너무도 놀랐죠. 그래서 나가는 엄마를 붙잡고 "엄마, 손은 상반신이야, 하반신이야?"라고 물어봤어요. 그랬더니 "손은 하반신이야"라고 그러더라고요. 손도 안 된다는 말이더군요. 결국 허락할 수 있는 건 이마 위뿐이었어요.(웃음)

어느 날 엄마가 「테스」, 「부활」 같은 책을 읽어보라고 하셨어요. 그 책을 읽어봤더니 테스가 하룻밤 정절을 뺏긴 이유로 사형에 처해지고 카투샤는 하룻밤 정절을 잃은 다음 살인 누명을 쓰고 감옥에 갇히더라고요. '순결을 지키지 않으면 죽겠구나', '순결의 문제가 아니라 죽고 사는 문제구나' 이렇게 생각했죠.

대학교에 갔어요. 드디어 대형서점이 나왔는데 '종로서적'이라고 있었어요. 지금은 없어졌죠. 6층짜리 건물이었는데요. 그 서점이 저한테는 백화점 같았어요. 백화점이 1층에는 뭐, 2층에는 뭐, 3층에는 뭐 이렇게 구성되는데 종로서적도 층별로 주제가 있었어요. 어떤 층은 문학, 어떤 층은 예술, 이렇게요.

그때 학교에서 버스 타고 혼자 자주 종로서적에 갔어요. 제가 고향을 떠나와서 기숙사에 있게 됐을 때 외로웠던 것 같습니다. 그 시절 저에겐 종로서적 계단에 앉아서 책을 보는 게 큰 낙이었어요. 외롭지가 않았어요. 제 자신이 누구보다도 할 일이 많은 사람처럼 느껴졌어요. 서점에 책이 많았기 때문에 그때만큼은 흘러가는 시간이 아까웠고 서점을 나설 때 제가 굉장히 풍성해진 것처럼 느껴졌어요.

책으로 깨닫다
"조르바가 나를 아는 법을 알려줬어요"

종로서적 계단에 앉아서 읽었던 책 중에 가장 좋아했던 책은 「그리스인 조르바」예요. 요즘 그 책이 갑자기 인기를 끌더라고요. 제가 조르바를 얼마나 좋아했던지 학생수첩 맨 앞 페이지에 이름 쓰고 학번 쓰는 곳에다 「그리스인 조르바」에 나오는 문구를 적을 정도였어요.

조르바는 뜨내기 일용직 노동자예요. 뭐랄까, 유랑노동자죠. 우리로 말하면 이주노동자 같은 사람인데요. 겪을 것을 다 겪은 사람이에요. 전쟁도, 방화도, 살인도, 온갖 끔찍한 일은 다 겪은 사람인데도 그는 모든 것을 다 신기하게 여깁니다. "두목, 아침이 밝았어요!", "새가 날아와요!", "돌멩이가 굴러가요!" 만날 깜짝 놀라요. 조르바에게는 매일 새롭지 않은 게 하나도 없는 거예요.

이 조르바가 어느 날 두목에게 말해요. "당신이 밥을 먹고 무엇을 하는지 말해주세요. 그럼 당신이 누구인지 말해드리겠습니다." 제가 이 부분을 읽었을 때 머리를 꽝 한 대 맞은 것 같았어요. 왜냐면 우리도 우리가 누군지 궁금할 때가 있잖아요. 뭐를 잘하는지, 어떤 사람인지, 남들에게 어떤 사람으로 비칠지 궁금해요. 그래서 옆 사람이나 잘 아는 사람한테 물어보죠. "나를 어떻게 생각해?", "나 칭찬 좀 해줘" 등등. '누가 날 좀 알아줬으면 좋겠다'라고 애걸하는 심정이 될 때가 있어요.

그런데 조르바가 밥을 먹고 뭘 하는지 말해달라고 하는 순간, 너무 단순해서 좋았어요. '아, 내가 누군지 알고 싶으면 밥을 먹고 뭘 하면 되겠구나. 이렇게 다른 사람들에게 징징거릴 필요가 없겠구나.' 아무것도 하지 않으면서 사랑만을 받고 싶어하는 마음은 그토록 초라했던 거죠.

「그리스인 조르바」를 쓴 사람은 니코스 카잔차키스라는 작가인데요, 카잔차키스가 조르바를 묘사하면서 '물+빵+포도주……=조르바'가 됐다고 표현하는 장면이 나와요. 그러니까 우리가 아는 물질들이죠. 예를 들어 '콩나물찌개+김치찌개……=정혜윤' 이렇게 된 것이죠. 니코스 카잔차키스는 물질이 영혼이 되고, 물질이 정신이 되는 화학작용에 관심이 있었습니다. 근데 한번 생각해보세요. 우리가 '밀가루+우유+베이킹파우더=케이크' 이런 건 알고 있는데 정작 무엇과 무엇이 더해져서 내가 되는 화학작용은 생각하지 못하고 살았던 것 같아요.

그런 눈으로 세상을 보니까 속으로는 비슷한데 겉으로는 다르다는 게, 반대로 겉으로 비슷해 보이는데 속으로는 너무 다르다는 게 정말 신기했어요. 감히 신비라는 말을 쓸 만했죠. 저는 그 책에 열광했어요. '책이란 것이 이렇게 재미있을 수 있구나.' 머리가 맑아지는 경험이었어요.

책으로 삶을 생각하다
"책은 왜 읽으세요?"

2010년 어느 날, 전화를 받고, 경기도에 있는 한 도서관에 강연을 갔어요. 문을 열고 들어갔는데, 그 장면이 정말 아름다웠어요. 200~300명 정도 되는 50~60대 아주머니들이 강연장을 꽉 채우고 앉아계셨어요. 토요일 10시에 말예요. 저만 머리를 산발하고 난리인데, 모두 다 예쁘게 꽃단장도 하셨고요. 바로 관광버스 타고 소풍 가도 될 것 같은(웃음) 그 분위기로 딱 앉아 계셨어요.

순간 좀 혼란스러웠어요. 그날 제 강연 제목이 '고전 읽기'였는데요. 제 책 중 거의 팔리지 않는 책이 「세계가 두 번 진행되길 원한다면」이라는 책이거든요. 아무도 제목을 못 외워요. 저한테는 항상 '다시'가 중요한데 '다시 태어난 것처럼 살자'는 의미로 그 책을 냈어요. 그날 강연은 그 책 때문에 이뤄진 거였어요. 그런데 '이분들은 고전을 읽을 필요가 없는데 왜 굳이 이 강연을 듣는 데 시간을 쓰지?'라는 생각이 들었어요. 사실 하지 않아도 되는데 굳이 하는 일이 저희에게 굉장히 중요합니다.

그런데 그분들과 같이한 고전 강연은 재미있었어요. 어디 앉지도 못하고 물 한 모금 마시지도 않은 채 쉬지 않고 강연을 했습니다. 요즘 대학생 강연을 가보면 학생들은 모든 책을 '논술시험을 보기 위해서' 기능적으로만 책을 읽어요. 그래서 스스로 책을 읽는 재미를 모르는 거죠. 하지만 50~60대는 달라요. 다들 자기만의 이야기가 있습니다. 헤르만 헤세의 책을 읽으면서 사춘기의 시름을 달래기도 했고, 「폭풍의 언덕」이나 「제인 에어」 같은 사랑도 꿈꿨고, 어떤 사람은 도스토예프스키의 「죄와

벌」에 나오는 것처럼 자본가를 응징하기 위해 물건을 훔쳐본 적이 있다고 하더라고요.

제가 생각해도 열심히 강연을 했는데, 갸륵하게 보셨는지 도서관 소속 기사분이 데려다주겠다고 하셨어요. 저야 고맙죠. 기사분이 밥을 먹고 가자고 하더군요. 그 순간 불길한 생각이 들기 시작했죠. '순순히 집에 가지 못하겠구나.'

김치찌개를 시켰는데 그분이 느닷없이 질문을 합니다. "강사님, 역사책은 왜 읽는다고 생각하세요?" 제가 우물쭈물하는 사이에 그분은 이렇게 말씀하셔요. "저는 역사책을 끔찍해서 읽을 수가 없어요. 그런데 그게 다 인간이 한 짓이란 말이죠. 나도 할 수 있었던 짓이죠. 역사책을 읽는 이유는 부끄러워하라고 읽는 겁니다. 자기가 할 수도 있는 일을 다시는 하지 말자고 읽는 겁니다."

그러더니 또 물어요. "강사님, 책은 왜 읽는다고 생각하세요?" 알고 보니 그 아저씨는 도서관에서 책을 가장 많이 읽는 분이었어요. 이동도서관 운전기사였는데, 책을 실은 차를 노인정 앞에 세워놓고 계속 책을 읽은 거예요. 그런데 어떤 사람은 책을 빌리러 와서는 "왜 이렇게 읽을 책이 없어?"라고 하고, 또 어떤 사람은 식음을 전폐하고 읽어야 할 만큼 잔뜩 빌려 갑니다. 그래서 기사분이 이렇게 말했답니다.

"제 말을 좀 들어보세요. 책을 좀 천천히 읽으세요. 제가 나이가 좀 있어서 룸살롱도 갑니다. 가면 제 딸 또래 여자애가 나옵니다. 제가 짐승도 아니고 어떻게 같이 마시냐 싶지만 다음에 가면 손도 잡고, 그다음엔 어깨도 끌어안습니다. 인간은 그렇게 강한 존재가 아닙니다. 인간은 자기가 하지 말자는 일을 조금씩 허용하는 존재입니다. 당신이 책을 읽고 무엇을 하는지 생각해보세요. 그러면 다음에 읽을 책을 추천해주겠습니다."

책으로 경험하다
"나, 이렇게 살면 되겠구나"

저는 이야길 듣고 조르바가 떠올랐습니다. 그 아저씨로부터 조르바를 보았죠. 밥을 먹고 무엇을 하는지 말해달라의 세계와 책을 읽고 무엇을 하는지 말해달라의 세계가 있는 거죠.

'1년에 100권 읽기' 이런 걸 하면 독해력이 생긴다고들 하는데, 저는 그런 책 읽기는 반대입니다. 책을 읽고 평가하는 것은 독서가 아니에요. "이 작가는 잘 써", "이 작가는 내 스타일이 아냐" 그렇게 평가나 하자고 책을 읽는 것은 아닙니다. 현대의 슬픔은 경험의 상실이라고 합니다. 책 한 권 읽는 것도 한 세계를 경험하는 것입니다. 책을 읽고 '자, 이제 뭘 바꿔 보지? 어떻게 살지?' 하면 독서행위를 한 겁니다.

독서의 동작이 있습니다. 고개를 숙이고 책을 읽습니다. 그러다가 어떤 부분에서 멈춥니다. 그 부분이 뭔가를 생각나게 해서겠죠. 책을 읽다가 멈추고 고개를 드는 것, 그게 독서 행위입니다. 책을 읽다가 멈추고, 또 멈추고 하면서 결국은 나를 보게 됩니다. 책 속에서 우리는 자기 자신을 다시 만나게 됩니다. 마주칩니다.

책에선 내게도 일어날 수 있었던 일을 경험해볼 수 있어요. 책이 다루는 주제는 사실 우리도 겪는 것들입니다. 질투, 상실, 배신, 사랑, 외로움, 두려움, 불안……. 그런데 이런 주제들을 엄청난 디테일로 다루는 것이 책이에요. 책이 놀라운 것은 어떤 사건 때문이 아니라 그 사건을 만나는 개인들의 태도가 너무나 다양하기 때문입니다. 책이 깨달음을 주는 것은 그 안에 우리가 하지 말 것, 우리가 해야 할 삶의 모습들이 들어 있기 때문입니다. 책을 읽고 가장 좋을 때는 '나 이렇게 살면 되겠구나' 하고 알게 될 때죠. 그 기쁨을 위해 굉장히 두꺼운 책도 읽는 것이라고 할 수 있어요.

책을 낼 때 '나는 베스트셀러 작가가 될 거야' 하고 쓰는 사람은 별로 없을 겁니다. '나에겐 이런 할 말이 있어'라고 하는 경우가 더 많죠. 가끔 책이 처녀귀신 같다는 생각을 합니다. 할 말이 있다면서 하늘을 떠돌아다니죠. 책은 「크리스마스 캐럴」에 나오는 스크루지 영감이 만난 세 유령같이 굽니다. "자, 잘 봐. 너 그렇게 살아도 돼?" 저는 책이 그 유령이라 생각해요. 인간도 아니면서 인간세계에 개입해서 할 말을 하는 거죠. 그러고 보면 라디오의 세계와 책의 세계는 공통점이 있어요. 내 눈에 보이지 않지만 누군가는 듣고 있을 거라는 신뢰와 간절함이 있습니다.

책을 기억하다
"왜 그때 그 문장을 적어뒀을까요?"

지난해 '불안'이라는 주제로 취재를 했어요. 많은 사람들이 불안해합니다. 일을 열심히 하는데 안정감이 없죠. 자기 자신이 어디에 필요하고, 열정은 어디에 쏟아야 하나 고민이 깊습니다. 결국 이 고민은 혼자 해결할 수 없고 도움을 받아야 하는데, 그래서 지금 책이 더 필요한 시기라고 생각했어요. 우리는 선입견과 편견에 사로잡혀 있습니다. 지금 내가 느끼는 모멸감, 수치심, 불안정함을 넘어서 책은 왜 사는지, 어떤 세상에 살고 있는지, 이 세상은 왜 이 세상이 되었는지 그리고 인간이라면 어떤 삶을 살아야 하는지 알려주는 역할을 하지 않나 생각해요.

 제가 많이 받았던 질문 중 하나인 책을 오래 기억하는 방법에 대해서 말하고 싶습니다. 발터 벤야민은 "그 책이 온전히 내 것이 되는 것은 그 책을 필사하는 것"이라고 했는데요. 정말 맘에 드는 부분이 있으면 그걸 필사해 보세요. 그리고 이렇게 두꺼운 책 중에서 나는 왜 하필 이 문장을 옮겨 적었을까 한번 생각해보세요. 왜 나는 이 문장을 나와 연결하고 싶어했을까 생각해보세요. 이것이 자기 자신의 마음속 깊이 중요한 것을 발견하게 합니다.

 저는 아무 이유 없이 제일 처음 필사한 책이 괴테의 「이탈리아 기행」이에요. 「젊은 베르테르의 슬픔」으로 유명해진 뒤 어느 날, 괴테는 이탈리아로 여행을 갑니다. 괴테는 그때를 두 번째 탄생일이라고 합니다. 누구에게나 그런 순간이 있습니다. 다시 태어난 것 같다는 순간이죠. 이것을 저는 인격의 탄생일이라고 말합니다. 몸의 탄생일이 아니라 우리 인격에도 탄생일이 있는 거죠.

 아무튼 그때 괴테가 베네치아에 가서 곤돌라 사공들을 보게 됐는데 하인에게 이렇게 말합니다. "이 곤돌라 사공의 노래는 유난히 심금을 울리지 않느냐?" 그러자 하인이 "예. 이게 맘에 든다면 리도 심 아낙들의 노래도 들어보세요"라고 합니다. 바다에 나간 남편이 걱정되어서 "잘 있어요?"라고 하면 아내의 목소리를 알아들은 남편이 마치 "나 잘 있어요"라고 하듯이 먼바다에서 대답하는 노래를 부릅니다. 이렇게 주고받던 것이 곤돌라 노래의 시초라고 한 부분이 있습니다. 괴테는 한 고독한 영혼이 다른 고독한 영혼에게 띄워 보내는 이 노래는 어딘가 진실한 면이 있지 않느냐고 해요.

제가 바로 그 부분을 필사했어요. 내가 왜 이 구절을 옮겨 적었을까? 그때는 몰랐어요. 하지만 몇 년 뒤에 알게 되었어요. 저는 리도 섬 아낙들을 흉내 내면서 살고 싶었던 거죠. 내 맘을 알아줄 누군가를 위해서 먼 고독한 바다를 향해 진실한 노래를 띄워 보내듯 살고 싶었던 거죠.

- 취업을 준비하는 대학 4학년입니다. 취업 준비를 하면서 여러 책을 읽고 싶은데 고르는 게 쉽지 않아요. 어떤 책을 골라야 하는지요? 자기계발서가 당기기도 하지만 고전을 읽고 싶기도 하고…….

제 책 표지 얘기를 하자면 제가 사진을 찍은 곳이 칠레의 '아옌데 박물관'이에요. 지금 이 빛은 자연광이에요. 약간 열린 문으로 빛이 들어와서 무지개를 만든 장면인데 그만 제가 넋을 잃고 바라봤습니다. 그게 책입니다. 그런 열린 틈으로 빛처럼 들어오는 게 책입니다. 열린 틈이 없다면 우린 결코 밖을 상상하지 못합니다.

취업준비생이라고 하시니 생각나는 게 있어요. 저는 4학년 때 입사했어요. 언론사 시험을 보는데 CBS 공고가 나서 지원했죠. 저는 라디오 PD를 꿈꿔본 적이 없는데 합격해서 좀 당황하기도 했죠. 얼떨결에 라디오 PD가 된 거예요.

전 처음에 일을 너무 못하는 PD였어요. 처음엔 '우리가 이렇게 마이크를 잡고 얘기하는 게 어떻게 제주도에서 들려요? 어떻게 강릉에서 들려요?' 이런 것을 질문이랍시고 하니까 선배들이 저를 한심하게 생각했어요. 한번은 회의실을 지나가는데 선배들이 내가 얼마나 덜 떨어졌는지를 얘기하는 게 회의주제였어요.(웃음) 그런데 선배들 얘기를 들으면서 저도 기뻤어요. 저도 마침 제가 제대로 PD가 될 수 있는지 너무 궁금했거든요.

그래서 서점에 가봤어요. 「직장 상사랑 잘 지내는 법」 같은 책을 다 지나쳐서 「전파론」이라는 책을 펼쳐들었어요. 저는 몰랐던 거죠. 콘텐츠란 것을 만들어야 하는데 무엇을 어떻게 만들어야 하는지……. 저는 모든 것을 아는 자만이 만들 수 있는 줄 알았어요. 전지전능한 신입사원이 아니라서 너무 실망했던 거죠. 그런데 「전파론」에 나오는 맥스웰의 방정식을 필사하고 한강에 누워서 하늘을 올려다봤어요. 하늘엔 전파를 반사하는 층이 있어요. 그래서 밤하늘을 날아서 방송이 날아가는 거죠. 저는 그때 생각했어요. '아, 나는 모든 것을 알지 않아도 되는구나. 나는 반사를 잘하면 되는 거구나. 나는 잘 듣고, 잘 묻고, 잘 옮기면 되는 거구나.' 그것이 제게 거대한 위안이었습니다. 잘하기 위해서 마음을 열면 되는 것이었습니다.

거기서 출발했습니다. 그런데 무슨 말에 귀 기울여야 하지? 어떤 말이

의미 있는 것이지? 저는 판단해야만 했습니다. 여러분도 자신이 원하는 일을 더 잘 이해하게 하는, 더 잘 알게 하는 책의 리스트를 만들어 보세요. 그걸 읽는 게 중요합니다. 저는 사실 리스트가 모든 것이란 표현까지 합니다. 거기가 출발점입니다. 사실 우린 원하는 일을 하기 위해 수많은 것들을 해야만 합니다. 그런데 이렇게 수단이 많다 보면 필연적으로 왜 하는지를 잊어버리게 됩니다. 그래서 취업한 뒤에야 '내가 원한 게 이게 아니었던 것 같아' 이런 생각에 사로잡히기도 합니다. 내가 하고자 하는 일을 이해하게 하고 사랑하게 하는 책을 나와 가장 가까운 곳에 두어야 합니다.

- 책 읽는 것을 좋아합니다. 책을 소장하는 게 중요하다고 하는데 도서관에서 빌린 책은 반납해야 해서 열심히 읽지만, 직접 구입한 책은 안 읽게 됩니다. 이런 습관을 고치는 방법은 뭘까요? 일단 구입해서 읽은 책은 두 번 이상 보기가 싫습니다.

난이도가 높은 질문이네요. 이렇게 말하고 싶어요. 책을 사다가 꽂아만 놔도 그 책이 머리로 옮겨 갑니다. 믿기지 않죠? 사실 이건 움베르토 에코가 웃자고 한 말이에요. 꼭 웃자고 한 이야기만도 아닙니다. 제가 그 책을 산 건 그 문제에 관심이 있다는 것이죠. 그러면 언젠가 마주치게 돼 있습니다.

제가 아까 '책 100권 읽기'에 대해 반대한다고 말씀드렸는데, 처박아 둔 책을 다시 꺼내 보게 되는 것, 그게 정말 맛있는 독서입니다. 한 번 읽고 다시 안 본다고 하는 경우가 많은데 작년에 본 책을 다시 보면 작년에는 그

부분이 눈에 안 들어왔는데 지금은 눈에 들어오고, 작년에는 이해를 못했는데 지금은 이해를 하게 되는 경우가 있습니다. 그 사이에 지능이 높아진 게 아니죠. 자신에게 뭔가 일어난 것입니다. 이것이 인생의 경험입니다.

인생의 지혜는 어떻게 생기느냐 하면요, 인생의 경험과 인생의 커리큘럼이 만났을 때입니다. 자기 경험과 책이 만날 때 지혜가 생긴다는 거죠. 한 번 읽었던 책을 다시 꺼내서 봤을 때 눈에 들어오는 것은 바로 나 자신에 대해서 뭔가를 알게 해줍니다. 내가 이해 못했던 일, 의미가 모호했던 것들을 서서히 선명하게 알게 되죠. 그러면서 우린 점점 단단하게 자기 자신을 만들 수 있게 됩니다. 책은 '고독 속의 대화'입니다. 고독 속의 치열한 대화입니다. 책하고 있을 때 우린 혼자 있지 않고 책과 에너지를 나누게 돼요. 그 에너지가 바로 우리를 키웁니다.

■ 정치, 사회 문제에 관심을 갖게 되면서 요새 〈시사인〉 주진우 기자를 좋아하게 됐어요. 그런데 그와 관련된 책을 많이 읽다 보니 '생각이 한쪽으로 치우치게 되면 어떻게 하나'라는 걱정도 듭니다. 균형감각을 키우고 싶은데 어떤 독서를 해야 할까요?

저는 그 네 남자('나는 꼼수다'출연진)와 같이 방송을 해봤는데요. 매력 있는 사람들입니다. 균형감각을 생각할 때 중요한 건 내가 뭘 깨뜨려야 하느냐는 겁니다. 내가 책 한 권에 너무 영향을 받았나 고민하는 질문 같은데요. 영향을 받는 것을 두려워하는 것보다는 왜 내가 이것에 관심을 갖게 됐는지를 생각하는 게 먼저인 것 같아요. 그러고 나서 내가 무엇을 깨나가야 하는지 생각하는 게 중요한 것 같습니다.

예를 들어볼게요. '반값 등록금' 시위, 왜 하게 됐을까요? 등록금은 정해진 대로 내야 하는 거고 어떻게든 내야 하는데 어떻게 깎아달라고 할 수 있을까요? 제도교육을 받은 애들에게 어떻게 그런 생각을 다했냐고 글을 쓴 적이 있습니다. 우리가 한 가지 방향의 생각만 접하다 보면 그것대로 사고하고 행동하게 됩니다. 그래서 세상엔 과연 그것이 옳은 것인가 따져봐야 할 것들이 많습니다.

제가 굉장히 좋아하는 남학생들이 있어요. 고교생일 때 인터뷰했던 애들인데요. 애들이 일곱 명인데, 모두 '왕따'예요. '왕따'를 당한 애도 있지만, '왕따'를 자처한 애도 있고요. 그 아이들이 저에게 '왕따'에 대해서 놀라운 생각을 들려줬어요. 왕따는 예전에는 함께 재미있게 살자고 해놓고는 좀 커서 재미없게 살자고 하니까, 나만 남겨놓으니까 차라리 스스로 '왕따'가 되겠다고 선택했다는 겁니다. '공부는 왜 해? 취업하려고 하지.' 이런 분위기 속에서 "나는 싫어, 나는 재미있는 걸 할래. 나는 재미있게 공부할래"라고 하는 애들이 이런 세상에서라면 '왕따'가 되는 걸 택하겠다고 하는 거죠.

그 아이들이 하루는 도서관 앞을 지나갔습니다. 그런데 도서관에 '초등학생 글쓰기를 지도합니다'라고 쓰인 플래카드가 걸려 있어요. 도서관에 문을 열고 들어가서 "그런데 혹시 초등학생만 가르치느냐?"고 물었대요. 그렇게 해서 일곱 '왕따' 남학생이 한 달에 한 번씩 책 읽기, 글 쓰기 수업을 고등학교 2학년 때부터 시작했는데요. 그런데 아이들의 관심사가 환경, 패션 등 다 달라요. 그래서 "그렇다면 각자 관심 있는 분야에 관한 책을 하나씩 돌아가면서 읽자"라고 해서 자기는 관심이 없어도 친구가 관심 있으니까 책을 읽기 시작해요. 친구가 아니면 결코 관심이 없었을, 알려고 하지 않았을 것들을 읽기 시작한 거죠. '우정으로 비롯된 관심 넓히기'였죠. 그런데 이게 바로 사랑이에요. 네가 아니면 결코 내 인생에 일어나지 않을 일이 일어나는 것.

저는 바로 그 무렵 그 아이들을 만났는데 참 똑똑하고 강인했어요. 제가 그 아이들을 인터뷰하고는 흥분해서 졸업하면 전시를 하게 해주겠다고 약속했죠. 저는 그 약속을 지켰어요. 누구는 시를 쓰고, 그림을 그리고 드디어 전시회 날이 됐어요. 저는 좋은 일을 했다는 뿌듯함도 살짝 느끼면서 전시회장에 갔습니다. 갔더니 주제가 바뀌어 있더라고요. 처음에 '우정'에 대해서 전시를 해보자고 했거든요. 주제가 무엇으로 바뀌었을까요?

한 친구는 전문대 경영학과에 들어가서 A4 두 장에 걸쳐서 왜 경영학을 공부하려고 하는지를 적어서 냈다고 합니다. 쉬는 시간에 화장실에서 교수님을 만났는데 교수님이 한마디 했대요. 바로 "꿈 깨"라고 했다는 거예요. 그 전시는 그런 이야기들로 넘쳐났어요. 꿈을 포기하게 하는 이야기. 저는 돌아와서 집에서 글을 한 편 썼어요. 이 사회는 아이들한테 한 짓을 하고, 또 하고, 또 한다고 썼어요. 제가 하고 싶은 이야기는 이런 일이 반복된다면 누구라도 체념하게 된다는 거죠. 누구라도 힘이 없어져요. 그래서 내가 무슨 문제가 있다고 생각하지 사회에 무슨 문제가 있다고 생각하기 힘들죠.

그런데 바로 이때 균형감각이 필요합니다. 균형은 내가 이룬 것과 이루지 못한 것 사이의 균형도 있지만, 나와 내 세계와의 균형도 필요합니다.

정말 중요한 선택이란 바로 이런 것입니다. 나와 세계 사이의 균형 잡기. 이때 책이 큰 도움이 됩니다. 왜냐하면 우리는 모든 것을 알고 있지 않기 때문입니다. 우리는 더 많이 알아가면서 선택을 할 수밖에 없습니다. 자신이 원하는 것을 포기하지 않는 문제 하나만 보더라도 엄청난 힘과 앎이 필요합니다.

■ 순간적으로 자유란 뭘까 생각을 했습니다. 정 PD님에게 자유란 무엇인가요?

제게 자유란 뭘까요? 저는 최근 비정규직을 말하는 '대한민국 월급쟁이'라는 다큐를 만들고 있어요. 그 취재가 끝나면 항상 울적합니다. 일하시는 분들을 취재하고 밤늦게 돌아오는 길에 제 모습을 보니 번번이 택시 유리창에 머리를 기대고 있더군요. 힘들다는 뜻이죠. 일하는 사람들의 슬픔과 고통과 무게가 전해지는 것 같아요. 지금 일하는 사람들에겐 그다지 자유가 많지 않습니다. 점점 자유를 잃어가고 있지요. 그래서 자유는 더더욱 중요해졌습니다. 시키는 대로만 살수는 없으니까요.

제게 자유란 무엇인가? 저는 자유는 자기 자신을 지키는 것이라고 생각합니다. 그런데 우리가 자유라 할 때도 아무것도 따르지 않는 것이 아닙니다. 마음속의 명령을 따릅니다. 이탈로 칼비노의 「보이지 않는 도시들」이란 책이 있어요. 저는 그 책에 나오는 문장으로 대답하고 싶어요. 이 책은 여행자 마르코 폴로가 주인공이에요. 마르코 폴로가 쿠빌라이 칸과 이야기합니다. 칸이 폴로에게 "당신은 전 세계를 여행했는데 유토피아를 봤느냐"라고 물어보자 폴로는 "유토피아는 없다"고 합니다. 그리고 있다고 치더라도 가는 방법을 모르겠다고 해요. 그러자 칸이 유토피아를 못 봤으면 세상은 디스토피아뿐인데, 왜 여행을 하느냐고 다시 물어요. 폴로는 "세상은 어차피 지옥입니다. 지옥 같은 세상에서 지옥처럼 살지 않는 방법은 두 가지입니다. 쉬운 것과 어려운 것이 있습니다. 쉬운 것은 나 자신이 지옥이 되면 됩니다. 지옥이 되면 지옥에 사는지 어쩐지 알 수가 없죠. 그러나 그렇게 살기 싫죠. 두 번째 방법은 어렵습니다. 두 번째 방법은 지옥 같은 세상에 살면서도 마치 지옥이 아닌 것처럼 살고 있는 사람을 찾아내서 그 사람들이 숨을 쉴 수 있는 공간을 더 넓혀주는 것"이라고 말합니다.

저는 그 책이 정말 좋았고 그 책을 읽어서 기뻤어요. 누군가를 숨 쉴 수 있게 해 준다니……. 우리는 좋은 사람을 만나면 "살 것 같아. 내 이야기 들어줘서 고마워"라고 하잖아요. 숨 쉴 것 같다. 살 것 같다. 이런 말들 하잖아요. 언제 하는지 생각해보세요. 그게 실은 자유로운 순간이에요. 그때 자유를 느낍니다.

제 친구 중에 '마이크로 하비타트', 즉 '작은 서식지 운동'을 하는 친구가 있습니다. 동물원에 가면 동물들 서식지가 적혀 있죠. 그 지역에서 특히 잘 살 수 있다는 말이죠. 그 친구는 이렇게 말해요. "내가 너의 서식지가 되어줄게. 나의 토양 안에서 잘 자라줘", "나는 네가 잘 자랄 수 있는 토양의 톱밥이 되고 싶어" 그래요. 한 인간이 다른 인간에게 자유의 가능성이 될 수 있어요. 숨 쉴 수 있게 도울 수 있어요. 우리는 비가 올 때 처마 밑에서 비를 피할 수 있으면 좋겠다고 생각하잖아요. 그 치마 밑이 될 수 있어요. 그래서 저도 비정규직 노동자를 만나고 돌아오는 택시 안에서 한 줌의 처마, 한 줌의 땅이었으면 하는 생각을 감히 하곤 합니다. 이런 생각들이 저를 지켜줍니다. 자유는 자신을 지키는 것이라고 말했지요?

「반딧불이의 잔존」이라는 책이 있어요. 여러분, 반딧불이 본 적 있으세요? 이번에 노벨문학상을 탄 모옌의 책에도 반딧불을 잘 묘사한 장면이 있는데요. 반딧불은 거대하고 찬란한 '서치라이트(탐조등)'가 아니죠. 찬란하게 빛나지 않아요. 잠깐 깜빡 깜빡 반짝이는 희망의 빛입니다. 반딧불이는 사랑을 나눌 때만 빛을 내요. '나도 반딧불 형태로 다른 누군가에게 존재할 수 있겠구나', '내가 사랑의 힘으로 깜빡하는 동안에 다른 사람이 힘을 얻을 수 있겠구나', '내가 누군가에게 숨 쉴 수 있는 공간을 열어줄 수 있겠구나' 이런 생각을 합니다. 이것이 저에겐 자유입니다.

■ 저는 기업에서 3년 넘게 신입사원 교육을 맡고 있어요. 교육한 후배들을 보면 처음에 적응하느라 정신이 없다가 나중에는 "본인이 원하는 게 이게 아니다"라며 고민합니다. 좋은 어른이 되는 것이 뭔지 잘 모르겠습니다. 회사에서 '멘토'라고 할 만한 사람이 없고요. 처세술 책을 100권은 읽은 것 같은데 아무리 읽어도 답이 안 나옵니다. 책에서 그 답을 얻을 수 있을까요?

제가 어른처럼 보이세요? 저는 좀 다른 각도로 얘기해보고 싶어요. 전 인사팀에서 하는 모든 교육을 빼먹고 도망 다녔어요. 경고도 많이 받고, 아무것도 안 지키고요. 그런데 후배들은 저를 좋아했죠. 회사에서 제일 골치 아픈 직원이라서 후배들이 믿고 신뢰하는 것 같습니다. 제가 밑에 깔려주는 존재 같은데요. 그런데 따라 하고 싶은 사람이 없다는 것은 엄청난 고통입니다. 영화 〈와호장룡〉에서도 스승을 능가했을 때 고통받았다고 말해요. 왜냐, 이제 무엇을 따라 살아야 할지 모르니까요.

우리는 자기가 원하는 일이 뭔지 알게 하는 교육을 받은 적이 없습니다. 고등학교, 대학교를 거쳐서 사회적 기준에 맞춰 취업을 하죠. 안정적이긴 한데 행복하진 않아요.

제가 쓴 책「삶을 바꾸는 책 읽기」첫 장이 할머니 이야기로 시작합니다. '자율성의 시간'에 대한 이야기예요. 우리는 회사에서 시켜서 하는 일이 너무 많습니다. 감정노동도 많죠. 구조조정과 비정규직도 부쩍 늘어났고, 노동시장과 금융시장이 변화하면서 사람의 인건비가 비용으로 계산되기 시작했어요. 결국 사람이 상품처럼 여겨질 소지가 많죠. 거기선 오래된 지혜 같은 것은 중요하게 여겨지지 않아요. 처세술 책 이야기도 했지만 이젠 스티븐 코비가 자기계발 책을 쓰던 시절처럼 평생직장도 없어지고, 이직률도 높아요. 내가 지금 다니는 직장에 마음을 바쳐야 하는지 아닌지 헷갈립니다. 회사에서 "나는 행복하다"고 하면 이상한 사람이라고 생각하게 되는 경우가 많습니다. 그러니 누굴 따라 하느냐 문제는 누가 맘에 들고 안 들고 하는 문제 이상입니다.

요즘 청소년들이 많이 쓰는 말 중 하나가 "그냥요"라는 말입니다. 이미 어른들이 정답을 정해놓고, 대답할 말이 하나도 없게 만들어놓고 뭘 물어보냐는 거죠.

어른이라는 것이 선배로서 후배에게 한 수 충고해주는 존재라고 생각하지 않습니다. 삶으로 보여주는 존재라고 생각합니다. 한번은 시장에 취재를 갔는데, 그 시장에 뚱뚱한 떡집 아줌마가 있었어요. 젊은 아줌마인데 엄마가 떡집을 해서 물려받은 거예요. 그런데 시장에 왔더니 엄마의 평판이 바닥이더라는 겁니다. 시장 사람들이 다 엄마를 싫어해요. 물론 그녀도 엄마를 좋아하진 않았어요. 서로 5분 이상 대화하기 힘든 사이였어요. 그런데도 엄마의 평판이 좋지 않으니 딸이 기쁘지 않은 거예요. 그 딸이 생각했어요. '내가 시장사람들 이야기를 잘 들어주고 그러면 혹시 사람들이 우리 엄마를 좋아하게 되지 않을까?' 그래서 정말 시장 아줌마들에게 열심히 정성을 다해 잘해드렸대요. 그런데 바로 이런 게 사랑이에요. 나로 인해서 다른 사람이 돋보이고 빛나는 것을 좋아하는 것은 사랑이 아니면 불가능합니다. 정말 몇 달이 지나서 엄마의 평판이 좋아졌습니다. 시장 사람들이 엄마를 만나면 딸 가정교육을 정말 잘 시켰다, 그렇게 안 봤는데 훌륭하다고 얘기하기 시작했대요.

그 떡집 아줌마는 어려울 때마다 멘토를 찾아갔어요. 멘토가 누구였냐? 스티브 잡스나 빌게이츠였을까요? 바로 앞집 채소가게 아줌마였어요. 채소가게 아줌마는 원래 우울증 환자였어요. 그 우울증을 스스로 극복해보고 싶었어요. 그래서 채소가게 아줌마는 세 가지 방법을 썼어요. 첫 번째 시장에서 일어난 일들을 일기로 씁니다. 글로 적어 보면 내가 그깟 돈 몇 푼 때문에, 정말 사소한 문제 때문에 자존심을 걸고 싸웠구나 하고 확연히 보이는 순간이 있던 거죠. 두 번째 방법은 아이들에게 어려서 읽어준 동화책을 꺼내서 다시 읽어본대요. '내가 아이들에게 동화책을 읽어주며 뭐라고 말했지?'라고 생각했대요. 아이들에게 들려주었던 말을 자기 자신에게 되새겨 보는 거예요. 세 번째 방법은 차를 한 잔 마시는 거예요. "나에겐 비싸지도 예쁘지도 않지만 소중한 물건이 있어요"라고 하셨는데 그 물건이 뭐였을까요? 그 아줌마네 집 2층에 세 들어 살던 새댁이 선물한 커피 잔이었어요. 새댁이 이사 갈 때 "제가 좋은 사람을 만나서 잘 살다가 갑니다"라면서 커피 잔을 선물한 거죠. 바로 그 잔에 커피 한 잔을 타서 홀로 가만히 생각하고 자기만의 시간을 짧게라도 누리면서 우울증을 극복할 수 있었다고 합니다. 떡집 아줌마는 채소가게 아줌마에게서 이 얘기를 듣고 채소가게 아줌마가 이렇게 노력하며 사는 것을 보면서 멘토로 삼은 거예요. 어른이 된다는 게 정답을 제시하는 사람이 되는 것은 아니에요. 다른 사람의 손을 잡고 함께 가는 사람이 되는 거예요. 단테가 「신곡」에서 천국과 지옥을 여행할 때 "나의 손을 잡고 같이 가자"고 그래요. 그 사람의 삶 속으로 같이 손을 잡고 가는 거예요. 예전에는 동네 형하고 사촌동생이 했던 일인데 지금은 진심을 주위 사람들에게조차 털어놓기 어려워져서 멘토라는 시장이 생겼다고도 볼 수 있죠.

　최근에 「스승은 있다」라는 제목의 책이 나왔는데, 요샌 저희가 누군가에게 뭘 배운다는 걸 잘 못하잖아요. 스승은 도처에 있다는 것이 저자의 이야기입니다. 귀를 기울이게 하는 사람이면 나보다 어린 사람도 스승이 될 수 있다는 것이죠. 저는 어른이 되고자 하는 사람이라면 우선 귀를 기울일 줄 알아야 한다고 생각합니다.

여성의 몸, 진정한 주체는 바로 나

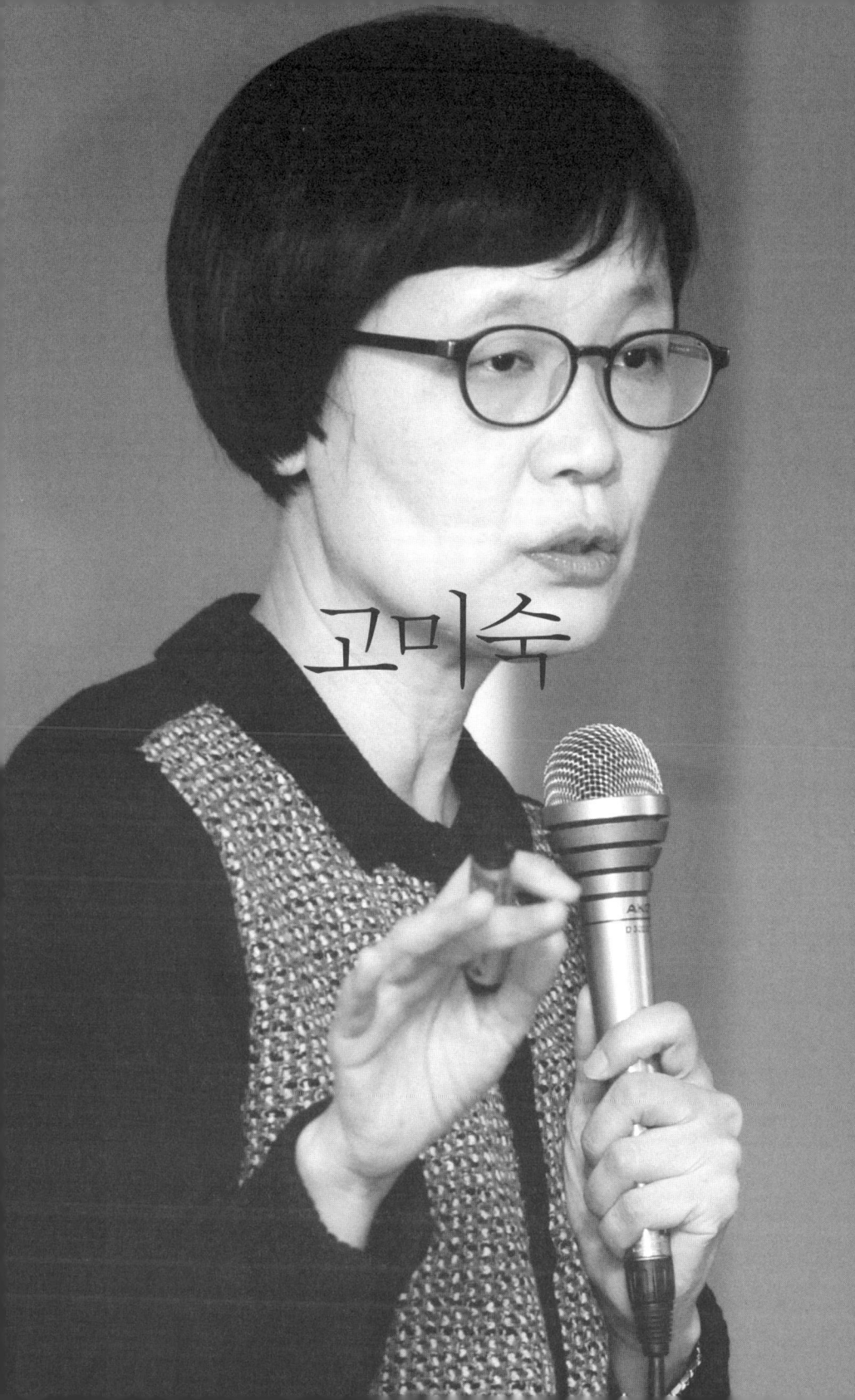

물질적 자족에 갇혀
아파하는
몸과 마음을
되찾아라

고미숙은 인문학 연구공동체 '수유너머'에서 활동하며 인문학 열풍을 주도하고 있는 고전평론가입니다. 차분한 목소리와 번뜩이는 재치가 어우러진 '고미숙표 명강의'로 어려운 고전을 쉽고 재미있게 풀어서 설명해줍니다.
그는 지난해 출간한 「동의보감, 몸과 우주 그리고 삶의 비전을 찾아서」에서 가장 소외된 몸, 여성의 몸을 이야기하고 있습니다. 사주명리학을 인문학적으로 해석한 「나의 운명 사용설명서」를 펴내기도 했습니다.

여성의 몸은
왜 아프고 괴로운가?

저는 「동의보감, 몸과 우주 그리고 삶의 비전을 찾아서」를 쓰고 나서 독자들을 많이 만났습니다. 만나는 분마다 제가 처음 꺼내는 얘기는 항상 비슷합니다. 제가 「열하일기」를 재해석해서 다시 쓸 때 '이런 경지가 있구나'라고 깨달았는데요, 공교롭게도 그 당시 제가 태어나서 처음으로 몸이 안 좋았어요. 그 전까지는 비교적 건강하게 살았고 특별히 불편하지 않으면 몸에 대해 잘 관심을 두지 않았어요. 몸이 안 좋아져서 제 몸에 관심을 기울이다가 여성의 몸을 들여다보게 됐습니다.

산부인과에 가서 여자의 몸과 여자의 몸이 다뤄지는 방식을 보면서 놀랍기도 하고 분노를 느끼기도 했습니다. 지금까지 여성운동을 하던 사람들도 여성의 몸이 지닌 특성을 깊이 들여다보지 않았던 것 같습니다.

그들은 주로 여성의 사회적 지위에 더 관심이 많았죠. 그런데 산부인과에 가니 여성의 몸이 어떻게 다뤄지는지 바로 보인 거예요. 그때 이런 생각이 들었습니다. '여성들이 사회적으로 지위가 상승했는데 왜 이런 굴욕적인 상황을 견디고 있는 걸까?'

디지털 혁명과 더불어 이제 여성이라고 차별받거나 억압받는 일은 있을 수 없습니다. 현실적으로 없다기보다 원리적으로 그렇다는 말입니다. 대학 등 지식·정보사회의 핵심적 공간에 가면 여성이 주류입니다. 이건 인정할 수밖에 없어요. 알파레이디가 아니라 남녀를 모아 알파를 추려내도 여성이 90% 이상인 세상입니다. 그렇게 기다리던 '후천개벽(천도교에서 인문개벽을 이르는 말)의 시대'가 열렸다고 생각합니다. 그런데 여성이 너무 아프고 괴로워요. 저도 제가 몸이 아파서 여성의 몸을 발견하게 됐을 때 「동의보감」이라는 스승을 만나게 된 것입니다. 동의보감은 간단합니다. '몸은 우주다'라는 겁니다. 우주를 구성하는 힘이 오장육부를 구성하고 별을 만드는 모든 요소가 몸을 만듭니다. 여기에는 상상력으로 메워야 할 게 없어요. "당신은 어디서 온 별이오?" 이게 사실 맞는 말입니다. 별을 만드는 것으로 생명도 만드는 거죠.

음양오행이라고 해서 목화토금수 등 일곱 개 별의 힘을 배열해 생명을 만들어낸 것 중 가장 정밀한 것이 인간입니다. 우리는 몸을 사유하는 순간, 동시에 우주도 사유하게 됩니다. 찾아내서 발견하는 게 아닙니다. 「동의보감」에서 몸을 보는 시각으로 제 몸을 보면서, 제 병과 저의 공동체에 있는 사람들의 몸을 가까이서 관찰할 수 있었습니다. 여성들은 상대적으로 훨씬 더 몸이 약합니다. 그런데 사회적으로 보면 약할 것이 없습니다.

요즘은 근육을 쓰고 힘을 쓸 일이 없으니 남녀의 차별도 없어야죠. 그런데 여성은 남성에 비해 몸을 잘 활용할 줄 모릅니다. 이게 과연 어디서 유래했을까 추적하기 시작했습니다. 요새 왜 이렇게 우울증 환자가 많은지 심각하게 고민할 필요가 없습니다. 몸이 움직이지 않고 순환하지 않으면 마음이 괴로워집니다. 이건 너무나 당연한 것입니다. 우울증을 극복하고 싶으면 몸을 움직이면 됩니다. 몸을 움직인다고 하니 헬스 같은 걸 떠올릴 텐데, 활동의 폭이 넓어지면 됩니다. 어제와 다른 사람을 만나고 어제와 다른 활동을 하는 겁니다. 영역은 활동과 순환을 말합니다. 몸을 움직이라고 했다고 헬스나 다이어트를 떠올리는 건 지금 우리가 현대 의료 시스템에 고착돼 있기 때문입니다. 몸을 움직이는 건 내 삶의 활동 범위와 밀도를 바꾸는 겁니다.

몸과 우주는 하나라고 말씀드렸습니다. 건강하다는 것은 몸이 우주와 소통하는 겁니다. 그런데 왜 다들 몸이 아프다고 할까요? 우리가 아는 건강은 병원에 가서 검사수치를 보는 겁니다. 다들 정기검진을 굉장히 열심히 하죠.

어떤 인문의학을 하시는 분은 "옛날에 무당을 찾아가는 것과 정기검진을 하는 것이 뭐가 다르냐. 정기검진이 병을 맞힐 확률이 더 떨어진다"고 합니다. 무당이 몸의 병을 맞힐 확률이 높아요. 현대의학은 오진율도 높고 정기검진 시스템을 갖추면 갖출수록 사람의 몸을 더 대충 살펴봅니다. 얼마 전 정기검진을 했을 때 건강하다고 했는데 얼마 뒤 암 몇 기라고 진단이 나오면 사람들은 너무 억울하다고 합니다. 이건 제도나 시비스를 이용할 때 본인이 알아야 할 몫입니다. 제도와 서비스를 믿으세요? 시스템을 움직이는 것은 결국 사람입니다.

외형적인 면에서 문명의 진보가 어마어마합니다. '스마트한 세상'이죠. 하지만 궁극적으로 뭔가 작동하려면 사람이 개입해야 합니다. 요즘엔 TV에 대고 "볼륨을 낮춰"라고 말하면 볼륨이 낮춰진다고 하는데 볼륨을 낮추는 게 그렇게 어려운 일인가요? 저는 그런 기술을 왜 개발하는지 모르겠습니다. 만약 "볼륨을 낮춰"라고 말했는데 낮아지지 않으면 화나잖아요. 그날 습도에 따라 달라질 수 있는 것이거든요. 아마 좀 더 지나면 "눈만 깜빡이면 돼"라고 하는 세상이 올 겁니다. 얼마 전 정재승 교수의 강의를 들었는데 뇌 과학이 이런 거라고 하더군요. 아무것도 안 하고 뇌파와 연결해 생각만 한답니다. "청소해줘"라고 생각하면 로봇이 청소합니다. 디지털 세상은 이렇게 우리 마음을 세상에 꺼내놓는 거예요.

그런데 마음이 참 순수하지 않고 난장판이죠. 그런데 사람들은 마음이 순수한 것이라고 착각하고 있습니다. 그래서 멜로드라마를 향한 꿈이 영원이 끝나지 않는 거예요. 하지만 멜로드라마야말로 난장판, 진흙탕 싸움입니다. 그런데 순수하고 아름답다고 합니다. 그건 배우의 외모가 아름다운 거죠.

이제 여러분께 질문을 하나 더 해보겠습니다. 내 몸은 어디다 씁니까? 생각만 하면 운전할 때 좌회전·우회전 다 해주고 궁금한 건 검색도 해주는 시대가 되면 몸은 어디에 씁니까? 몸은 이제 정기검진만 합니다. 매일 검진하면서 혈당, 간수치 등을 체크하는 거죠. 그렇게 되면 굳이 몸이 필요 없습니다. 우리는 빨리 몸을 벗어버리고 '디지털의 바다' 안에서 놀면 됩니다.

우리는 정보를 찾기 위해 인터넷 검색을 합니다. 제가 얼마 전에 놀랐던 것이 이젠 사용자의 성향을 다 파악해서 그 사람에게 맞는 정보를 골라주는 검색장치가 나왔더군요. 내가 환경주의자라는 성향을 인식하면 원전을 검색할 때 환경주의자에 맞는 원전 자료만 나옵니다. 내가 개발주의자라고 하면 개발주의자에 맞는 원전 자료만 나올 것입니다. 그렇게 되면 결국 내 마음을 다시 확인하는 것으로 끝나고 맙니다. 뭔가 새로운 것을 배우거나 지혜를 얻는 것은 싹트기 어려워집니다. 정보의 시대가 온다고 해서 삶이 저절로 좋아지는 것은 아닙니다. '후천개벽의 시대'가 됐다고 해서 여성의 삶이 저절로 자유, 행복, 평등, 지혜로 연결되지 않는 거예요. 그런데 지금까지는 그 쪽으로만 초점을 맞춘 거죠. 물질적인 것이 풍요로워지면 여성의 몸도 자유로워질 것이라고만 하고, 실제 내 몸이 어떤지 배우려 하지도 않은 채 여기까지 온 겁니다.

몸은 움직이지 않으면 정체됩니다. 이것을 한의학에서는 '담음(痰飮. 몸속 기의 흐름이 원활하지 못해 생긴 독)'이라고 합니다. 우리 몸 안에 담음이 너무 많아요. 담음은 피가 움직이지 않는 겁니다. 순환이 안 되고, 대사가 막히는 거죠. 막히고 막히다 보면 하나의 근육으로 붙어버려서 통로 자체가 폐쇄됩니다. 뇌파도 쓰질 않으면 그 통로가 폐쇄됩니다. 그걸 치매라고 하죠. 요즘은 뇌도 쓸 일 없고, 하체는 자가용 때문에 쓸 일이 없어진 지 오래죠. 그나마 손가락은 좀 썼는데, 이젠 손가락도 안 써도 된다고 해요. '그러면 우리가 해야 할 것은 뭔가?' 이런 고민 없이 기술만 초고속으로 발전한 거죠. 여성들은 사회적 활동에 적극적으로 참여해왔는데 여성의 몸은 상처투성이에 온갖 '신상' 질병을 담고 있습니다. 여성의 마음은 외롭고 쓸쓸합니다. 요즘 TV에서 의료 관련 프로그램을 많이 다룹니다. 그걸 보면 병을 고치기 위한 정보를 소개하는 게 아니라 새로운 신상품을 소개하는 듯합니다. 방송에서 "이런 증후군이 새로 생겨났습니다"라고 하면 갑자기 환자들도 엄청나게 생겨납니다. 아이돌 그룹이 나오면 팬 카페가 생기듯이, 병이 하나 생겨났다고 하면 거기에 "나도 이런 병이야" 하면서 다들 달라붙죠. 결국 모든 사람이 치료받고 관리돼야 하는 대상이 됩니다. 내 몸은 병원의 '질병리스트'에 갇히고 내 마음은 '심리상담'에 갇혀서 꼼짝을 못하는 형국입니다.

물질적 자족에 가로막힌
몸과 마음

왜 여성들의 몸이 시원치 않을까요? 10대, 20대 동안 몸을 움직인 적이 없어요. 혹시 학교에 다녀오자마자 책가방을 놓고 밭을 매거나 길쌈을 해본 적 있으세요? 예전에는 집에서 밥도 하고, 노동을 해야 했어요. 요새는 딸이고 아들이고 방 청소 하지 않아도 돼요. 하지만 남자들은 기본적으로 양기를 쓰기 때문에 가만히 있질 못합니다. 싸돌아다니거나 농구를 하죠. 그런데 남자도 여성처럼 되는 게 후천개벽의 시대예요. 요새는 남자 중에서 점점 '방콕족'이 생기고 움직이지 않으려 합니다. 그러니 마음이 우울해지고 멜로드라마에 빠져서 울기도 합니다. 이건 딱 음양오행의 흐름이에요. 몸을 움직이지 않으면 마음도 슬퍼진다는 원리에 다른 것이 개입할 수 없습니다.

요즘 다들 학력이 높으니까 30대까지 공부하다가 그 이후에 결혼합니다. 그런데 결혼은 해도 미친 짓이고, 안 해도 머리가 돌 만한 일이 생기게 됩니다. 결혼이 중심이 된 가족제도 속에서 '솔로'는 결핍된 것으로 인식되기 때문입니다. '알파레이디'도 '골드미스'도 모두 당당해야 하는데 전부 우울한 여성만 늘어났습니다. 결혼을 해도 우울하고, 안 해도 우울합니다. 모두 우울증 환자가 되는 겁니다. 참 신기하지 않습니까?

결국 이것도 몸의 순환의 문제입니다. 몸과 마음은 같은 겁니다. 몸과 마음의 소통, 몸 안의 소통이 꽉 막힌 채 물질적으로 자족하는 상태에 갇혀버리면 몸은 우주를 다 잃어버립니다. 얼마나 답답하겠어요. 태어날 때는 우주의 기운을 지니고 태어나는데 30대가 되면 우주고 별이고 다 잃어버리고 오로지 병원이 정상이라고 말해주는 검진수치와 우울증 약으로 버티며 살아야 하는 상황입니다.

여기서 어떻게 행복과 자유가 나오겠습니까? 타고난 몸이 튼튼하다고 해도 몸이 아니라 마음이 우울해지니까 마음에 병이 생기는 겁니다. 한의학에서도 이걸 소통의 부재로 봅니다. 암도 소통이 되지 못해 나타난 극단적인 상황입니다. 정신병도 우울증이든 강박증이든 외부와 소통이 불가능해진 상태를 말합니다.

모든 게 몸 안 소통의 부재 때문인데, 이런 걸 들여다보는 과정이 생략되다 보니 각종 이유가 붙어요. 암의 원인을 놓고 "삼겹살을 태워 먹으면 그렇다더라", "고기를 많이 먹으면 그렇다더라"라고 늘어놓는 식이죠. 커피는 어떤 때는 몸에 좋았다고 했다가 어떤 때는 나쁘다고 했다가……. 이제 될 대로 되라는 상태가 됐습니다.

스트레스는 마음이 막혔다는 뜻입니다. 마음이 왜 꽉 막혔을까요? 주로 사회·경제적 경쟁 구조를 원인으로 듭니다. "네가 패자이기 때문이야"라고 몰아가죠. 이것도 물론 심각한 문제죠. 그런데 경쟁에 이긴 사람들은 왜 우울해지는지 설명할 수 없어요. 아이들이 자살하고, 삐뚤어지고, 친구를 폭행하고……. 전부 중·상류층에서 일어나는 일입니다.

부모가 아이와 대화할 기회가 없어서 그렇다고 하는데 그럼 대화할 시간이 있어야 할 거 아녜요. 제일 좋은 것은 부모가 집에 있는 거죠. "대화가 필요해." 이런 유행어가 있었죠. 그런데 이 말도 참 공허한 울림입니다. 가족은 오랜만에 만나면 애틋합니다. 하지만 밀착할수록 서로 괴로워지는 것도 가족입니다. 우주의 기운이 그런 겁니다. 보통 상생, 상극이라고 표현하는데 부모와 자식은 상극관계예요. 상극관계는 대화할수록 스트레스가 쌓여요. 5월 '가정의 달'에 존속폭력이 유난히 많습니다. 평소에는 잘 안 보니 참을 만한 데 만나서 잘해줘야 한다고 생각할 때 정말로 지옥인 거죠.(웃음) 내가 (의무적으로)사랑해야 하는 상황이 얼마나 끔찍한 것인지 알려주고 싶습니다. 사랑하고 사랑받고 누군가를 위로하고 누군가를 배려하는 것, 지옥으로 가는 급행열차입니다. 이걸 모르면 여성은 절대 해방되지 않습니다. 지금 우리나라에 일하지도 않고 일할 의지도 없는 '니트족(NEET, Not in Education, Employment or Training)'이 200만 명이나 된다고 합니다. 이 사람들은 스트레스 안 받겠죠. 그들의 가족들이 스트레스를 받겠죠. 그런데 성공한 상류층 정규직들도 스트레스 덩어리예요. 앞뒤가 안 맞죠. 전제든 결론이든 둘 중 하나는 틀린 겁니다. 사회학의 사회 분석, 얼마나 대충대충입니까? 사회학이 만든 전제들이 맞지 않은 현상이 점점 많아지고 있습니다. 더 놀라운 건 마음의 괴로움이에요. 20세기 초부터 여성들은 좋은 교육을 받고, 결혼도 잘해서 중산층에 편입되는 게 행복의 기준이라고 믿어 왔습니다. 이게 아름다운 가정(sweet home)의 정석이죠. 하지만 그런 행복의 기준에 도달했는데도 굉장히 많은 40대가 특별한 이유 없이 우울증을 앓습니다. 드라마에 나오는 것처럼 남편이 외도를 '과격하게' 했다거나……. 여기서 '과격하다'는 건 남편이 바람을 피운 대상이 내 친구라든지, 내 동생이든지 그런 상황인 거죠.(웃음) 내가 모르는 사람이랑 바람을 피우면 그건 그냥 온건한 겁니다.

　아이들이 아픈 것도 스트레스죠. 요즘 아이들은 아토피, 자폐증 등 감당할 수 없는 병을 앓고 있어요. 이 병의 공통점도 몸이 더 이상 외부와 소통할 수 없을 때 생긴다는 점입니다. 아토피는 자가면역 질환이잖아요. 자폐도 내가 외부와 더 이상 소통하기 싫다고 스스로 마음을 닫아버리는 거예요. 모든 질병이 이렇습니다. 외부에서 사기(邪氣)가 침범해 생기는 병들은 그다지 많지 않아요. 그렇다면 어떻게 몸과 외부를 소통하게 할지 질문하는 게 맞겠죠. 하지만 어떻게 하면 아토피를 빨리 낫게 할지를 놓고 경쟁해요. 자폐증이 많아지니 자폐증만 연구하는 큰 병원이 생기고, 논문이 어마어마하게 쏟아져 나옵니다. 하지만 치료법은 없어요. 만약 한 건이라도 그런 게 나온다면 대박이죠.

미(美)의 경쟁에 내몰린
21세기 '사이보그' 여성

건강한 것도 굉장한 축복인데 사람들은 결핍을 기어코 찾아내서 '나는 뭔가 부족해. 우울해'라고 합니다. 현대 중·상류층 여성은 평화로운 걸 견디지 못합니다. 최선을 다해 불행을 만들어요. 왜 작은 것 하나에도 기뻐하지 못할까요? 사실 자폐증에 걸린 아이가 10년 만에 엄마와 눈을 한 번 마주치게 된 것도 행복한 겁니다. 그런데 이런 것이 내 삶으로 연결되지 않는 것입니다. 내 자식이 건강한 건 너무 당연합니다. 그런데 하버드대학엘 못 갔다고 나의 '굉장한' 결핍을 기어코 찾아서 자신의 삶을 우울하게 만듭니다.

제가 나이 들어보니 여성의 몸은 순환이 안 되는 채로 살고 있고, 학교에서도 몸을 쓰는 교육을 하지 않습니다. 체육을 하라고 하지 않잖아요. 공부를 열심히 할수록 체육과 거리가 멀어지고, 체육보다는 폭력에 힘을 쓰죠. 이것도 경건한 순환이 아니에요. 예전에 남학생들은 공부하지 않으면 그 시간에 열심히 운동했습니다. 지금은 그 시간에 게임에 빠져 있죠.

여학생은 운동도 하지 않고 자기 몸이 지닌 잠재력이나 생명력은 생각해보지도 못한 채 어른이 됩니다. 바로 여기에서 여성의 몸이 자연과 연결되는 지점이 생략되는 겁니다. 학교와 엄마에게서 듣는 것은 몸매와 운동입니다. 엄마가 "운동하라"고 하는 말은 "살 빼라"는 거예요. 네 삶을 위해서 건강한 순환을 하라고 하지 않습니다. 살을 빼는 것도 여기저기 부위 별로 빼라고 합니다. 기준이 이미 그렇게 정해져 있어요.

아름다워지려는 게 나쁜 건 아니지만, 이 아름다움이 자연과 아무런 상관이 없다는 게 문제예요. 아름다움(美)이 철저하게 자연과 괴리돼 있습니다. 지금 여성들은 몸매를 가꾼다며 온몸을 깎고 조이고 난도질하다시피 절차탁마합니다. 이대로 가면 22세기쯤엔 모든 여성의 몸이 사이보그와 동일해질 겁니다. 아름다움의 기준이 어떻게 다 같을 수 있습니까? 아프리카에 가면 예뻐지려고 큰 장식을 달죠. 엄청난 고통을 감내해야 합니다. 지금처럼 미의 기준이 하나로 통일돼 있던 시대는 없었던 것 같습니다. 성형이라는 이름으로 자본과 의료가 결합해 있죠. 저는 '뒤통수 성형'이 있다는 얘길 듣고 깜짝 놀랐습니다. 이마를 도톰하게 하는 것까지는 그런가보다 하는데, 도대체 뒤통수를 어떻게 한다는 건가? 이렇게 전신을 깎고 조이는 것이 얼마나 자기 몸에 대한 폭력인지 생각해봤을까요? "예뻐지려는 게 뭐가 나쁘냐"고 할 수 있죠. 그러나 지금 일어나는 일은 몸에 대한 폭력입니다. 어떤 독재자도 이런 폭력을 저지르지는 않아요. 정해놓은 미의 기준에 안 맞는 사람은 사람 취급을 못하겠다는 겁니다. 사람들이 자기 몸도 스스로 용납하지 못하는데, 다른 사람은 용납할 수 있겠어요? 8등신이 아니면 "이건 다리도 아냐. 그냥 몸통을 이어놓은 거야"라고 합니다. 얼굴이 작아야 하는데 얼굴이 크면 "이건 얼굴이 아니라 그냥 머리야"라고 합니다.

 우리가 하는 모든 행위는 이 세상과 그대로 연결됩니다. 능동적이냐, 아니냐의 차이만 있을 뿐이에요. 내가 뭔가를 행동하는 건 내가 지닌 인식을 세상에 전파하는 겁니다. '난 이런 몸을 갖고 싶어'라고 하는 건 '이런 몸을 갖지 않는 사람을 자별하겠다'고 선언하는 것입니다. 이게 얼마나 무서운 일입니까? 이러면서 민주주의를 말하는 것은 무지이자 자가 당착입니다.

후천개벽의 시대에 여성이 이 사회에 왜 지혜와 삶의 비전을 주지 못하고 있는지에 대한 답도 바로 여기에 있습니다. 지적인 모든 활동도 지혜를 얻기 위해서가 아니라 결국 미의 경쟁력을 높이려고 하는 거죠. 모든 여성이 연예인 같은 몸이 되길 원하고 실제 여성들의 몸이 그렇게 되어가고 있어요. 연예인들의 몸은 정말 비현실적이잖아요. 제일 섬뜩한 것은 허벅지에 살이 없다는 거예요. 허벅지가 종아리랑 똑같아요. 그 모습을 보면 저는 공포영화를 볼 때보다 무서워요. 그래도 연예인은 몸이 '상품'일 수 있으니 그렇게 갈고 닦았다고 볼 수 있는데 길을 가다가 앞에 그런 사람이 있으면 진짜 비현실적으로 보여요. 그런 몸은 한국인 신체에 도저히 불가능합니다. 8등신에 대한 욕망이 점점 커지고 사람이 마음으로 간절히 원해서 그런지 순식간에 우리 주변에 그런 비현실적인 신체가 많아졌어요.

그래도 계속 경쟁합니다. 예쁜 것에도 위계와 서열이 생기고 아무리 예뻐져도 끝없이 결핍이 생겨요. 그런 사람은 마음이 평화로울 수 없겠죠. 아무리 예뻐져도 불가능합니다. 연예인들은 아무리 예뻐도 마음으로 진짜 만족하지 못합니다. 마음의 평화가 없어요. 여성들은 자랄 때부터 몸을 경쟁하면서 어른이 되면 자연스럽게 자신을 더 많이 억압하게 됩니다.

고통 없이 낳고
매뉴얼로 키우는 시대

어른이 된 여성은 연애하고, 결혼하고 아이를 낳습니다. 여성이 아이를 낳는 과정은 그 자체가 우주를 체험하는 과정입니다. 출산은 몸 전체, 몸의 모든 뼈가 한꺼번에 다 열리는 순간이니까요. 요즘 아이 낳을 때 고통을 줄여주는 '무통 분만'이라는 것도 있더군요. 하지만 아이를 낳을 때 통증은 자연스러운 것입니다. 「동의보감」에서도 그것을 병으로 다루지 않습니다. 그런데 현대인은 아픈 건 다 병이라 생각합니다. 앓아야 할 때 아프지 않으려고 진통제를 맞죠. 아이를 낳을 때 자연스럽게 아픈 것을 의료기술로 다 막으려고 하고 있는 겁니다. 그렇게 되면 여성은 몸 전체가 열리는, 아이를 낳는 순간에도 자연과 교감하는 걸 체험하지 못합니다.

아이를 기르는 모든 것도 '학습지는 뭐가 좋다'는 식으로 매뉴얼이 있습니다. 젊은 엄마 중에 자신의 직관으로 아이를 키우는 사람이 없어요. 여성 안에 살아 있는 직관을 믿고 들여다보면 상당히 많은 걸 알 수 있고 똑똑한 엄마가 될 수 있습니다.

「동의보감」에 나오는 내용을 편견 없이 보다 보면 '이건 당연한 얘기 아냐?'라고 생각되는 게 많습니다. 특별한 개념이 있거나 누구에게 배운 것들이 아닙니다. 몸이 있는 존재라면 삶을 경험하며 기본적으로 알게 되는 것들이 있는 거죠. 그보다 조금 어려운 것들을 의사나 스승에게서 배우는 겁니다. 그런데 지금 여성들은 이런 걸 하나도 자각하지 못한 채 엄마가 되고 있습니다. 그렇게 결혼해서 40대가 되면 과연 몸으로 자존감을 느낄 수 있을까요? 아파트가 크고 내 남편의 직업이 번듯하고…… 이런 것들이 나를 행복하게 해줄까요? 행복과 평화는 추상적인 개념이 아니라 몸의 능력입니다. 내 몸의 세포들이 그렇게 느껴야 해요. 내 몸 세포 하나하나에 어떤 울림이 있어야 하는 겁니다. "나는 이것도 있고, 저것도 있어." 이렇게 스스로 외운다고 되지 않습니다. 이렇게 외운다는 건 무엇도 없다는 뜻입니다.

40대가 돼서 인생 후반을 맞을 준비를 해야 하는데 내 안에는 내가 쌓은 지혜나 깨달음도 없고 있는 건 오로지 돈과 건물뿐이죠. 내 몸이 그런 상태라면 누구든 우울하지 않겠습니까?

여성들의 반칙,
왜 사랑받으려고만 할까?

최근 어느 순간부터 상처와 위안의 담론이 모든 여성을 휩쓸어버렸어요. "모두 상처받고 살고 있다"는 인식이 깔려 있죠. 저는 이 현상을 보고 놀랐습니다.

여러분, 상처를 많이 받으세요? 상처가 없으면 왠지 허전한 것 같죠. 왠지 촌스럽고 시대에 뒤떨어진 것 같고, 왠지 그럴듯한 상처 하나쯤 있어야 할 것 같습니다. 이것이 뭘 말하는 걸까요?

제 여고시절에 하이틴 영화가 인기를 끌었는데, 그때 영화 소재로 백혈병이 유행이었어요. '왜 나는 백혈병에 안 걸릴까? 백혈병까지는 아니더라도 빈혈이라도 있었으면 좋겠다.' 당시 모든 여고생들이 한 번쯤 이렇게 생각해봤을 겁니다. 연약한 모습으로 빈혈로 쓰러지면 뭔가 굉장히 낭만적인 것 같았죠. '나는 왜 이렇게 건강하고 피가 많은가.' 이런 고민도 해봤고요.(웃음) 사춘기에 생각할 수 있는 유치찬란한 멜로이자 환상이었습니다.

그런데 이런 유치한 환상이 어느 순간 여성들에게 똬리를 틀었습니다. 제가 보기에 여성은 그렇게 쉽게 상처받는 존재가 아니거든요. 왜 여성은 상처받는 존재라는 걸 전제해야 하는지 그 담론 자체를 이해할 수 없었어요. 이 담론은 '그래서 여성은 위로해줘야 하고, 배려해줘야 하고, 사랑해줘야 한다'는 걸로 연결되죠. 상처, 치유의 담론 밑에는 '여성은 사랑받아야 하는 존재야'라는 생각이 깔려 있는 겁니다. 이것이 후천개벽 시대에 할 소리입니까? 여성이 상황을 주도하고 다른 사람들에게 사랑을 베풀고 지혜를 나눠줘야 할 시대죠. 여성들은 지적으로는 엄청나게 무장했으면서 정서적으로는 누군가의 열렬한 사랑을 받는 것을 자기 삶의 경쟁력으로 여깁니다. 그게 없으면 '나는 뒤떨어졌어'라고 생각합니다. 병적인 겁니다.

그런데 여성들은 앞으로 사랑'받기' 더더욱 어렵습니다. 남성들이 여성들을 쫓아다닐 겨를이 없어요. 일단 지성이 넘치는 곳에 남성이 들어오지 못해요. 대학의 인문대에 가보면 요즘 전부 여성입니다. 남성들은 입구까지도 오지 못해요. 교사도 거의 여성이에요.

여성의 지위가 높아지면 남성은 점점 희소해집니다. 그러면 어떻게 됩니까? 짝짓기 전쟁이 벌어지는 거죠. 그러니까 여성들이 꿈꾸던 그런 사랑을 받을 수가 없어요. 받기는커녕, 짝짓기 한 번 하기도 힘들어요.

여성이 '사랑받아야 한다'는 환상을 깨지 않는 한 상처로부터 벗어날 수 없습니다. 자기보다 경제적으로도 뛰어나면서도 마음이 순수한 사람의 순정을 일방적으로 받고 싶다는 거잖아요. 이건 솔직히 말하면 그냥 날로 먹고 싶은 거예요. 이런 환상이 여성들이 멜로드라마에 빠지는 이유이기도 하죠. 요즘 멜로드라마의 남자주인공은 툭하면 재벌2세죠. 이제는 왕까지 나왔어요. 이제 제우스가 나올 거예요. 그런데 그 남자들은 여자에게 순정까지 바쳐야 해요.

여기엔 지독한 성욕의 억압도 작용합니다. 전 이런 성적 억압이 너무 불편하다고 생각하는데 왜 다른 여성들은 그것이 유치하다고 여기지 않나 싶어요. 저도 결혼하기 전 20대에는 성 경험에 대해 굉장히 결벽하게 생각했어요. 누군가를 순수하게 좋아하는 마음과 성욕은 나란히 가야 한다고요.

이 세상과 생물을 성적인 측면에서 보면 그냥 혼돈 그 자체입니다. 그런데 성욕이 지나치게 억압돼 있다 보니 드라마에서도 너무 비현실적이고 이상한 설정이 등장해요. 8년 동안 첫사랑을 잊지 못하는 사람이 어떻게 왕 노릇을 합니까? 그러면 카페에서 아르바이트도 못해요. 왕은 궁에 있는 여성이 다 자기 소유입니다. 근대 이전의 시대에는 왕에게 그걸 허용해줬죠. 그 대신 왕은 평생 절대적으로 천하를 위해 일해야 했습니다. 그러니까 신하들도 왕을 그렇게 몰아붙일 수 있는 거지, 성욕을 참고 죽어라 일하라고 하면 누가 그런 왕 노릇을 하고 있겠어요. 그런 왕이 있다면 그 왕은 성적 능력에 치명적인 문제가 있다는 거예요.(웃음) 8년 동안 첫사랑을 잊지 못하면서 일도 잘하는 사람을 환상 속에 두고 사랑을 갈구하는 것은 뭔가 이상하게 뒤틀린 것입니다.

이런 환상이 무슨 도움이 될까요? 환상은 그 순간에 현실을 잊게 합니다. 중독이 됩니다. 그게 또 위안의 논리이기도 합니다. 위안을 받고 싶을 때 정신과를 찾아가 상담하고 약을 처방받아 먹는 건 상처를 스스로 넘어서는 것이 아니라 잠시 잊는 것이죠. 상처는 더 깊어집니다. 저는 약물을 17년 동안 먹는 분도 봤어요. 이건 사람의 병이 낫기를 원하는 게 아닙니다. 병원은 여러분이 병이 낫길 원하지 않습니다. 그런 사람은 의과대학에 가지도 못합니다. '사람들이 아프지 않았으면…….' 이렇게 마음먹는 사람은 의대에 못 갑니다. 성적이 좋을 수 없어요. 병원은 병을 생산하고 끝없이 수술하고 약을 파는 곳입니다. 산부인과는 여성의 몸을 쓰레기 취급하는 곳입니다. 그런데도 그런 곳에 나를 맡겨 놓는 것을 당연히 여기죠.

「동의보감」을 관통하는 것은 단 하나예요. '여성은 왜 자기 몸을 지키려 하지 않는가?' 이 대명천지에, 민주주의를 열망하는 이 시대에 말이죠. 다른 종류의 정치적 억압과 파시즘에는 그토록 분노하면서 어떻게 의료 권력이 이토록 여성의 신체를 억압하는 것을 용납하는지…….

학교에서 왜 여성에게 몸에 대해 가르쳐주지 않는 것인지 안타깝습니다. 10대에서 30대까지 교육과정 안에 여성 스스로 몸을 조율하게 하는 교육과정을 넣으면 됩니다. 「동의보감」의 지혜를 간단히 압축해서 여성의 몸을 가르치면 됩니다. 초경하고, 사랑해서 섹스하고, 결혼하고 아이를 낳기까지 모든 과정이 지극히 자연스러운 것이고, 주체는 바로 자신이라는 것을요. 지금처럼 계속하면 모든 여성은 당연히 산부인과행이에요. 가서 수술하는 것밖에는 방법이 없어요. 사랑을 말할 때 계속 성욕과 멜로를 분리합니다. "여자는 얼굴이 예쁘고 몸매가 좋아서 사랑받아야 해. 너를 변함없이 사랑하는 남자를 찾아. 그런데 경제력이 있어야 해." 이렇게 이야기합니다. 왜 여성은 아직도 경제력 있는 남자를 원하는 거죠? 저는 이건 반칙이라고 생각합니다.

대학교에 남자들이 훨씬 많았던 시대에도 남성들은 다 짝짓기를 했어요. 여성에게 경제적·사회적 조건을 요구하지 않았기 때문이에요. 왜 여성은 스스로를 가두고 그 방식을 당연하게 여기나요? 이것은 명백히 자연에도 안 맞고 민주주의 원칙에도, 경제 분배의 원칙에도 안 맞아요.

내가 잘나가는 알파레이디라면 알파보다 후진 '감마 보이'나 청년백수를 고르세요. 그러면 저절로 경제 분배가 이뤄집니다. 공부도 뒷바라지 해주고 그를 통해 간접체험도 하고요. 왜 정치에만 경제적 분배를 요구합니까? 그런 식의 정치는 이제 끝났어요. 그런 식으로 할 사람도 없습니다. 정치하는 사람들을 믿으세요? 이제 그렇게 돌아갈 수 없습니다.

사랑은
불꽃이 아닌 나무여야 한다

성욕의 카오스적 힘을 모르거나 모른 척하면 상대의 성적 취향은 알 수가 없어요. 해피엔딩이 되려면 본격적으로 서로 몸을 탐색해야 합니다. 연애할 때 서로 편지 쓰고, 시 쓰고 그럴 거예요? '옆에 있어도 그대가 그립노라……' 이렇게요? 서로의 사랑을 확인하는 것은 몸에 대한 탐색이거든요. 신혼 초에 사랑을 확인하는 과정이 있습니다. 욕망을 흔히 불꽃이라고 하잖아요. 불꽃은 빨리 꺼지기 마련입니다. 서로의 사랑을 불꽃으로 쓸 건지, 아니면 나무로 키울 것인지 잘 생각해야 합니다. 나무로 키우려면 기초부터 단단히 다져야겠죠. 튼튼한 나무가 된 사랑은 리듬이 길고, 변주도 다양해집니다. 하지만 불꽃은 서로를 태우기 때문에 계속 갈 수 없어요. 그것이 생명의 전략입니다.

「동의보감」은 "정(精)을 아껴서 심장, 신장을 보호하라"고 합니다. 계속 불꽃을 태우면 몸 안의 진액이 다 말라버려서 수명이 짧아집니다. 그래서 불꽃을 빨리 꺼뜨리는 거예요. 모든 쾌락에는 권태가 따라옵니다. 생명이 자기를 방어하기 위한 기제입니다. 좋은 것은 끝나게 만들어버립니다. 좋은 것이 그대로 계속 간다고 하면 항진해서 갑자기 과로사할 수 있어요. 섹스도 과로사가 있어요. 힘든 거거든요. 운동이 됩니다.(웃음) 계속 그렇게 가지 못하게 불꽃은 어느 순간 꺼져야 합니다.

사회에서 일어나는 혁명도 마찬가지예요. 불꽃으로 시작하면 안 됩니다. 연예인도 불꽃처럼 타오르다 사그라지는 사람이 많죠. 불꽃이니까 그렇게 되는 거예요. 불꽃이 아니고 땅속에 차근차근 씨앗을 뿌리고 뿌리를 내리는 연예인들은 장수하고 현명한 사람이 되죠. 제가 존경하는 조용필도 그렇습니다. 마이클 잭슨이나 휘트니 휴스턴 같은 사람들을 보면 전혀 부럽지 않잖아요. 그들의 삶에서 배울 게 없어요. 왜 저렇게 살다 죽었을까 싶죠. 그들의 예술과 삶이 완전히 따로 놀았는데 예술이 아름다웠다고 하는 것이 무슨 의미가 있나요?

성욕을 불꽃처럼 쓰면 빨리 꺼집니다. 사랑과 삶은 함께 가야 합니다. 제가 「호모 에로스」를 쓸 때도 "사랑에도 공부가 필요하다"고 누누이 이야기했건만, 여성들은 사랑하면 공부를 바로 멈춰요. 인생에 대해 될 배우려 하던 걸 바로 멈추고 그저 사랑받고자 열망하기만 합니다. 이건 시대착오적이에요. 여성은 사랑을 열망하는 게 아니라 사랑받기를 열망합니다. 저 사람이 나를 열망하기를 열망합니다. 그렇다면 여성이 사회적으로도 억압받는 것도 당연하게 여겨야죠. 그런 식의 열망에 갇혀 있기 때문에 성욕에 대해서 배우지 않아요. 40대가 되면 부부 사이의 불꽃은 꺼지죠. 성욕이 지닌 우주적 힘의 원리를 모르기 때문에 성욕은 억압되죠. 해소할 방법이 없어요. 그러다 막히면 정신적 상처가 됩니다. 그게 아픈 겁니다. 여성의 몸과 지혜는 자연입니다. 지혜는 여성의 몸을 생성시킨 자연으로부터 오는 것입니다. 여기서 말하는 자연은 아름다운 경치나 오지 같은 걸 말하는 게 아니고 문명의 표상을 벗어던지는 것을 말합니다. '돈 많고, 잘생기고, 순정도 있는 사람을 원한다'는 자본이 만든 상품을 내려놓는 것입니다. 그러고 나서 자기 몸이 원하는 존재의 심연을 보세요. 그러면 내 몸이 자연의 리듬을 갈망하고 있다는 걸 알게 됩니다. 여기서 인생의 생로병사에 맞는 지혜가 나오고, 비로소 몸과 소통하게 됩니다. 몸 안에서 일어나는 희로애락을 겪으면서 삶을 느끼게 되죠. 폐경기가 되면 내 몸은 자연과 결합할 수 있는 지혜의 산실이 됩니다. 그런데 내 몸의 소통을 막는 문명의 표상 안에 갇히면 폐경기는 자기 몸을 폐기처분하는 시기에 불과합니다. 얼마나 불행합니까! 보통 남성은 64세 정도, 여성은 49세 정도에 폐경이 오는데 요즘 평균수명이 80세잖아요. 그럼 대체 몇 년 동안 자기를 스스로 퇴물이라 생각하고 살아야 하는 겁니까.

그렇다면 자연과 어떻게 소통해야 할까요? 하늘의 별도, 땅도 다 자연입니다. 가장 중요한 것은 사람이죠. 내가 존재하는 시간, 공간과 내가 얼마나 연결되어 있는지 알고 변주해보는 것이 소통과 감흥입니다.

결혼하고 돈과 아파트 같은 세상이 말하는 몇 가지 기준이 갖춰지면 가족이라는 울타리를 지키는 것을 제외하고 나머지를 인생에서 쳐내는 경우가 있습니다. 이렇게 되면 가족이 세상을 사랑할 수 있는 창구가 되는 게 아니라 세상을 향한 모든 관심을 끌어들이는 블랙홀이 됩니다. 가족 안에서 사랑을 확인하지 못하면 견딜 수 없고 불행하다고 평가해버립니다. 누군가를 사랑해서 가정을 꾸리고 아이를 낳는 과정 속에서 여성은 자연 전체를 만나는 겁니다. 「동의보감」은 이것이 여성의 가장 자연스러운 삶이라고 말하고 있습니다. 너무 간단하지 않습니까.

몸과 자연이 소통하면
치유의 길이 열린다

몸의 소통을 말할 때 몸을 움직인다는 것은 당연합니다. 저는 돈 들여 하는 운동을 혐오합니다. 특히 장비를 많이 갖춰야 하는 운동은 가능한 한 하지 마세요. 자본이 개입되면 몸이 소외됩니다. 가장 쉽게 할 수 있는 것, 돈 안 드는 것을 하세요. 걷기도 좋고요. 숨 쉬기도 열심히 하세요. 숨을 잘 쉬는 것만으로 몸이 굉장히 편안해집니다.

그리고 세계 평화를 외치기 전에 가족, 회사동료, 친구 등 주변 사람을 평화롭게 해주세요. 그들에게 평화를 전달해주는 게 바로 지혜입니다. 평화는 참 어려운 겁니다. '심심하다', '권태롭다'는 있지만 평화가 없어요. 사람들은 평화로우면 어쩔 줄 모릅니다. 그래서 번뇌가 올 때만 살아 있다고 느끼는 것입니다. 이게 현대인입니다. 몸을 움직이고 몸이 평화로워지면, 내 몸은 저절로 길을 열어줄 것입니다. 후천개벽 시대에 태어난 행운을 삶의 축복으로 바꿀 줄 아는 것, 그게 삶의 지혜가 아닐까 합니다.

■ 주위 50대와 대화하는 것이 너무 어렵습니다. 돈과 권력 얘기를 하거나 어느 병원에 다닌다는 얘기뿐입니다. 대화를 피하고 있는데 직장 상사인 경우는 무시하기도 어렵잖아요. 어떻게 하는 게 좋을까요?

저는 저보다 아무리 나이가 많은 사람이라도 그런 얘기를 하면 버럭 화를 냅니다. 아니면 잘 듣지 않습니다.

제가 있는 공동체에 나이 많은 분들도 많이 오세요. 다들 하나같이 마음이 아픕니다. 마음이 아프니까 몸에도 여기저기 병이 있죠. '이 사람들이 정말 병들었구나'라고 느껴지는 것이 말할 때 자기밖에 모른다는 겁니다. 제가 상처·치유 담론에 공감하지 못한다고 말씀드렸는데요. 자기 밖에 모르니까 상처 받는다고 생각하는 겁니다. 상처 받은 영혼은 다른 사람이 아픈 걸 더 잘 이해해야 하지 않나요? 다른 사람은 관심 없고 자기가 당하고 아픈 것만 얘기하는 건 아직 인생의 쓴맛을 덜 본 거죠.

예전엔 그렇게 하면 먹고 살기도 어려웠어요. 밭을 매든, 시장에서 장사를 하든 물건이 오고 가려면 사람을 만나야 했잖아요. 그런데 지금은 내가 아무도 이해하지 않아도 먹고 사는 데 아무런 지장이 없어요. 물질적인 것이 너무 완벽하게 갖춰진 대가로 자신의 정신적 어려움만 얘기하는 것입니다. 그럴 때는 정곡으로 상황을 알려주는 것 말고는 방법이 없어요. 적어도 그 사람과 대화를 지속하겠다면 말이죠. 상처받았다고 하는 얘기에는 '다른 사람은 다 나보다 잘산다'는 전제가 깔려 있는 거죠. 힘들어도 상처받지 않고 사는 사람도 많다는 것을 알려줘야죠. 그렇게 좌표를 바꿔주는 것 말고는 특별한 방법이 없어요. 그런데도 안 들으면 그냥 속으로 다른 생각 하세요. 괜히 자기 마음까지 힘들 필요가 없거든요.

■ 남자들은 자기에게 잘해주는 여자를 보면 자기를 사랑하는 거라고 생각하지 않는 것 같아요. 한 10년 후쯤 '참 잘해주는 여자가 있었다'라고 기억한대요.

남성들은 기본적으로 기억을 잘 못해요. 그래서 여성들이 많이 속지요. 여성들은 종종 "나를 진정으로 사랑한 적 있었어?"라고 물어봅니다. 그런데 남성은 자기가 당시에 정말 좋아했어도 진정 사랑했다고 느꼈던 그 마음 자체를 기억하지 못해요. 신체적으로 그래요. 중국의 문학가 루쉰이 쓴 소설 중에 연애소설이 딱 하나 있습니다. 20세기 초 근대 중국이 배경인데 두 남녀가 불타는 사랑을 해서 동거를 시작해요. 여자는 매일 밤마다 남자가 자기에게 고백할 때 장면을 반복해서 얘기해줍니다. "그땐 이랬어. 그때 네가 나한테 다가와서 이렇게 말했어." 하지만 남자는 이미 다 까먹었어요. 남자는 여자 때문에 매일 그 상황을 복습하고 심지어 여자가 교정까지 해주는데 그다음 날이면 또 까먹어요. 그게 엄청난 차이입니다.

하지만 사랑의 밀도가 다른 건 아니에요. 여성은 그저 그렇게 순수하게 나를 사랑했다는 말을 듣고 싶은 거죠. 여성이 청각에 대한 욕망이 강하기 때문입니다. 그런 순간을 이야기로 기억하고 싶어서 멜로드라마에 빠지는 거죠.

- 여자들이 사랑받아야 한다는 강박관념에서 벗어나야 한다고 하셨는데, 거꾸로 남자들은 여자의 사랑을 받는 것을 어색해하는 것 같아요. 자기가 고생해서 정복해야 사랑이라고 생각하는 것 같아요. 여자가 사랑을 표현하면 있는 그대로 받지 못하고 '내가 잘났나'라고 교만해지기도 하고요. 이런 남자들에게 현명하게 대처하려면 어떻게 해야 할까요?

삶은 계속 새로운 형식으로 창조되는 것입니다. 가부장제는 남성이 사회적·경제적 힘으로 여성을 돌봐주는 제도였죠. 그때의 여성들은 살아남기 위해서 더 강한 남자가 나를 욕망하기를 바랄 수밖에 없었어요. 그런 식으로 자기를 만드는 겁니다. 그래야 자기 지위가 올라가고 자기의 경제력이 확보되니까요. 이게 얼마나 이중, 삼중으로 스트레스를 받는 일입니까? 힘들기도 하고 굴욕적이기도 합니다.

하지만 지금은 그럴 필요가 없어졌어요. 여성이 사랑의 욕망을 직접적으로 표현할 수 있고 얼마든지 자기 욕망에 충실할 수 있습니다. 여성이 남성에게 먼저 다가가고 유혹하는 걸 말하는 게 아닙니다. 그건 부차적인 것이죠. 표현방식에 따른 '밀고 당기기'라면 아직 본격적인 사랑의 단계에 들어가기 전인 거죠. 남자가 나를 소유해주길 욕망하면 여성의 욕망이 산만해져요. 여러 남자가 나를 원할수록 좋잖아요. 그래서 '어장 관리'라는 말도 나온 거겠죠. 내가 아직 마음을 주지 않으면서 관리한다는 건 참 부질없이 내 정신을 소모하는 일입니다. 생명전략으로 보면 참 멍청한 짓인데 왜 거기에 기운을 쏟아요? 연예인들이 인기를 유지하려고 마음을 쓰는 것부터 수명이 짧아지는 일이거든요. 그런 부질없는 일을 할 필요가 없습니다. 정말로 내 에로스가 심연에서 나올 수 있는 것을 체험해보는 게 중요합니다. 그러려면 기(氣)를 모으고, 정(精)을 모아야 됩니다. 쓸데없이 어장관리하고 다닐 필요 없습니다. 자기가 예쁘고 성적 매력이 있다고 생각하면 어디 가도 남자가 자기에게 무관심한 걸 못 참는 여성들이 있어요. 자기가 그 남자를 좋아하지도 않고 그 사람이 남자로 보이지도 않으면서 자기를 주시하지 않는 걸 못 참아요. 그건 강박증이죠. '내가 사랑받아야 한다'는 거죠. 그러면 내 안의 심연이 작동할 수 없게 됩니다. 심연이 작동돼도 자기가 눌러버리는 거죠. 그 남자가 나를 두 배로 원하기 전까지 나는 계속 밀고 당겨야 하는 거죠. 그 사이 인생은 부질없이 지나가고 나중에는 '내가 사랑이라는 걸 해봤나?'라고 회의하는 상황이 됩니다. 제가 제일 듣기 싫어하는 말이 '추억 만들기'입니다. 추억을 만들기 위해 뭔가를 한다는 것인데 그게 어떻게 가능하죠? 지금 뭔가를 하면서 왜 현재를 살지 않고, 추억을 만든다고 하는지……. 그럼 지금의 나는 허깨비인 건가요? 추억을 위해서 지금을 산다? 나중에 기억나지도 않고 기억나도 그건 아무것도 아니에요. 지금 전혀 다른 삶을 살고 있잖아요. 사랑을 경험할 때는 지금 현실을 있는 그대로 느러낼 수 있는 그런 사랑을 해야 그다음에 삶의 새로운 국면을 만나게 됩니다.

운명적 사랑을 하는 방법은 간단해요. 둘 중 하나가 죽으면 되죠. 둘 다 죽으면 더 강렬한 운명적 사랑이겠죠. 그런데 그것이 정말 운명적 사랑인가요? 운명적 사랑은 니체의 말처럼 "네 존재의 심연 안에 나를 파괴시킬 태풍이 있는 것"입니다. 나를 파괴시킨다는 것은 지금의 나를 완전히 갈아엎어버린다는 뜻입니다. 내가 상식, 관습이라고 생각한 것이 한순간에 다 아무것도 아니게 되는 상황을 체험해보고 싶다는 야망이 있어야죠. 그게 '운명적 사랑'입니다. 이런 '운명적 사랑'을 겪으면 세상을 보는 역량이 달라져요. 아무것도 두렵지가 않아요. 그러면서 자기 인생을 살게 되는 거 아닐까요? 설령 그게 짝사랑이든, 삼각관계든 마음은 굉장히 평온합니다. 걱정할 게 없어요. 심연의 폭풍을 느끼게 되면 '상대가 배신하면 어쩌지' 이런 건 별 근심거리도 아닙니다. 상대가 새로운 선택을 했을 때 내가 감당해낼 수 있다면 더 멋진 거 아니겠어요. '싸우고, 질투로 불타고, 내가 더 섹시해져서 기어코 너의 사랑을 쟁취하리라.' 이런 건 아니죠. 그런다고 되는 문제도 아니고요. 사랑이라는 영역의 폭이 굉장히 넓은데 너무 좁혀놓고 그 안에서 맴도는 게 아닌지 생각해보세요.

ALPHA

LADY

BOOK

TALK

사랑,
인생을 배우는
처음이자 끝

진정한 소통으로 성숙한 사랑을 이루다

곽금주

낭만적 사랑보다
성숙한 사랑을
꿈꾸자

곽금주는 현재 서울대학교 심리학과 교수로 재직 중으로, 국내 최고 심리학자 중 한 명으로 꼽힙니다. 아동 발달 및 인간의 성장·발달에 관한 다양한 프로젝트를 진행해 화제를 모으기도 했습니다. 만 23세라는 이른 나이에 결혼한 후 남편과 자신의 성격을 조율하는 과정을 통해 성숙한 사랑의 의미에 대해 깨달아가고 있습니다. 개인적 경험을 토대로 사랑의 심리학을 다룬 책 「도대체, 사랑」을 펴냈습니다.

「도대체, 사랑」은 제 개인적인 에세이 중심으로 써봤어요. 이 때문에 여러분이 쉽게 읽어 내려갈 수 있을 것 같아요.

제가 다양한 전공을 많이 하고 있어요. 아동 심리도 연구를 많이 하고요. 또 작년에는 중년 심리에 대해 연구하고 발표하기도 했어요. 또 사랑 이야기나 성공 이야기도 하고……. 그런데 제 전공은 뭘까요? 제 전공은 '발달심리학'이에요.

여러분은 인생의 어디쯤을 가고 계세요? 인간은 태어나서 여러 발달 과정(영아기, 아동기, 청소년기, 성인기, 중년기, 노년기)을 거치고 서서히 죽어가죠. 제 전공은 이렇게 인생의 시기마다 어떤 발달이 정상이고 비정상인가를 연구하고, 진단하고 도와주는 것이랍니다.

아동 심리도 발달심리학에 들어가요. 저더러 아동심리학자라고 이야기하면 저는 곧 정정합니다. "저는 발달심리학자예요"라고요. 아동 심리, 청소년 심리…… 이런 것들이 모두 발달심리학 안에 들어갑니다. 최근에는 중년이나 성인들의 발달심리에 대해 연구하고 있습니다. 아동을 연구하는 것은 부모를 연구하는 것과 다 얽혀 있거든요. 문제가 있는 아이들 뒤에는 문제 있는 부모가 있어요. 부모들도 중년기를 살아가고 있죠. 중년기를 거치고 있는 부모의 마음이 힘들면 청소년 자녀의 마음도 힘들고 갈등을 일으킬 수 있습니다.

보고 싶은 것만 보는
사랑의 착시현상

오늘 말씀드릴 것은 사랑에 대한 이야기입니다. 사랑에 관한 여러 학술 이론들을 이야기해보고자 하는데요. 우선 '착시'에 관한 내용부터 이야기해보려 해요.

처음 보면 무슨 내용인지 잘 알아차리지 못하는 사진들이 많죠? 얼핏 보면 꽃을 그려놓은 것 같은데, 자세히 보면 그 안에 사람의 얼굴이 담겨 있는 그림이 있습니다. 남성과 여성의 모습을 그려놓은 것 같지만, 다시 살펴보면 그 남녀 사이에 돌고래가 있는 그림도 있어요.

처음엔 안 보이다가 알고 나면 비로소 보이죠. 왜 처음에는 안 보일까요? 우리는 망막에 맺힌 상을 보는 대로 다 처리하지 않아요. 망막에는 상이 거꾸로 맺힌다고 하죠. 그렇다고 우리의 뇌가 그걸 있는 그대로 기계적으로 처리하지 않습니다. 나에게 의미 있고 자극적인 것만 처리해요.

그래서 처음엔 안 보이다가 나중에 인지하고 나면 보이는 겁니다.

또 다른 재미있는 실험을 하나 소개할까요? 심리학 역사상 굉장히 독창적이고 흥미로운 실험인데 실험의 제목이 '보이지 않는 고릴라'예요. 대니얼 사이먼스와 크리스토퍼 차브리스라는 학자의 실험인데요. 「보이지 않는 고릴라」라는 번역서도 나왔습니다.

동영상 속에서 흰색 티셔츠를 입은 아이들이 한편, 검은색 티셔츠를 입은 아이들이 다른 한편이에요. 같은 팀끼리 공을 주고받습니다. 사람들에게 흰색 티셔츠를 입은 아이들이 공을 몇 번 주고받는지 세어보라고 주문하면 검은색 티셔츠를 입은 아이들은 거의 눈에 보이지 않아요. 흰색 티셔츠 팀은 공을 모두 열네 번 주고받습니다.

그런데 그 와중에 검은색 고릴라 한 마리가 이 앞을 지나갑니다. 이것을 전혀 못 보는 분들이 있어요. 하버드대학 학생들을 대상으로도 실험을 해봤는데, 고릴라를 못 본 학생이 58%라고 합니다. 열 명 중에 여섯 명이나 못 본 것이죠. 이 실험을 우리나라 야구장에서도 전광판으로 한 적이 있대요.

저는 서울대에서 '흔들리는 20대'라는 교양강의를 하고 있습니다. 나름대로 학생들에게 인기 있는 강의입니다. 전 출석체크를 철저히 하는 편인데요. 그러다 보니 학생들이 출석에 예민해져서 지각이 아닌데 지각 처리 되었다고 조교들에게 항의를 하곤 합니다. 그래서 어느 학기인가 이 동영상을 틀어주고 공을 몇 번 주고받는지 맞히면 출석부에서 지각 세 번을 지워주겠다고 했어요. 그런데 열 명 중 여덟 명이 고릴라를 보지 못했어요. 어떤 친구는 고릴라인 줄 모르는 경우도 있고, 그냥 '검은 것'이

지나갔다고 하는 경우도 있고, 아예 못 봤다는 경우도 있었죠. 결국 우리가 어떤 사안에 집중하면 우리의 뇌가 그 외의 것은 처리를 못한다는 거죠. 집중하면 다른 정보를 놓친다는 사실을 알 수 있는 실험입니다.

여러분도 이런 경험이 있을 것 같아요. 내가 관심 있는 사람과 무언가를 해야겠다고 생각하면 계속 그 사람만 신경 쓰기 때문에, 다른 친구가 인사해도 그 친구가 있었는지 없었는지 기억도 못하게 되죠. 정보 처리라는 것이 그래서 중요한 겁니다.

여러분은 '소녀시대' 좋아하시나요? 저는 '소녀시대'에는 별로 관심이 없고 '2PM'을 좋아합니다. 그중에서 닉쿤을 좋아하는데요. 얼굴도 너무 작고, 몸도 너무너무 멋있어요. 정말 꽃미남이죠. 그러다 보니 저는 2PM 공연을 볼 때, 다른 사람은 아무도 안 쳐다보게 돼요. 오로지 '우리 닉쿤'만 쳐다보는 거죠. 다른 사람이 실수하든 말든 관심이 없어요. 결국 내가 집중하는 한 곳만 쳐다보지, 다른 것들은 보지 못한다는 이야기지요.

제가 왜 이런 이야기를 할까요? 우리가 가만히 있는 꽃을 보거나, 가만히 있는 물체를 보지만 내 망막에 맺힌 대로 보는 것이 아니고 내 뇌가 보는 대로 보는 겁니다. 내 생각, 내 기대, 내 관심사, 내 경험들이 보고 있는 거예요.

가만히 있는 물체도 이렇게 복잡하게 처리해야 하는데, 우리가 물체만 보지는 않잖아요. 사람을 보잖아요. 사람을 볼 때 그냥 보기만 하나요? '이 사람은 어떤 사람인가', '이 사람을 설득해서 내 편으로 만들어야겠다', '이 사람의 마음에 들고 싶다' 같은 여러 가지 복잡한 생각을 합니다. 사랑도 하고, 한평생 같이 살고 싶다는 생각도 하고요. 참 복잡합니다.

말인즉슨, 사람을 보고 판단하고 사랑하는 것이 매우 힘들다는 겁니다. 제가 상담을 해보면 모든 고민의 원인이 전부 인간관계예요. 사람의 관계가 참 복잡하죠. 동성이 아닌 이성 간에는 더욱 이해하기 어려운 부분이 많아요. 남녀 관계에 대한 이야기에 대해 좀 더 구체적으로 이야기 해볼까요?

공감능력 DNA,
'없는' 남자와 '있는' 여자

평생 가도 서로 닿을 수 없는 남자와 여자 사이에는 '공감'이 참 중요합니다. 공감이라는 것은 내가 직접 경험하지 않아도 타인의 감정이 어떤지, 고통이 어떤지를 공유하는 것이죠. 저 사람의 상태가 어떤지 같이 이해하고, 공유하고, 또 배려까지 하는 것이 공감입니다.

우리가 소통이 잘 안 되는 것도 공감을 못해서예요. '저 사람이 무슨 감정으로 나에게 저런 소리를 하는가?'라는 질문에 답이 나와야 이해가 되잖아요. 그런데 '무슨 소리야. 나한테 뭐 바라는 것이 있나?'라는 생각이 들고, 상대가 잘 이해되지 않는다면 공감이 안 된 거죠. 이러한 공감능력도 남녀에 따라 차이가 있어요. 물론 개인차도 있겠지만요.

"아프냐? 나도 아프다." 드라마 〈다모〉에서 탤런트 이서진 씨의 대사죠. 극중에서 하지원 씨와 서로 좋아하는데 신분의 차이로 좋아한다는 말을 못하죠. 하지원 씨가 다치자 이서신 씨가 주막에서 상처를 묵묵히 닦아주면서 말했죠. "아프냐? 나도 아프다." 이 장면에서 많은 여성들이 이서진 씨에게 넘어갔습니다. 특히 나이 좀 드신 여성분들이 더 많이 넘어갔죠. '아줌마부대'가 생겼다고 봐야죠. '우리 남편은 아무리 내가 아파도 저런 이야기 못하는데……' 다들 그렇게 생각했나 봐요. 아무튼 그래서 그게 그해의 '명대사'가 됐죠.

외국에서 공감 능력이 남녀에 따라 어떻게 다른지 연구를 해서 밝혔습니다. 공감능력이 가장 높을 때가 언제인지 아세요? 바로 열정적으로 사랑에 빠졌을 때라는 겁니다. 그때는 세상이 다 밝아지고 모든 게 새로워집니다. 모든 일이 다 잘되고 에너지가 넘치게 됩니다. 앉으나 서나 '그대 생각뿐'이에요.

사랑에 빠지면 마약을 할 때랑 같다고 하죠. 실제로 코카인을 흡입했을 때 나오는 도파민이라는 물질이 우리가 열정적으로 사랑할 때도 나온다고 해요. 이 도파민은 세상을 달라 보이게 만들고, 기분을 붕 뜨게 만든다고 해요. 이 물질이 나오면 면역력도 생겨서 감기도 잘 안 걸린다고 해요.

문제는 이런 순간이 오래가지 못한다는 거예요. 마약을 하면 어떻게 되죠? 점점 효과를 보는 시간이 짧아지죠. 사랑에도 유통기한이라는 게 있죠. 3주, 3개월, 6개월? 3년을 못 간다는 사람도 있고요. 학자들마다 견해가 다 달라요.

어쨌든 이런 열정적 상황에서 공감능력이 가장 커진다고 합니다. 그래서 열정적인 사랑에 빠진 사람의 뇌를 사진으로 찍어봤어요. 뇌의 어느 부위가 활성화되느냐를 보기 위한 것인데요. 전기충격을 주면서 그 고통에 반응하는 뇌를 찍어요. 내가 전기충격을 받고 아플 때 뇌가 반응하는 부위가 있겠죠? 그다음에는 내가 아니라 내 애인이 전기충격으로 아픈 것을 보고 뇌를 또 찍습니다. 내가 고통을 느낄 때 찍은 자신의 뇌와, 내가 사랑하는 애인이 고통 받는 것을 볼 때 찍은 자신의 뇌가 같은가를 알아본 것입니다.

결과가 어떻게 됐을까요? 여자의 경우 내가 고통받을 때나 내 애인이 고통받을 때 별 차이 없이 똑같은 뇌 부위가 활성화됐어요. 그런데 남자는 어땠을까요? 열정적인 사랑에 빠져서 공감능력이 가장 커져 있는 상태인데도 애인이 전기충격을 받았을 때는 별다른 뇌의 변화가 없다는 거예요. "아프냐? 나도 아프다"가 아니라 "나는 아프다. 그런데 네가 아픈 건 모르겠다"는 거죠. 남자들은 기본적으로 공감능력이 떨어지는 겁니다.

남녀의 이런 차이는 타고난 것일까요? 제 연구팀에서 생후 24개월짜리 아이들을 대상으로 같이 놀던 엄마가 다쳤을 때 아이들이 어떤 반응을 보이는지 실험했어요. EBS 방송을 통해 방영됐죠.

실험할 때 일단 아이들이 엄마가 다쳐서 우는 상황을 이해했는지부터 사전에 검사했어요. 엄마가 다쳤다는 사실 자체를 이해하지 못하면 안 되잖아요. 그 사전 검사를 통과한 아이들만을 대상으로 실험하는 겁니다.

그런 다음 비디오카메라 두 대로 찍고, 오디오로도 녹음해서 아이들의 행동과 언어를 다 분석했어요. 아이들이 아직 태어난 지 24개월밖에 안 돼서 언어반응은 별로 없어요.

남녀 50명씩 실험을 했는데, 이 실험을 하면서 우리 조교들과 얼마나 웃었는지 몰라요. 엄마가 다친 척하면서 울자 여자아이들은 하나같이 모두 따라 웁니다. '엄마 어떻게 하지. 아파?' 이런 반응입니다.

그런데 남자아이들은 전혀 울지 않아요. 오히려 장난을 치거나 웃는 경우도 있죠. 남자아이들은 엄마가 아픈 걸 전혀 공감하지 못합니다. 그냥 엄마가 하다 만 일을 열심히 해줄 뿐입니다.

남녀는 이렇게 공감능력에서 큰 차이가 납니다. 주변에서도 이런 차이를 쉽게 찾을 수 있습니다. 부인은 계속 하소연을 하는데, 남편은 계속 반복되는 이야기에 짜증이 납니다. 듣다 못해 소리를 버럭 지릅니다. 내가 이렇게 해준다는데 왜 계속 같은 이야기를 반복하느냐는 거죠. 하지만 여자는 문제를 해결해달라는 게 아닙니다. '내가 이렇게 힘드니 제발 나를 이해해달라', '내 감정을 알아달라'는 거죠. 공감해달라는 겁니다. 그런데 남자는 그 공감을 못하는 거죠.

남자는 여자가 이야기를 하면 일단 무조건 맞장구를 쳐주세요. 그러고 나서 이렇게 하면 어떨까를 이야기하는 게 좋습니다. 여자는 남자들에게 너무 장황하게 늘어놓지 않는 게 좋습니다. 어차피 공감을 잘 못하니까요. 어떤 때는 "이런 게 불만이다"라고 바로 직접 이야기하는 게 필요합니다.

'밀당(밀고 당기기)'은
사랑의 숙명

이른바 '밀당', 밀고 당기기에 대한 이야기를 좀 해보겠습니다. 남녀는 왜 서로 밀고 당기고, 때로는 서로를 의심하게 될까요? 사랑을 시작하면 좋은 것만 있는 게 아니라 고통도 생깁니다. 상대에 대한 의심이 생기기 때문이죠.

이걸 진화심리학적으로 설명해볼게요. 진화심리학은 원시사회 때 인간의 행동으로 현대사회의 인간을 설명할 수 있다는 겁니다. 제가 보기엔 그 이론이 그리 억지스러워 보이지는 않아요. 현대사회에서 아직까지 풀리지 않는 것들을 설명해주는 부분이 굉장히 많거든요.

원시사회에서 가장 중요한 문제가 두 가지가 있죠. 하나가 '서바이벌(생존)'이에요. 동물의 세계에서 살아남는 것. 두 번째는 내 아이를 낳는 것이죠. 튼튼하고 똑똑한 내 아이를 낳고 싶은 겁니다. 이 두 가지가 가장 중요합니다.

우리가 사랑하고 결혼하면 아이를 낳고 싶고, 잘 키우고 싶잖아요. 건강하고 똑똑한 내 아이를 낳고 싶은 것이 인간의 본성이죠. 원시사회에서 남자는 사냥을 하러 갑니다. 어떤 날은 사냥이 잘되고, 어떤 날은 사냥이 잘 안될 수도 있죠. 그런데 어느 날은 너무 사냥이 안된 거예요. 남자는 작은 토끼 한 마리를 들고 집에 터벅터벅 걸어가면서 동굴에 있을 아이들을 생각합니다. '이 토끼 한 마리로 누구 입에 풀칠을 하나?' 그러다 살짝 이런 생각도 듭니다. '동굴 안의 그 아이들이 모두 내 아이가 맞겠지? 설마 우리 부인이 다른 남자의 아이를 낳은 것은 아니겠지?'

여자는 어떨까요? 남편이 오랜만에 사냥에서 돌아오니까 '멧돼지를 잡았나 보다' 생각하고 동굴 밖으로 뛰어나가 봅니다. 그런데 저기 멀리서 오는 남편 손에 든 것이 겨우 작은 토끼 한 마리뿐이에요. "이게 웬 일이야?" 하고 깜짝 놀랍니다. 그때 부인에게노 이런 생각이 스쳐 지나갑니다. '정말 한 마리만 잡은 걸까? 혹시 두 마리, 세 마리를 잡아서 다른 여

자한테 주고 온 건 아니겠지?'

현대사회에서도 이런 의심은 계속 나타납니다. '전화기가 왜 꺼져 있지?', '왜 내 전화를 안 받지?' 살짝살짝 의심은 계속 듭니다. 이것은 결국 내 자원을 빼앗기기 싫다는 겁니다. 어쩔 수 없는 본능이죠. 내 자원을 빼앗기기 싫기 때문에 서로 의심하고, 밀고 당기는 일이 생기는 겁니다.

그러다 보니 남자들은 '많이 낳다 보면 내 아이가 맞겠지'라고 생각합니다. 자신의 아이를 낳고 싶은 거예요. 남자들은 신체적으로 여자보다 더 많은 아이를 낳을 수 있잖아요. 여자들은 아무리 노력을 해도 많이 낳기는 어렵죠. 1년에 한 번밖에 낳을 수 없어요. 그러다 보니 여자는 상대를 선택할 때 좀 더 까다롭습니다. 하지만 남자들은 좀 더 쉽게 사랑에 빠집니다. 남자들은 애인이 있어도 더 쉽게 사랑에 빠지고, 늘 주변을 두리번거립니다.

여자들은 능력이 있는 남자를 찾죠. 나와 아이를 먹여 살려줘야 하니까요. 돈과 권력이 있어야 합니다. 현대 사회에서는 돈과 권력이 곧 능력이잖아요. 그리고 나를 배신하지 않을 남자를 찾고 나만 사랑해야 한다는 강한 욕구가 있습니다. 여자들은 어떤 때는 남자의 나이를 별로 상관하지 않죠? 반면 남자들은 나이가 들어도 젊고 예쁜 여자를 좋아하죠. 나이 든 여자보다 젊은 여자들이 더 건강한 아이를 낳을 수가 있기 때문이죠.

이런 생각 차이로 오해가 일어나곤 하는데요. 남자는 늘 두리번거리며 여자를 찾는 성향이 있다 보니, 혹시 저 여자가 나한테 관심이 있어서 표시를 보냈는데 그걸 못 알아챌까봐 늘 민감해요. 여자가 조금만 웃어도 '날 좋아하나?'라고 생각하고 오버하죠.

예를 들어 회사에서 한 팀이 진행하던 프로젝트가 끝났어요. 같은 팀에서 일하던 남자가 여자한테 "같이 저녁을 먹자"고 해요. 그랬더니 여자가 "좋아요"라고 합니다. 남자들은 둘이서 저녁을 먹다 보면 데이트인 거니까 '날 좋아하나 보다' 이렇게 생각해요. 여자는 '아니 뭐, 밥 먹을 사람도 없고 근사한 데 가서 사준다는 데 먹자' 이렇게 생각하죠. 남자가 밥을 먹으면서 그동안 여기저기서 봤던 유머를 총동원해서 여자를 막 웃겨요. 그랬더니 여자가 좋아하면서 잘 웃습니다. 남자는 또 생각합니다. '이거 별것 아니네. 이렇게 웃다니 나를 좋아하는구나.' 그런데 알고 보니 이 여자는 원래 잘 웃는 여자였어요.

웃다 보면 책상도 두드리고 남의 어깨도 살짝 치고 그러는 경우 있잖아요? 이 여자가 웃다가 남자를 툭 칩니다. 그러면 남자는 또 생각합니다. '아니, 터치까지? 이제 다 끝났구나. 나한테 넘어왔구나.'(웃음) 남자들에게는 이렇게 이성의 사소한 언행도 성적 관심으로 과대평가하는 경향이 있어요.

종종 성희롱 사건이 일어나잖아요. 공인 중 성희롱 사건에 휘말린 남자들 이야기를 들어보면 늘 "저 여자가 먼저 사인을 보냈다"고 이야기해요. "그 여자가 가만히 있는데 내가 미쳤다고 손을 잡았겠느냐"고 항변하죠. 그러나 남자들은 사인을 과잉 지각하는 겁니다. 여자분들, 괜히 웃어주지 마세요. 오해를 살지도 모르니까요.

여자들은 어떨까요? 남자가 "헌신하겠나"고 한 약속에 속았다가 생길 수 있는 손실을 최소화하려고 합니다. 여자에게 달콤한 미사여구를 늘어놓는 남자에게 절대 속지 않죠. '또 작업을 거는군' 하고 생각합니다. 남자들이 아무리 헌신적으로 행동하고 약속해도 먼저 의심부터 해보는 기제가 작동합니다. 일종의 편견이 있는 것이죠.

그래서 남자들이 "멋있다, 예쁘다"고 하는 말을 다 작업 걸려고 하는 말이라고 생각하고 잘 믿지 않죠. 화이트데이 때 꽃다발과 사탕을 주잖아요. 여자 친구는 그것을 받고 이렇게 말합니다. "흥, 작년에는 누구한테 줬어?", "늘 여자한테 이렇게 작업 걸어?" 이런 남녀 간의 생각 차이가 서로에게 오해를 불러일으킬 수 있습니다.

금지된 사랑이 왜 더 뜨거울까?

로미오와 줄리엣의 이야기를 해볼까요. 사랑은 방해물이 있을 때 더 뜨거워집니다. 주변에서 반대하면 "이런 반대가 있는데도 우리 둘은 사랑하고 있어요"라고 착각하게 됩니다. 집안의 거센 반대를 무릅쓰고 결혼하는 사람들이 있잖아요? 그런 사람 중 결혼하고 방해물이 다 제거된 뒤에 서로 그만큼 사랑하지 않았던 걸 깨닫는 사람들이 있어요. 그래서 이런 경우, 이혼율이 더 높다고 해요.

또 대표적인 것이 삼각관계, 불륜의 경우죠. 금지된 환경 때문에 두 사람이 더 뜨거운 사랑을 하고 있다고 생각되죠. 하지만 이런 것들은 다 '허세'입니다.

또 하나, 요즘 '나쁜 남자'가 대세죠. 여자들의 비극이기도 합니다만,

이상하게 여자들은 착한 남자보다 나쁜 남자를 더 좋아해요. 플레이보이를 더 좋아해요. "세련되고 매너 있는 남자와 아무 말 없이 앉아만 있고 작업을 못 거는 남자 중 누가 좋아?"라고 물으면 여자들은 전자가 좋다고 답해요. 결국 세련되고, 매너 있고, 플레이보이인 나쁜 남자에게 더 끌리는 거예요.

왜일까요? 동물에 비교하기엔 좀 그렇지만, 동물을 대상으로 한 실험을 한번 보겠습니다. 암컷 생쥐가 있는 우리에 수컷 생쥐 두 마리를 넣었습니다. 하나는 관계를 많이 한 경험이 있는 플레이보이 수컷 생쥐이고, 다른 하나는 숫총각 생쥐예요. 한 번도 암컷과의 성경험이 없어요. 그런데 암컷이 결국 누구를 쫓아다니느냐 하면 경험이 많은 수컷 생쥐만 졸졸 쫓아다닌다는 거죠. '검증이 된 남자'에게 끌리는 거죠.

비슷한 예를 또 들죠. 사진을 여러 장 주면서 사진 속 남자의 매력을 점수로 매기게 해요. 똑같은 남자인데 한 장은 그 남자를 보면서 한 여자가 웃고 있고요. 다른 한 장은 또 다른 여자가 그 남자를 무표정하게 바라보는 사진이에요. 이 사진을 본 여자들은 사진 속 여자가 웃으면서 보고 있는 남자에게 점수를 더 후하게 줬다고 해요.

남자는 어떨까요? 남자는 정반대예요. 남자는 여자가 다른 남자와 함께 웃고 있으면 그 여자를 별로라고 생각해요. 헤퍼 보인다는 것이죠.

유부남에게 끌린다는 처녀들이 있죠. 이 경우도 검증된 남자, 여자들에게 인기 있는 남자에게 끌리는 거라고 볼 수 있죠. 유부남은 이미 한 여자에게 검증된 남자니까요.

제가 20대에게 사랑의 심리학을 많이 강연하다 보니 "언제쯤 이 남자와 잘까요?"라는 질문을 받기도 해요.

이 문제와 관련해 '인지부조화' 이론을 얘기해볼게요. 레온 페스팅거의 이론이죠. 사람은 자신의 생각이나 가치관, 태도를 내 행동과 일치하게 하려고 합니다. 나의 행동이 내 생각이나 가치관과 맞지 않으면 행동을 바꾸든 생각을 바꾸든 이 둘을 자꾸 일치시키려는 습성이 인간에게 있다는 겁니다. 이걸 남녀관계에도 대입해보죠.

행동이 먼저 일어난 경우를 가정해봅시다. 남녀 간에 관계를 먼저 맺어버린 거예요. 남자들은 조금 단순합니다. '이 여자가 좋으니까 자고 싶다'고 생각하고 관계를 맺은 뒤에는 '좋아하니까 당연한 거였어'라고 생각합니다. 간단하죠.

그런데 여자는 좀 복잡해요. 자신이 이 남자를 사랑한다고 확신해서 관계를 맺었으면 상관이 없지만, 확신이 서지 않은 상태에서 상황 때문에 관계를 한 경우가 문제죠. 여자는 그 이후부터 생각하기 시작합니다. '남자가 요구하기도 하고, 나도 그렇게 싫지는 않았는데……. 내가 이 사람하고 그럴 정도였나? 진짜 좋아했나?' 이런 고민을 합니다.

그런데 이미 관계를 맺어버렸잖아요. 행동이 먼저 일어났잖아요. 그러니 조화를 이루기 위해서 생각이 따라 갑니다. '그래, 나는 이 사람을 사랑하는 거였어.'

남자는 자신의 생각과 일치하는 행동을 했기 때문에 관계 전후 마음에 큰 변화가 없죠. 그러나 여자는 이런 때 관계를 맺고 나면 갑자기 마음이 확 열리게 돼요. 이전에는 하루에 한 번 문자메시지를 보낼까 말까 하던 것을 이제는 한 시간마다 한 번씩 보냅니다. 남자는 예전에 비해 별로 달라진 게 없는데 여자가 갑자기 확 다가오는 거죠. 그러면 남자는 관계의 균형을 유지하기 위해 조금 물러나게 돼 있습니다. 남자는 문자메시지에 일일이 답하지 않아요. 그럴수록 여자는 더 다가갑니다. 그게 집착이 될 수도 있는데 말이죠. 여자는 더 다가가고, 남자는 더 물러나게 됩니다.

사실 남자의 마음은 변한 것이 아닙니다. 거리를 유지하려는 것뿐이거든요. 하지만 여자는 머리가 복잡해집니다. '나를 사랑하지도 않으면서 나랑 잔 거야? 자고 나니까 마음이 변한 것 아니야?'라고 생각하죠. 그때부터 막무가내로 전화하고 문자메시지도 더 자주 보내기 시작합니다. 그러면 어떻게 될까요? 남자도 정이 떨어지겠죠.

전 이런 '인지부조화'를 일으키지 않을 만한 상황에서 관계를 맺는 것이 좋다고 생각해요. 내가 정말 이 사람을 사랑하는가? 그 질문에 명쾌하게 답이 나오면 그때 그 생각에 따라 행동하시기 바랍니다. 그렇지 않고 행동부터 하고 나면 그 관계가 깨지는 경우가 더러 있더라고요.

성숙한 사랑으로 가는
세 가지 지름길

사랑을 잘하려면 어떻게 해야 할까요? '낭만적인 사랑'에서 벗어나 '성숙한 사랑'으로 가기 위해서는 어떻게 해야 할까요?

첫 번째, 지나치게 분석하지 마세요. 이런 실험을 했어요. 지금 남자친구가 있는 여자들을 두 집단으로 나눈 뒤 물어봤습니다. 한쪽 집단에는 왜 그 남자를 좋아하는지 A4 용지 네 장으로 쓰라고 주문했고요. 다른 한쪽에는 왜 그 남자를 좋아하는지 두세 줄로 쓰라고 해봤어요.

그런 다음 얼마의 시간이 지난 뒤 그 여자들에게 "그 남자를 사랑하나요?"라고 물어봤죠. 그랬더니 답을 길게 쓰게 한 집단은 쓰다 보니 생각이 많아진 겁니다. '내게 잘해주는 것도 아니고, 매너가 좋은 것도 아니고…… 결국은 별로 아니잖아?' 반면 답을 두세 줄로 쓰라고 한 집단은 상대에 대한 만족도가 더 높았습니다. 뭐든지 너무 분석하고 따지면 행복한 사랑을 하기 어렵습니다.

두 번째, 서로 공감할 수 있는 취미를 가지세요. 사랑이 처음에는 열정적이다가 시간이 흐르면 그저 일상이 되기 마련이죠. 일주일에 한 번 만나서 영화관에 갔다가 밥 먹고……. 그런 데이트만 계속 반복하다 보면 지치게 마련입니다. 결혼하고 나서 열정이 식는 경우도 많죠. 뭔가 같이 활동하는 것이 좋은 것 같아요. 사내 연애가 왜 좋은가 봤더니 사내에서 같이 무언가를 하고 있을 때 공감도가 올라가서 그렇대요.

저는 커플이 심장박동수를 함께 높이는 것이 중요하다고 생각해요. 열정이 너무 식어버리면 심장박동수를 억지로라도 높이는 방법을 찾으면 좋아요. 또 다른 실험을 소개할게요. 집단을 둘로 나눠 두 달 반 정도 실험을 합니다. 한쪽 집단은 역동적인 스포츠를 즐기게 하고, 다른 집단은 외식이나 정적인 활동을 하게 했어요. 시간이 지나 두 집단을 비교해보았더니 역동적인 스포츠를 같이 한 쪽이 결혼만족도가 훨씬 더 높았다고 합니다.

단순히 영화만 보지 말고, 같이 등산도 가고 운동도 해보세요. 둘 만의 공통 관심사를 찾아서 함께 해보세요. PC 게임을 좋아하면 둘이 같이 게임으로 접전을 벌이는 것도 좋죠. 뭔가 활동적인 일을 함께했을 때 둘의 사랑이 더 깊어진다는 것입니다.

세 번째, 긍정적 착각을 많이 하세요. 이것은 남녀 관계뿐만 아니라 인간관계에서도 마찬가지입니다. 연구 사례를 또 소개할게요. 내 성격을 여러 측면에서 스스로 점수를 매기고, 애인에게도 내 성격에 대해 점수를 내라고 합니다. 그래서 두 점수를 비교해봅니다. 내가 스스로 준 점수보다 상대가 나에게 준 점수가 더 큰 커플일수록 관계에 대한 만족도가 훨씬 더 높습니다.

상대가 나를 긍정적으로 바라봐줄 때 훨씬 더 만족도가 높고 관계가 오래갑니다. 이것을 '미켈란젤로의 착각'이라고도 합니다. 미켈란젤로는 '바위 안에 천사가 있다'는 환상을 품고 아무것도 없는 바위를 깨뜨려 그 유명한 다비드 상을 만들어냈습니다. 긍정적인 착각이 좋은 결과를 가져다준다는 의미입니다.

긍정적 착각은 결국 현실의 나를 만듭니다. 일상에서 남편이 부인에게 '당신은 천사야'라고 계속 얘기하면 부인도 '그래? 난 남편한테 천사처럼 해줘야지'라고 생각합니다. 만약 남편이 "당신, 그것밖에 못해? 당신은 악처야"라고 쏘아대면 부인은 정말 악처가 되어갑니다.

나는 상대가 나를 착각하는 대로 변하는 겁니다. 또 내가 착각하는 대로 상대도 변화하는 거고요. 제가 늘 사랑을 위해 약간의 착각을 해보자고 합니다. 우리가 사랑을 시작할 때는 눈에 콩깍지가 씌잖아요. 그게 착각인 겁니다. 너무 멋지고, 우아하게 보이죠. 그런데 결혼하고 살다 보면 지저분한 것도 보이고 고치길 바라는 것들이 하나둘 늘어납니다. 현실로 돌아오는 것이죠.

하지만 내 사랑을 유지하려면 약간은 멀찌감치 서서, 나름대로 착각을 하고 살아가는 것이 좋은 것 같아요. 사랑은 살아 있는 한, 계속 같이 걸어가는 것입니다. 상대를 너무 분석하지 마시고, 함께할 수 있는 일을 찾아보시고, 약간의 착각 속에서 살아보십시오. 아마 여러분의 사랑도 영원히 지속되지 않을까, 감히 이야기 드립니다.

ALPHA

LADY

BOOK

TALK

행복하기 어려운 한국남자, 이해와 대처법

김정운

행복보다
불행에 민감한
한국 남자

'이야깃거리'를
찾아라

김정운은 '여러가지문제연구소'를 운영하는 문화심리학자입니다. 왕성한 방송활동과 강연, 열정적 저술을 자랑하는 그는 지식을 재미있게 요리할 줄 아는 대표적인 '에듀테이너'로 꼽힙니다. 「나는 아내와의 결혼을 후회한다」로 남성의 심리를 재치 있게 풀어냈고, 최근 저서 「남자의 물건」에서는 대한민국 남자들의 외로움과 허전한 삶을 얘기해 큰 공감을 이끌어냈습니다. 2012년 명지대학교 정교수직을 던지고 일본에서 새로운 공부에 도전, 재충전의 시간을 보내고 있습니다.

제가 올해 만 50세입니다. 올해 제가 결심한 것이 '더 이상 날 고치려고 하지 말자!'입니다. 오십까지 안 고쳤으면 못 고칩니다. 대신 '내가 원하는 것만 하자'고 결심했습니다. 내가 왜 자꾸 짜증을 내느냐 봤더니 쓸데없이 많은 걸 하려니까 짜증이 나는 겁니다. 내가 왜 화를 내는가 봤더니 내가 원하지 않은데 하려니까 화가 났던 겁니다. 그래서 '내가 잘하는 것만 하자'고 마음먹었습니다.

'내가 잘하는 게 뭐냐?' 스스로 물어봤습니다. 제가 글도 되고, 말도 됩니다.(웃음) 내가 써놓고 만족해서 너무 행복해하죠. 얼마 전에 〈한겨레신문〉에 러브호텔의 문화심리학을 주제로 칼럼을 하나 썼습니다. 왜 일본에 러브호텔이 많은지를 얘기한 건데요. 제가 지금 일본에서 살고 있는 원룸이 아주 작아요. 원룸 주변에 러브호텔이 참 많습니다. 왜 일본에 러브호텔이 많을까요? 고민해보니까 일본의 집들은 가옥구조가 더위를 잘 견디고 여름을 나기 위한 목적입니다. 일본의 겨울은 견딜 만해요. 근데 여름이 힘들어요. 습하고 덥습니다. 겨울에 집이 추우면 옷을 껴입으면 돼요. 하지만 더운 것은 견딜 수가 없어요. 그래서 가옥이 환기, 통풍이 잘돼야 해요. 목재도 가벼운 것을 써요. 일본에 대지진으로 쓰나미가 왔을 때 집들이 떠내려가는 걸 보면 알 수 있죠. 다다미를 쓰는 것도 마찬가지예요. 시원하니까요. 일본 사람들이 청결한 이유는 어렸을 때부터 다다미에서 자라기 때문이에요. 오줌을 가리는 걸 어릴 때부터 철저히 교육 시키죠. 정신분석학 하는 사람들이 일본 사람들은 '항문기적 불안'이 있다고 말합니다. 강박적으로 청결 교육을 시키니까 깨끗한 거죠.

그런데 문제가 있어요. 집 구조가 그렇다 보니까 여름을 버티기엔 좋은데 소리가 문제예요. 옆집에 사는 이웃이 전화하는 소리를 다 들을 수 있어요. 이웃이 밥을 먹는지, TV를 보는지, 방귀를 뀌는지 다 알 수 있습니다. 심지어 성관계하는 소리도 다 들립니다. 성관계라는 게 느끼는 대로 표현해줘야 하는데 일본에서는 가옥구조상 그게 어려운 거예요. 그래서 '젊은 사람들이 마음대로 소리를 내면서 성관계를 할 수 있는 러브호텔이 생긴 게 아닐까'라는 게 저의 해석입니다. 그럼 한국엔 러브호텔이 왜 생겼을까요? 한국은 논밭을 지나가도 주변에 러브호텔이 있잖아요? 한국의 가옥구조는 겨울을 나는 가옥구조입니다. 온돌처럼 창의적인 난방장치가 없어요. 겨울을 나기 위한 가옥구조여서 밖에서는 소리가 잘 들리지 않아요. 그럼 한국 사람은 왜 러브호텔에 갈까요? 제 잠정적 결론은 성관계를 할 때, 한국 사람들이 일본 사람들보다 소리를 더 크게 내서 어쩔 수 없이 러브호텔에 간다는 겁니다.(웃음) 아무튼 이번에 제가 낸 「남자의 물건」은 조금 다른 각도로 써 본 책입니다. 한국남자의 근본적 문제를 어떻게 해결할 것인지에 대한 얘기예요. 책에 쓴 걸 조금 설명하고, 궁금한 얘기를 물어보시면 대답할게요.

한국사회의 근본적 문제가 뭐냐고 하면 늘 정치 얘기가 빠지지 않습니다. 저도 정치권에서 요청이 많이 와요. 제가 좀 파괴력이 커요. 저를 데려가려는 사람이 많더군요.(웃음)

그래서 잠시 흔들린 적도 있어요. 우리 아이들한테 "아빠가 정치하는 거 어떻게 생각해?"라고 물어봤어요. 큰애는 지금 군대 갔고, 둘째는 중1이에요. 둘째가 이렇게 말하더군요. "아빠가 정치하면 잘할 거야. 근데 아빠 일찍 죽어. 그러니까 하지 마." 생각해보니까 제게는 노무현 전 대통령이 반면교사예요. 그 양반이 했던 걸 보면 저와 똑같습니다. 어떤 사안이 벌어지면 저도 그 양반처럼 모든 걸 다 걸어요. 또 살면서 누구한테 져본 적이 없어요. 노 전 대통령은 대통령직까지 걸고 싸웠잖아요. 제가 대학 1학년 때 데모를 하다 학교에서 제적당했어요. 그때부터 제 인생이 꼬여서 마흔다섯까지 되는 일이 없었어요. 저는 누가 저더러 정치적 문제, 사회구조적 문제에 대해 얘기하라고 하면 정말 잘할 수 있어요. 진중권 교수, '나는 꼼수다'보다 더 잘할 수 있습니다. 그런데 그러다 잘못될 확률이 높아요. 왜냐, 제가 잘된 지 얼마 안 됐기 때문이에요. 저는 가늘고 길게 오래가야 해요. 많은 사람이 구조적 문제를 얘기해요. 하지만 구조적 문제만 얘기하는 사회는 잘못된 사회입니다. 그렇게 치면 진작 모든 문제가 해결됐어야죠. 야당이 10년 동안 정권을 잡았고, 여당이 지난 5년 동안 정권을 잡았어요. 서로 의견이 다른 사람들이 각각 기회를 누렸으면 뭔가 달라져야죠. 그런데 변화가 없어요. 왜 항상 상대방의 책임만 얘기하고, 왜 자기 책임은 얘기하지 않을까요? 우리는 다양한 방식으로 얘기해야 합니다.

행복하면 불안한
한국 남자들

다른 얘기를 해보고 싶습니다. 제게 "한국사회의 근본적 문제가 뭐냐?"고 묻는다면 저는 한국 남자들이 문제라고 답할 겁니다. 한국 남자들은 산업 사회, 민주화를 거치면서 먹고 살게 됐어요. 인정할 것은 해야 돼요. 민주화도 이 정도 됐으면 상당한 수준이에요. 경제 수준도 대단한 거죠. 그런데 남자들에게 문제가 생겼어요. 수단이 되는 가치들은 잘 해결하는데, 궁극적 가치가 뭔지 모릅니다. 경제적 풍요로움이나 정치적 민주화는 수단적 가치예요. 경제적으로 먹고 살만 해야 하고 민주화도 돼야죠. 하지만 우리가 민주화하려고 사는 것도 아니고, 잘 먹으려고 사는 것만은 아니에요. 행복하고 재미있게 살아야 합니다. 그런데 왜 이런 궁극적 가치는 아무도 얘기하지 않느냐는 겁니다. "내가 행복해야 된다", "삶이 재미있어야 한다" 이런 얘기를 하면 사람들이 저를 우습게 봅니다. 제가 TV에 출연해서 "재미있게 살아야 한다. 행복해야 한다"고 말하면 사람들이 절 레크리에이션 강사로 알아요. 저는 한국사회의 궁극적 가치를 얘기하고 있는데, 사람들은 저를 우습게 압니다.

한국 남자들은 행복하면 죄의식을 느낍니다. 재미있으면 불안해집니다. 일요일에 낮잠 자면 불안해해요. '이렇게 낮잠 자도 되는 거야?' 행복하면 '이렇게 행복해도 되는 거야?'라고 늘 불안한 상황을 대비하고 있어요. 생각하는 대로 이루어지는 사막의 오아시스가 있다고 합시다. 사막을 가던 한국 남자가 너무 힘들어서 잠시 나무 그늘에서 쉬었어요. 그러다 '아, 목이 마르다. 물이 있으면 좋겠다'라고 생각했대요. 그랬더니 물이 '짠' 하고 나타나서 물도 마시고 수영도 했죠. 비키니 수영복을 입은 아리따운 여인들을 생각했더니 또 나타났대요. 그렇게 행복해하다가 갑자기 '사자가 나타나서 다 잡아먹으면 어떡하지?'라는 생각을 하는 거예요. 풍요로움과 행복을 느낄 수 있는 능력이 없는 거죠. 물론 사는 게 힘들다는 건 알고 있죠. 그러나 그 와중에도 행복하고 재미있는 게 있거든요. 행복을 느낄 능력이 없다 보니까 문제들만 보입니다.

한국 남자들이 불행한 것, 그 뒤에는 더 근본적 불안이 숨어 있습니다. 한국 남자는 불안 그 자체예요. 나의 존재가 불확실하기 때문에 불안합니다. 내가 누구냐는 답이 명확히 나오지 않으면 불안해져요. 내가 누군지 몰라서 그렇습니다. '나는 누구인가?' 자신의 사회적 지위를 빼고 이 질문을 스스로에게 던져보세요. '나는 어느 회사 부장이야'라는 것 말고요. 그럴 때 나에 대해서 얼마나 설명할 수 있어요? 제가 이 문제를 잘 아는 이유는 제가 그 문제를 그대로 겪고 있기 때문이에요. 저도 교수라는 타이틀을 빼면 스스로를 얼마나 설명할 수 있을까요? 잘 설명 못합니다. 그래서 내 인생의 목표가 교수 타이틀을 떼는 거예요. 타이틀을 빼면 몹시 불안해져요. 하지만 제가 교수 하려고 태어났나요? 어차피 65세면 그만둬야 하잖아요. 이건 평균수명이 길어져서 생긴 문제이기도 합니다. 평균수명이 짧을 때는 은퇴하면 바로 죽어요. 그런데 지금은 은퇴하고 30년은 더 살아야 해요. 한국 남자들은 사회적 지위로 자신의 존재가 확인되어야 하는데, 명함이 날아가면 불안해집니다. CEO들과 여행 가면 폼이 나요. 비행기를 타도 폼 나게 비즈니스석을 이용합니다. 그런 것이 CEO를 관두는 순간, 날아갑니다. CEO를 그만둔 사람들을 한 달 후에 만나면 얼굴이 그렇게 초췌할 수 없어요. 자신감도 없어요. 그 사람들 기껏해야 이제 55~60세 정도예요. 30년은 더 살아야 되는데. 사회적 지위로만 정체성을 확인하다가 사회적 지위가 사라지니까 너무 불안해합니다. 내 존재를 잘 확인할 수 없을 때 사람들은 어떤 전략을 취할까요? 바로 적을 만들어요. '적에 대항하는 나'로 자신의 존재를 확인하죠.

한국 남자들에겐
'내 이야기'가 없다

한국사회가 좌파, 우파로 나뉘어 싸우는 것도 근본적으로는 인간의 불안 때문입니다. 이 정도로 먹고 살게 됐고, 이 정도의 정치적 구조를 만들어냈으면 서로 정치적 이해가 달라도 대화상대로 받아들여야 하는데 그게 되지 않아요. 이것이 아이들에게도 그대로 전염되고 있어요. 아이들이 대화하는 법을 배우기 전에 분노와 적개심을 표현하는 것부터 배웁니다. 이런 근본적인 문제를 푸는 해법은 근본적 통찰에서 나온다는 게 제 생각입니다.

여성들은 상대방의 의견이 나와 정치적으로 달라도 이해해요. 과거에 여성은 한국사회의 권력관계에서 아래에 있었어요. 여성의 생존전략은 '어떻게 하면 상대방을 잘 이해할까'였죠. 어차피 약자였으니까요. 하지만 지금은 그렇지 않습니다. 여성이 강자예요. 현실적으로는 여성들이 여전히 힘든 위치에 있지만, 공공담론의 장에서는 여성들이 강자인 건 틀림없습니다.

한국사회에서 지식인이 공공 담론을 말할 때 남성중심적으로 발언하는 순간 훅 갑니다. 제가 방송에서 남성 위주의 발언을 하면 그 순간 끝이에요. 무서울 정도입니다. 지식인들이 가장 두려워하는 것이 남성 우월주의로 찍히는 겁니다. '좌빨', '보수꼴통'은 문제가 안 돼요. 내 소신이라고 말하면 되니까요. 그런데 남성우월주의자라고 찍히면 다시 회복하기 어렵습니다. 이미 공공담론의 기득권은 여자들이 가지고 있어요. 남자들이 지금까지 지키고 있었지만 빼앗겼어요. 그러니 적을 두는 겁니다. 일상적 담론에서 남자들의 근본적 태도는 적을 분명히 하는 거예요. 그래야 편해지거든요. 근본적 실체는 불안이에요. 이 문제를 해결하지 않으면 한국사회에 미래는 없습니다.

그렇다면 이 문제를 어떻게 해결해야 할까요? 내 존재를 확인하기 위해 적을 확인하는 것 말고 다른 방식이 있을 겁니다. 평화로운 방식은 뭘까요? 심리학적으로 '자기 서사의 심리학(narrative psychology)'이라고 합니다. 내 이야기를 하는 걸 말합니다. 19세기 말에서 20세기로 들어오면서 '내러티브 턴(narrative turn)'이라는 변화가 일어납니다. 비트겐슈타인을 중심으로 구조주의 언어학, 기호학 등에서 일어났어요. 지금은 '비주얼 턴(visual turn)'이라고 시각적 변화를 이야기해요. 다음엔 시각적 변화에 대한 심도 깊은 책을 쓸 예정입니다. 근대 이후에 철학사의 가장 큰 전환이 '내러티브 턴'입니다. 인간의 의식과 사고를 크게 변화시켰죠. 근대 초기에는 언어가 생각을 표현하는 수단이라 여겼습니다. '내러티브 턴'이라고 하는 것은 언어가 바로 생각이라는 겁니다. 그럼 생각은 뭔가? 내 안에서 일어나는 이야기가 바로 생각이에요. 우리는 생각해서 이야기하는 게 아니라 이야기하려고 생각하는 거라고 합니다. 엄청난 전환입니다. 여러분이 하는 모든 문화적 행위는 이야기하려고 하는 겁니다. 왜 영화를 보세요? 얘기하려고 보는 거예요. 수다는 여자들이 자신의 존재를 확인하는 가장 훌륭한 수단입니다. 여자들은 수다라는 '문화적 패턴'에 행복을 느낍니다.

그러나 남자들은 이야기하는 방법을 한 번도 교육받지 못했어요. 문화적으로 과묵한 사람이 멋있어 보인다고 생각하죠. 하지만 사실 제일 짜증나는 사람이 과묵한 남자예요. 둘이서 이야기할 때 말을 많이 하는 사람은 꼭 손해를 봐요. 허점이 나오잖아요. 나중에 뒤통수를 맞습니다. 그리고 가장 불쌍한 인간이 존재감이 없는 과묵한 인간입니다. 이런 사람은 우울증도 쉽게 걸립니다. 말을 많이 하는 사람은 우울증에 잘 안 걸려요. 제가 일본에 있을 때 우울증 초기증세가 왔어요. 말할 사람이 없어서 입니다. 저녁마다 '페이스타임(애플의 영상통화 서비스)' 덕에 버텼습니다.

한국남자들의 문제는 이야깃거리가 없다는 거예요. 여자들은 이야깃거리가 많습니다. 같이 얘기하면 재미있어요. 그런데 한국남자들과 이야기하는 건 싫습니다. 나의 이야깃거리를 만들어야 존재가 확인되고 그래야 평화가 옵니다. 다른 생각에 대해 관대해지고 차이를 인정할 수 있게 되기 때문입니다. 어른이 된다는 것, 나이가 든다는 것은 뭡니까? 저는 나이가 오십 정도 되면 세상을 깊이 있게 알게 되고 관대해질 줄 알았어요. 그런데 갈수록 속도 좁아지고 귀도 얇아집니다. 왜 이렇게 되는가 생각해봤더니 여유가 없기 때문입니다. 저 같은 사람이 은퇴하고 성질 고약한 노인네가 돼서 백 살까지 산다고 해보세요. 이건 심각한 문제입니다. 이건 분단의 문제, 이데올로기 문제만큼이나 심각한 문제입니다. 그런데 아무도 그걸 몰라요. 분노와 적개심에 가득 찬 노인네가 떼로 30년을 더 산다면 이 사회에 무슨 미래가 있어요? 전 요즘 나이 드는 법, 평화롭게 늙어가는 것에 대해 많이 고민합니다. 늙어서 행복한 게 정말 중요합니다. 죽을 때 아무도 나를 돌아보지 않는다면 인생이 얼마나 비참해요? 우리 동네의 어떤 어르신께서 제가 인사를 하면 잘 안 받아요. 그러다 언제 한번은 인사를 드렸더니 저를 노려보시더라고요. 그분이 왜 그러나 봤더니 20년 전에 6개월 동안 장관을 한 적이 있대요. 그런 것이 인생을 망치는 겁니다. 잘 늙는 것이 중요합니다.

  잘 늙고 싶다면 자기 이야기가 풍부해야 해요. 그런데 한국 남자는 자기 이야기가 풍요롭지 못합니다. 선진국 사람들은 이야기가 참 다양합니다. 독일이나 프랑스에 가면 나이가 많든 적든 음식 얘기, 꽃 얘기 정말 다양한 이야기를 합니다. 한국남자들끼리 있으면 정치인을 욕하다가 할 말이 없어지면 자기들끼리 싸웁니다. 부부동반 모임에 가보면 여자들은 여자들끼리 놀고, 남자는 끼워주지도 않아요. 여자들은 재미있다고 하는데, 남자들은 재미없죠. 문화적 다양성이 사회적 수순을 발해줍니다.

'나만의 물건'으로
이야기를 만들어라

한국 남자들이 주로 하는 이야기는 골프 얘기예요. 골프라면 할 얘기가 많아요. 살면서 처음으로 '이야기'를 해보는 거예요. '드라이버를 바꿨더니 공이 10야드나 더 나갔다'는 식이죠. 제가 돈을 잘 벌기 시작하면서 습관적으로 만년필을 사기 시작했어요. 좀 강박적인 습관인데 어영부영하다 보니 만년필이 60개가 됐어요. 제일 비싼 것은 400만 원이나 해요. 만년필을 잘 쓰지도 않는데 제가 왜 이런 짓을 하는지 생각해봤어요. 제가 어렸을 때 아버지 쓰던 '파카' 만년필이 그렇게 예뻐 보였어요.

세상의 모든 남자는 아버지와 갈등하게 돼 있습니다. 이유 없이 '오이디푸스 콤플렉스'를 말하는 게 아니죠. 위대한 인물은 아버지가 없다는 속설이 있습니다. 예수님이나 박혁거세를 보세요. 위대한 아버지 밑에서 아들이 잘되기가 참 힘듭니다. 제 친구 중 재벌 2세가 많아요. 재벌 2세들, 부러워할 이유가 없어요. 그들의 아버지들이 보통 아버지인가요? 그 밑에서 버티는 게 보통일이 아니에요. 그들 중 제일 행복한 사람은 아버지가 회사를 잘 키워놓고 일찍 돌아가셔서 전문 경영인이 한동안 회사를 맡아주는 경우죠. 제일 불행한 사람은 회장 아버지가 90세까지 건강하고, 나는 30년간 2인자로 버텨야 하는 거예요.

제 아버지도 무지하게 센 아버지예요. 제가 우리 아버지를 엄청 좋아합니다. 나이 들어서도 매일 책을 보는 단아한 양반입니다. 하지만 아버지를 좋아하면서도 한편으론 아버지 그늘이 참 싫었어요. 그걸 벗어나려는 제 내면의 갈등이 만년필로 나타난 겁니다. 저는 어릴 때 우리 아버지의 만년필이 그렇게 부러웠어요. 제가 성인이 돼서 삶을 주체적으로 살 수 있게 되면서 만년필을 사는 겁니다.

제가 우리 둘째 아들을 정말 좋아해요. 담배를 끊은 것도 둘째 덕분이었어요. 한때 박사 논문을 쓸 때는 담배를 하루 세 갑씩 피워대면서 컴퓨터 세 대를 동시에 켜놓고 쓴 적도 있어요. 제 첫째아들과 둘째아들이 나이 차이가 많이 납니다. 둘째는 한국에서 태어났어요. 독일 유학시절 어느 한겨울에 아내가 제게 전화를 했어요. 아이가 급성폐렴인데 심각하다고 울먹이더라고요. 의사들이 심각하다고 했대요. 세상에서 가장 절망적인 상황이었어요. 독일에 떨어져 혼자 있는데 내가 뭘 해볼 방법이 없어요. 그래도 집 안에서 가만히 있을 수는 없었어요. '아이가 폐가 그렇게 아픈데 내가 지금 담배를 피우고 있는 건가?' 이런 생각이 문득 지나가면서 제가 담배를 끊으면 아이가 나을 것 같았어요. 피우던 담배를 바로 버려버렸죠. 그 이후 담배를 피운 적이 없어요. 그러니 제가 둘째를 얼마나 예뻐하겠습니까. 지금 중학교 2학년인데요. 둘째도 저를 좋아합니다. 제가 책을 내고도 집에 말하지 않고 있으면 아들이 검색해서 "엄마, 아빠 책이 이번에 베스트셀러 몇 등이야"라고 얘기해주고 서점에 가서 제 책 사진을 찍어서 보내주기도 합니다.

그런 아들도 가끔 저를 들이받으면서 스스로를 자랑스러워합니다. 그런 아들을 보면 동시에 저를 봅니다. '아버지와 힘들었던 일과 갈등이 만년필을 계기로 나타나는구나.' 이런 내면의 이야기를 해보면 재미있겠다는 생각이 들었습니다.

제가 이어령 선생님을 좋아해요. 지난가을에 선생님과 점심을 먹는데,

느닷없이 이 양반이 "김 교수, 인생이 점점 정점으로 올라가는 것 같아"라고 하시더군요. 제가 "정점이라뇨?"라고 하니 이어령 선생님은 "정점에 올라가면 내려오는 것밖에 없어, 나는 살면서 인생의 정점을 만들지 않았어"라고 말하시더라고요. 이 양반은 정점이 만들어질 만하면 내려와 버렸다는 거예요. 그때 속으로 '아차!' 싶었습니다. 그때까지 전 '조금만 더, 조금만 더'라고 생각하면서 살았거든요.

제가 정말 교만해서 남의 이야기는 잘 듣지 않는데. 유일하게 이어령 선생님의 이야기는 들어요. 하루는 이어령 선생님과 통화를 하게 됐는데 제게 정말 살갑게 이야기하시는 거예요. 그 양반이 참 퉁명스러운 분이거든요. 이어령 선생님이 "그랬구나, 괜찮은 거야?"라고 부드럽게 말씀하시기에 제가 깜짝 놀라서 물었어요. 요즘 누구와 얘기하시냐고 하니까 "우리 딸"이라고 말하셨어요. 그 모습이 참 인상적이었어요. 이어령 선생님의 아이들이 자랄 때 아이들은 선생님의 등만 보고 자랐대요. 사모님이 아이들에게 "아빠는 글을 쓴다"고만 했대요.

정체성에 대한 얘기도 하나 해볼게요. 제가 만난 사람 중 차범근 감독도 참 인상적이었어요. 독일에서는 아침식사가 그렇게 맛있대요. 차범근 감독도 "가족들과 같이 아침을 먹는 게 참 그립다"고 해요. 제가 차범근 감독에게 뭘 위해 사느냐고 물으니 식구들과 맛있게, 행복하게 먹으려고 사는 거 아니냐고 하더군요. 아침 식탁을 차리려고 일찍 일어나서 빵을 사 오고 계란도 삶고, 아이들은 아침 식탁에서 전날 유치원이나 학교에서 있었던 일을 서로 얘기하려고 하고 싸우기도 하고……. 차범근 감독은 이런 일상을 위해서 축구를 열심히 하는 거라고 했어요. 그런데 한국에 오니까 아침을 먹을 시간도 없이 바쁘고 '이게 무슨 인생이냐'는 생각이 들었다는 거죠.

그런 얘길 들으면서 내 '물건'을 매개로 내 이야기를 풀어놓는 연습을 해보라는 취지로 이 책을 내게 된 겁니다. 처음부터 무작정 내 이야기를 하라고 하면 어렵잖아요. 이 책에 쓴 제 얘기가 왜 설득력이 있을까요? 제가 전형적 한국 남자이기 때문에 설득력이 있다는 거예요. 제가 얘기하는 걸 사람들이 공감해요. 제가 그들이 겪고 있는 모든 문제를 똑같이 겪고 있는 사람이기 때문이에요. 한국사회의 문제를 해결할 수 있는 가능성을 이 책을 통해서 찾아봤으면 합니다.

■ '결혼은 미친 짓이다'라는 말이 있습니다. 김 교수님 말씀을 들어보면 가정이 화목한 것 같아요. 그런데 「나는 아내와의 결혼을 후회한다」라는 책은 어떤 의미로 나오게 된 건지 궁금합니다.

그 책이 30만 부 넘게 팔렸어요. 결혼한 걸 후회하지 않는 사람이 어디 있습니까. 다들 가끔 후회하지 않으세요? 아주 '가끔'요. 제가 「나는 아내와의 결혼을 후회한다」를 쓴 건 자기 내면의 이야기를 느낀 대로 해보자는 뜻이었어요.

한국사회는 '가족은 행복해야 한다'며 사람들을 암묵적으로 억압하고 있어요. 가족들과 행복한 건 사실 며칠 안 돼요. 만날 지지고 볶고 싸우기 일쑤입니다. 그런데 우리에게 가족이란 이데올로기는 저 푸른 초원에서 미국식 양옥집을 짓고 식구들이 잔디밭에 앉아 하늘을 보는 거예요. 가족에 대한 사회적 이데올로기죠. 한국 남자들은 아내에 대해 고마움을 느끼지만 동시에 공포를 느낍니다. 그 부분에 대해서 한국 남자들이 내면의 이야기를 꺼낼 수 있는 하나의 자극제였어요.

■ 저는 중학교 교사입니다. 중학교 아이들은 교사를 재미있는 교사와 재미없는 교사, 두 부류로 나눕니다. 저는 재미없는 교사죠. EBS에서 교수님이 강의하는 걸 들었는데 어떤 노력을 해야 그렇게 재밌게 강의를 할 수 있을까요?

예전에 저도 제가 쌓은 지식을 보여주는 데 급급했어요. '나는 잘났다'라고 생각하면서 여유가 없었어요. 지금은 근본적으로 삶을 바라보는 시각이 여유로워졌어요. 사는 게 재미있어졌어요. 또 재미있는 생각을 많이 해요. 스스로 재미있는 생각을 많이 하면 재미있게 돼요.

저는 글을 쓸 때 혼자 있어도 참 재미있어요. 혼자 웃으면서 써요. 신기한 건 그걸 읽는 사람도 재미있다는 거예요. 제가 느낀 그 재미있는 느낌을 읽는 사람들도 그대로 느껴요. 제가 지겹게 쓰면 읽는 사람들도 지겹게 읽어요. 제가 즐거우면 다른 사람들도 똑같이 즐거워져요. 제가 강연할 때 왜 잘난 체를 많이 하는 줄 아세요? 그래야 재미있기 때문이에요. 강의할 때나 잘난 척해보지 어디 가서 하겠어요? 강의할 때 잘난 체하면 스스로 즐거워져요. 그 즐거운 느낌이 듣는 사람에게도 그대로 전달돼요. 그래도 제가 잘난 체하는 건 사람들이 그렇게 밉게 보지 않으시더라고요. 제가 하는 말을 그대로 글로 옮겨놓으면 참 재수 없는 놈일 텐데 현장에서 들을 땐 저의 즐거운 느낌이 그대로 전달이 돼요. 제가 여러분의 정서를 지배한 거예요. 그러려면 제 이야기에 제가 몰입되어야 해요. 내가 하는 얘기나 동작이 모두 재미있어야 해요. 그러려면 내 이야기에 자신이 있어야겠죠.

남의 이야기를 소화시켜서 하려고 하니 재미가 없는 거예요. 내 얘기로 하니까 저도 제 얘기에 빨려 들어가죠. 감정은 전염되잖아요. 바이러스 전염보다 빨라요. 강의도 그런 생각으로 하면 강연대에 올라서는 순간 자신감이 생기고, 재미가 생깁니다.

■ 한국 사회에서는 '사내자식이 왜 이렇게 우느냐', '남자가 이런 것도 못 하느냐'는 말을 많이 듣습니다. 교수님이 생각하는 남자의 조건은 뭔가요?

시대마다 남자상이 달라요. 지금 시대는 바뀌었는데 과거의 남성상이 그대로 유지되니까 한국 남자들이 힘든 거예요. 제가 항상 추천하는 책이 있어요. 「나는 아주 시간이 많은 어른이고 싶었다」는 책입니다. 어른이 된다는 건 뭘까요? 시간이 많아지는 거예요. 여유로워진다는 것입니다. 한국 남자들한테 빠져 있는 게 바로 그거죠. 제가 일본에 가서 가족들과 떨어져서 혼자 있으니까 갑자기 시간이 너무 많아진 거예요. 곤혹스러울 정도로 말이죠. 이 시간을 행복하게 쓸 수 있어야 하는데 살 안 되더라고요. 그래서 자전거도 샀습니다. 시간이 지나니까 쓸쓸하고 슬픈

건 그대로인데 그 슬픔이 승화됩니다. '좀 고독할 필요가 있겠다'는 생각도 하고 지금 외롭지만 행복한 경험일 수도 있겠다고 생각해요. 날씨가 좋고 꽃이 피었는데, 그걸 보는 것만으로도 참 즐거웠습니다. 이런 게 어른이 된다는 건가 싶었어요. 삶이 바쁘면 산이 안 보여요. 나이가 들면 들수록 멀리 있는 산이 보여요. 삶이 바쁠수록 멀리 보셔야 합니다. 안 그러면 멀미 납니다. 지금 한국 남자들에게 필요한 건 멀리 볼 수 있는 여유로움, 이것이 가장 중요하다고 봅니다.

■ 아버지가 퇴직하시고 많이 외로워하시는 것 같아요. 아버지가 이야깃거리를 많이 갖게 하려면 어떻게 해야 할까요?

평생 해보지 않은 일을 갑자기 하려고 하면 잘 안됩니다. 부부간의 대화도 마찬가지예요. 부부 상담을 해주는 사람들이 흔히 "부부 사이 대화를 많이 하세요"라고 하는데 저는 그게 맘에 안 들어요. 대화도 해본 적이 있어야 하죠. 자식하고도 대화를 많이 하라고 하는데 해본 적이 있어야 하죠. 어느 날 거실에 아버지와 아들이 가만히 앉아 있습니다. 그러고는 아버지가 묻죠. "너, 몇 등하냐?"

일단, 서로 얘기가 가능하려면 같이 보낸 시간이 많아야 해요. 전 큰아이하고는 얘기가 잘돼요. 큰애는 제가 키웠거든요. 부인이 베를린 필하모닉 합창단에서 일했는데요. 저는 할 일이 없으니까 아이 기저귀도 다 갈아주고 유모차에 태워서 부인 직장 주위를 빙빙 돌곤 했어요. 동네 주민들이 저를 다 알았어요. 동양인 아기가 예쁘니까 좋아하더군요.

저는 큰아이한테 이렇게 부탁했어요. '결혼은 가능한 한 늦게 해라. 마흔다섯 살 때 스물다섯 살 처녀하고 해라. 그게 남는 인생이다.' 저한테 뭐라고 하지 마세요. 여러분도 딸한테 그렇게 얘기하세요. 피해의식 갖지 마세요.(웃음) 저는 아내를 사랑하고 참 고맙지만 지금 아내와 너무 젊었을 때 철없던 시절에 결혼했다는 생각을 했어요. 대학 1학년 때 학교에서 제적되고 쫓기다가 독일로 유학을 가서 너무 힘들게 결혼했어요. 인생은 한 번 사는 건데, 지금은 풍요로운 세상이니까 우리 아이들은 아름다운 사랑도 많이 해봤으면 좋겠어요. 인생이 뭘까요? 따뜻한 기억이 많으면 풍요로운 거 아니겠어요? 아들이 대학 들어간 다음 날 아들에게 말했습니다. "아빠가 두 가지만 얘기한다. 담배 피우지 마라. 아빠가 피워보니까 끊기가 힘들다. 안 끊어지더라. 너무 후회했다." 그런데 요새 보니 슬슬 피는 것 같아요. 또 하나는 "반드시 콘돔을 써라. 애가 생겨서 꼬이면 진짜 인생 꼬인다"는 거였어요. 이런 얘기를 하니 아들이 굉장히 좋아하더군요. 저는 큰아들과 이렇게 자유롭게 얘기합니다.

그런데 둘째하고는 그게 안 돼요. 그 애와 같이 보낸 시간이 없었어요. 둘째는 한국에서 낳았어요. 한국 사회는 멀쩡한 남자가 대낮에 아이를 데리고 다니면 이상하게 봐요. 제가 아이를 미술학원에 데려가니까 자리가 없대요. 아내가 아이를 데려가니까 자리가 있다고 하고요. 둘째 아이와 같이 보낸 시간이 절대적으로 부족하니까 애하고 할 얘기도 부족하더라고요. 아버지가 할 얘기가 없다는 얘기는 가족들과 보낸 시간이 절대적으로 부족했다는 거죠.

- 여자들은 이 사람을 내 사람으로 변화시킬 수 있다고 생각하는 것 같아요. 남자들, 바뀔 수 있나요? 어떻게 해야 바뀌나요?

안 바뀝니다. 사람이 사람에 대해 품는 심리학적 환상이 '사람이 바뀔 거'라는 거예요. 결론부터 말하면 사람은 안 바뀝니다. 대신 자기가 좋아하는 일을 찾는 게 중요합니다. 자기가 좋아하는 것을 구체화해야 합니다.

아빠가 행복하지 못한 이유는 아빠가 좋아하는 걸 구체적으로 이야기하지 못하기 때문이에요. 사람마다 좋아하는 것이 반드시 있어요. 그것을 찾아내고, 그 좋아하는 걸 공유할 수 있는 사람을 찾아내는 게 중요해요. 저는 '재미 공동체'라고 표현을 쓰는데요. 골프 치는 게 재미있는 이유는 서로 공유하기 때문이에요. 낚시터에 가면 다 천사예요. 제가 지렁이를 낚시 바늘에 잘 못 끼우면 주위에서 다 끼워줘요. 취미를 공유하는 것처럼 행복한 게 없어요.

- 아버지 연세가 예순이 다 되셨는데 요즘 시간이 많이 남아서 어떻게 보낼지 고민하세요. 가족들이 이걸 해보면 좋겠다고 권하기도 하는데 아버지가 좀 두려워하세요. 어떻게 도와드려야 할까요? 스스로 좋아하는 일을 찾도록 시간을 주는 것이 맞는 건지요?

한국 남자들이 참 문제예요. 집안의 골치입니다. 가족들이 도와주는 게 아니고 자기가 찾아야죠. 급하면 찾게 돼 있어요. 우리 학교에 은퇴하신 꼬장꼬장한 교수님이 계세요. 은퇴보다 힘든 일은 없습니다. 시간을 보내는 게 너무 힘드니까요. 그런데 이분이 그 나이에 당구를 시작했어요. 그 이후 너무 행복해합니다. 결국 자기가 찾아야 해요. 너무 힘들면 하게 돼 있어요.

예를 들어 일본에서는 저녁에 너무 외로워요. 그 나라는 해가 지면 할 게 아무것도 없어요. 길거리에 사람도 없어요. 술집에 혼자 가다 보니까 나중엔 알코올중독자가 될 것 같다는 생각도 했어요. 술집에 혼자 가는 건 한국에서 상상도 못하던 일이잖아요? 그런데 한 번 혼자 앉아서 맥주와 회를 시켜놓고 편하게 먹어보는 거예요. '이 집은 뭐가 맛있고 저 집은 뭐가 맛있구나'라고 맛집 자료도 만들면서요. 아주 훌륭한 취미생활이 되더군요. 할 일이 없어도 인간은 그 속에서 재미를 추구하게 돼 있어요. 우울증은 재미있는 걸 찾아내지 못하고 우울한 것만 찾아내는 거예요. 아기들은 기본적으로 재미있으려고 발악을 해요. 우리 본성이 그런 거예요. 과도하게 염려하지 말아요. 놔두면 자기가 알아서 찾아나서게 돼 있습니다.

▪ 남편이 과묵한 남자예요. 같이 데리고 살기 힘들어요. 이런 남자와 15년 동안 사니까 입에 거미줄이 생겼어요. 그런데 남편이 책을 너무 좋아해요. 가끔은 저와 결혼한 거 같지 않고 책과 결혼한 것 같아요. 책 아니면 아이들이고 저한텐 눈길을 안 줘요. 어떻게 하면 동굴 속에 들어가 있는 남편을 끌어내서 저와 대화하도록 할 수 있을까요?

10년만 기다리면 그 남편이 '사촌언니'로 변해요. 동굴의 문이 저절로 열릴 때까지 기다리세요. 인생은 길어요. 요즘 백 살까지 살잖아요. 제발 조급하지 말자는 겁니다. 이제 40년 정도 살았는데 아직 60년이 남았어요.

제가 큰아들에게 마흔다섯 살에 스물다섯 살 여성과 결혼하라고 했다고 말씀드렸죠. 많이 겪어봐야 여자를 잘 압니다. 문화적으로 학습하지 못해서 한국 남자들이 여자들과 얘기하는 방법을 모르는 겁니다. 즐거워하는 일들을 자꾸 만들어보면 어떨까요? 음악회를 갈 일이 있다면 부부가 멋있게 옷을 차려 입고 기분 좋게 가보는 거예요. 서양 사람들이 그래서 파티를 하는 겁니다. 파티 자체가 재미있어서 하는 게 아니고 파티에 가기 전에 옷을 입어보고 준비하는 과정을 즐기는 겁니다. 이혼하려고 했던 한 부부의 얘기를 들은 적이 있어요. 이혼하기 위해 법정에 가는데 여자가 예쁘게 옷을 차려 입는 거예요. 남편은 아내가 그렇게 차려 입은 걸 그때 처음 본 거예요. 남자가 "내가 저렇게 예쁜 여자랑 살았던 거야?"라면서 이혼을 취소했다고 합니다. 부부가 공유할 수 있는 것이 없어서 문제가 생기는 거 아닐까요?

- 대학을 졸업한 스물여덟 살 난 아들이 있는데요. 상식은 많은 것 같은데 학식이 없어요. 책도, 신문도 안 봐요.

그것이 엄마의 편견이에요. 책을 많이 보라는 것도 출판사의 농간이라고 봐요. 옛날에는 정보 수단이 문자뿐이었어요. 지금은 수단이 훨씬 다양해졌어요. 예를 들어 제가 출연했던 〈명작스캔들〉은 책 50권을 읽어야 알 수 있는 내용을 한 시간에 해결해줘요. 그걸 보고 있으면 책 50권 보는 시간을 절약할 수 있어요. 제일 중요한 건 부모가 자녀를 신뢰하는 겁니다. 엄마가 그렇게 얘기하면 안 됩니다. 내 엄마도 날 안 믿어주는데 누가 날 믿어주겠습니까? 태어난 존재는 다 자신의 존재 의미를 찾게 돼 있어요. 과잉 걱정이 한국사회를 망치는 겁니다.

　교육문제에 대해 한 말씀만 드리면 한국교육 문제는 어떤 위대한 학자가 와도 절대 못 풀어요. 엄마들의 불안 때문이에요. 제 집사람도 학부모 모임에 갔다 오면 부들부들 떨어요. "우리가 애를 잘 키우는 거야?" 제 얘기를 듣지 않고 동네 아줌마들 얘기를 들어요. 불안하니까요. 엄마들이 자녀를 믿어주는 게 중요해요. 애정이 있으면 신뢰할 수밖에 없어요. 엄마의 신뢰가 아이들을 결정짓습니다.

시민의식,
일상부터
일생까지
바꾼다

깨어 있는 '여성시민'이 사회를 깨운다

우석훈

스스로
세상을 만들고
세상을 바꾸는

우리는 '시민'이다

우석훈은 생태경제학을 전공한 경제학자로서 늘 자신을 'C급 경제학자'로 소개하고 있습니다. 독일, 프랑스, 영국, 스위스 등 유럽에서 인생의 4분의 1을 보낸 그는 신자유주의 시대, 20대 문제를 다룬 「88만원 세대」를 비롯해, 끊임없이 사회 참여적 저술활동을 펼치고 있습니다. 현재 성공회대학교 외래교수를 맡고 있고, 2012년 18대 대통령 선거를 앞두고 신작 「시민의 정부 시민의 경제」를 펴냈습니다.

'시민'이란 무슨 의미일까요? 일단 공식적으로는 자기가 살고 있는 집 주소가 '동'으로 끝나는 사람들이 있습니다. 그 사람들은 시민이라고 할 수 있죠. 그런데 읍, 면으로 끝나는 지역은 농업지역이에요. 한국사회에서 그 지역에 사는 사람들을 '시민'이라고 부르나요?

한국에선 사실 시민이 존재한 적이 없어요. 시민이란 프랑스에서 바스티유 감옥을 지키고 있던 대장의 머리를 잘랐을 때부터 등장한 개념이라고 할 수 있죠. 그 사람들은 대장의 머리를 장대에 꽂았습니다. 장대에 머리를 꽂은 사람들이 파리 시민들이었죠. 그래서 시민이라는 말이 나오기 시작한 겁니다.

그 며칠 후 아일랜드에서 화산이 폭발해 흉년이 듭니다. 아줌마들이 빵을 달라면서 아침부터 베르사유 궁으로 쳐들어갑니다. 오후에는 남편들이 부인들을 따라왔을 거 아니에요? 남편들이 루이 16세와 마리 앙투

아네트를 잡아들였습니다. 그때 베르사유에 간 사람들이 파리 시민이라서 '시민'이라는 이름을 붙인 겁니다.

파리 시민들은 모여서 '인권선언문'을 만들었습니다. 거기에 우리 표현으로 '시민(citizen)'이란 표현을 썼어요. 그 인권선언문을 바탕으로 프랑스 헌법을 만들고 그 토대 위에 선 게 공화국(republic)입니다. 근대국가가 거기서부터 출발한 거고, 그때 말하는 시민이란 왕이 아니라는 의미입니다. 왕이 아니라는 것은 신이 아니라는 의미죠. '왕권신수설', 들어보셨죠. 왕에게 "당신이 왕인가?"라고 물으면 "그래, 난 왕이고 곧 신이야"라고 대답하는 게 '왕권신수설'입니다. 시민은 그 신을 대체한 개념이에요.

'시민'과 '국민' 어떻게 다른가?

그런데 한국은 건국할 때 우리가 주체가 아니었죠. 우리가 주체가 아니었지만 그냥 헌법에서 "대한민국은 민주공화국"이라고 하니까 '우리' 위에 대한민국이 서 있는 건데요. 그렇다면 "헌법은 어디에 (무엇을 토대로) 서 있는 것인가?"라는 질문을 해봤으면 좋겠어요. 이론적으로는 시민 위에 헌법이 서 있고, 그 위에 공화국이 서 있죠. 국민은 공화국 내의 국민이잖아요. 헌법이 규정하는 거고요.

그런데 시민은 자연법 개념이에요. 하늘이 준 권리를 갖고 있는 게 시민이거든요. 법률을 위반하면 국민은 문제가 돼요. 그런데 시민은 문제가 되지 않아요. 헌법을 만든 주체가 시민이고, 그 헌법을 없애거나 움직일 수 있는 권한도 시민에게 있는 거니까요.

촛불집회 때도 우리가 법을 어겼잖아요. 국민은 잡혀가지만, 시민은 잡혀가지 않아요. 그 사람들이 새로운 공화국을 만들자고 하면 새로운 시대가 열리는 겁니다. 매우 강력한 권한을 가진 시민이 바로 우리이고, 우리가 만드는 다음 정부는 '시민의 정부'가 되어야 한다고 생각합니다. 그랬으면 좋겠어요.

정치인들이 "국민 여러분"이라고 할 때는 "너, 내 말을 잘 듣고 시키는 대로 하라"는 거고, 정치인들이 "시민 여러분"이라고 하면 우리를 무서워한다는 의미라고 봐야겠죠. 시민은 언제든지 길거리에 나오니까, 누구든 끌어내릴 수 있으니까요. 국민은 대통령의 말을 들어야 하는데, 시민은 대통령의 말을 들을 필요가 없죠. 오히려 시민이 명령하면 대통령이 그 말을 따라야 하죠. 이것이 바로 국제적으로 쓰는 '시민'이라는 말의 의미입니다.

시민이 대통령을 무너뜨릴 수도 있고 하늘이 준 권리를 가졌다는데, 왜 우리에게는 시민이란 개념이 생소하기만 하고 익숙하지 않을까요? 바로 우리 스스로 우리나라를 만든 게 아니어서 그렇습니다. 우리는 건국을 우리 힘으로 하지 않았잖아요. 사실 일본이 패망한 뒤 미국 군정이 만든 거죠. 헌법도 우리가 밖에서 들여온 거지, 우리가 만든 게 아닙니다. 여성의 권리, 여성의 참정권 얘기를 해볼게요. 영국은 20세기 들어오면서 여성에게 투표할 권리를 줬고, 프랑스는 전쟁이 끝난 1949년에 여성에게 투표할 권리를 줬습니다. 우파의 나라라고 하는 스위스가 여성에게 참정권을 준 때가 1970년입니다. 그 전까지 스위스 여성들은 투표권이 없었어요. 우리는 1945년에 제헌헌법이 만들어지면서 그때부터 여성들이 투표권이 있었어요. 그렇다고 해서 지금 여성들의 권리가 세다고 보지는 않죠. 여성들 스스로 투표할 권리를 만들어야 정치의 주체가 되고 시민이 되는데, 우리는 외상으로 얻은 셈이니 그런 과정이 생략된 거죠.

1987년 6월 항쟁 때 거리로 나온 사람들을 우리가 '시민'이라고 하지 않았습니다. 때로는 민중이라고 부르고 '대학생과 넥타이부대'라고 하기도 했죠. 그때 우리는 시민의 저항의식이 표출된 거라고 인식하지 못했어요. 1998년에 정권이 교체돼 새로운 정부가 들어섰을 때도 '민주 정부'라고만 그랬지, 시민이 그 정부를 만든 거라고는 말하지 못했어요. 1990년대 중·후반부터 한국사회에 시민단체가 많이 생겼습니다. 하지만 저는 '시민 없는 시민운동'이라는 말을 많이 해요. 시민이 아닌 '시민단체 회원'과 '시민단체 활동가'만 있었거든요. 과연 시민이 있었는가라는 질문에 냉정하게 답한다면 우리는 아직 시민이라는 개념 자체가 없었어요.

그런데 촛불집회를 할 때 사람들이 단상에 올라오면서 누구나 다 자신을 '시민'이라고 불렀어요. 노래도 함께 부르면서요. 광화문과 서울광장에 몇 만 명이 모였는데 "당신들은 누구인가?"라고 물으면 그 사람들이 자신을 '국민'이라고 하지 않았어요. 지방에서 올라온 사람도 다 자신을 '시민'이라고 불렀거든요. 저는 그 사건은 시민이 집단으로 등장한 사건이라고 봐요. 촛불집회 때부터 '나는 시민이다'라는 흐름이 형성됐고, 지금이야말로 시민이 등장할 때라는 것이 제 생각입니다.

아직은 낯선 이름,
'시민'

우리는 군인들과 싸우면서 새로운 정부를 만들었어요. 그렇게 만든 첫 정부를 김영삼 전 대통령 때 '문민정부'라고 이름을 붙였죠. 그건 "나는 군인이 아닌 민간인이야"라는 뜻이죠. 그다음 김대중 전 대통령 시절 정부를 '국민의 정부'라고 했습니다. 그때 우리 사회에 원래 시민이라는 개념이 있었다면 '시민'이라는 말을 정부 이름에 썼을 거예요. 군인도 아니고, 김영삼(YS)도 아니라고 한 것이 '국민의 정부'였죠.

그다음 정부는 '참여정부'라고 이름을 붙였죠. 시민이 숙성되기 위한 전 단계를 참여라고 본 거예요. 참여가 잘 안 돼서 그렇지만……. 다음 정부가 이상한 정부예요. '이명박 정부'가 등장했잖아요. "너는 누구야?"라고 물었더니 "이명박", "너는 뭐하는 사람이니?"라고 물어도 "이명박" 이라는 거죠. 제가 그때 청와대에 있는 사람한테 제정신이냐고 그랬어요. 어쨌든 우린 6공화국을 살고 있잖아요. 전두환 전 대통령 때가 5공화국이고, 그 후 1987년 개헌이 되면서 6공화국 내에서 계속 정권이 바뀌고 있어요. 정부가 내세우는 가치 혹은 정부의 주체를 보는 관점을 담아 이름을 붙이는 건데, '이명박 정부'는 '이명박'이 그 가치라는 거죠.

그렇다면 다음 정부의 이름은 뭐라고 붙여야 할까요? 만약 우리가 정권을 바꾸게 된다면 그것은 촛불집회로부터 나온 힘이 움직여 된 것이니 '시민의 정부'가 돼야 맞겠죠. 진정한 시민사회가 이미 형성된 게 아니고 이제부터 만들어지는 과정이니까요. 그것이 희망이기도 하고요. 인수위원회 같은 곳에서 다음 정부를 '시민의 정부'로 명명하는 것에 대한 사회적 논의가 있었으면 좋겠습니다.

촛불집회는 생명을 구하기 위한 순박한 시민운동에서 출발했다고 생각해요. 이후 한·미 자유무역협정(FTA) 반대 운동으로까지 발전했을 때는 저도 신선한 충격을 받았어요. 많은 여성들이 나섰는데 '여성민우회' 같은 전통적인 여성단체들이 아니라 '와싸다'라는 인터넷 공동구매 사이트에서 만난 여성들이나 '소울드레서', '82cook' 같은 인터넷 커뮤니티에서 활동하는 '개념 있는' 20~30대 여성들이 주축이 되서 한·미 FTA 반대 깃발을 들고 나오더라고요. 특별히 시민의식을 기치로 걸지 않아도 자연스럽게 우리가 시민이라는 개념을 느끼게 된 것 같아요.

케네디 전 미국 대통령의 유명한 연설이 있습니다. 1962년 쿠바사태 때 쿠바에 배치된 소련의 핵미사일이 언제 미국으로 날아들지 모르는 순간이 닥쳤죠. 당시 케네디 대통령은 TV에 나와서 쿠바로 접근하는 소련의 모든 배를 해상에서 봉쇄하겠다고 선언했습니다. 제3차 세계대전이 일어날지도 모른다는 극도의 긴장감이 흐르던 순간, 전 세계인들이 TV를 지켜볼 때 케네디 대통령은 "친애하는 시민 여러분(my fellow citizens)"이라며 '시민'이란 표현을 썼어요. 만약 한국의 어느 정치인이 지금 TV에 나와서 "시민 여러분"이라고 말한다면 다음 날 아마 난리가 날 겁니다. '빨갱이' 같은 소리를 한다고 하면서요. 전쟁이 나기 일보 직전의 상황에서도 케네디 대통령은 '시민'이라고 말했습니다. 물론 우리는 우리의 길을 가면 되는 거지만 아직 1940년대 유럽, 1960년대 미국의 수준에도 미치지 못하는 것 같아요. 우리는 이제 막 시민의 역사가 만들어지는 과정에 서 있습니다.

여성,
세상으로 나와 '시민'을 외치다

촛불집회 때 여성들이 나선 건 위기감 때문이었을 겁니다. 어떻게 보면 한국 사회에서 남성 엘리트들이 중심이었던 질서가 해체되는 순간이 왔다고 볼 수 있어요. 저는 연세대학교 경제학과를 다녔는데 총 정원이 200명이었어요. 그중 여자들이 참 많이 들어왔다고 얘기했던 때가 열두 명이 입학했을 때에요. 우리 바로 위 학번은 네 명이었고요. 지금도 여성들이 거의 없어요. 제가 1990년에 프랑스 대학원으로 유학을 갔어요. 정원이 1,000명쯤 되는 굉장히 큰 학교였는데, 법대나 경제학과에 여성들이 무지하게 많더라고요. 전 그 당시에 '취업하기가 어려우니까 법대나 경제학과를 나오면 취업이 잘되나 보다'라고 생각했어요. 그러고 나서 20년이 지났죠. 한국에서는 아직도 경제학과에 여성들이 없어요. 오히려 법조계에는 여성들이 많이 진출했는데, 경제계에 진출한 여성들은 별로 없어요.

우리가 보기에 한국에서 힘 있는 사람은 정치하는 사람일 것 같죠. 아니에요. 한국에서는 돈을 가진 사람들이 힘을 가지고 있습니다. 돈을 가진 사람 옆에 있는 사람이 경제학자이고요. 이런 식으로 보시면 됩니다. 국가적 규모의 큰 사업을 하기 전에 뭔가 조사해야 할 때 사업의 규모가 1조 원이 넘어가면 경제학자들이 계산해요. 1조 미만인 경우는 현장에서 전문 기술자들이 계산하고요. 저 같은 사람에게 비용을 계산해보라고 요청이 들어올 때는 사업의 규모가 3조~10조 정도 돼요. 이를테면 4대강 사업 같은 것들이죠. 제가 볼 때 한국의 여성인권 문제는 여성이 경제학과 정원의 절반은 돼야 해결될 것 같아요.

현재 돈의 세계는 완전히 남성 경제학 엘리트들의 것입니다. 그 사람들이 용어를 어렵게 만들어요. 자유무역협정(FTA), 어렵죠? 그래놓고 일반인들은 가만히 있는 게 도와주는 거라는 식이죠. 돈을 가진 사람들을 지키려는 경제학자가 있을 때 그렇지 않은 경제학자들도 있어야 하는데, 그렇지 않은 경제학자들이 한국에는 별로 없어요.

이런 문제를 직관적으로 아는 사람들이 여성입니다. 여성들은 생존과 삶에 관한 건 어떻게 복잡하게 꼬아놓아도 알거든요. 경제학자, 전문 기술자들이나 확률이 어쩌고저쩌고하는 것일 뿐이고요. 여성들은 촛불집회를 거치면서 남성들이 만들어놓은 언어와 돈의 장벽을 직관적으로 넘어버린 것 같아요. 남성들은 경제를 이해하려고 해도 어렵다고 느껴요. 그들에게 경제는 이해하는 게 아니라 외워야 하는 거니까요. 아무리 똑똑한 남성 엘리트라고 해도 직관력과 통찰력은 여성에 미치지 못합니다. 그걸 간단하게 정리한 사람들이 '소울드레서'같은 곳에서 활동하는 여성들이죠. "어쨌든 (미국산 소고기는) 위험하잖아?"라고 말하면서요. 남성들이 만들어놓은 허망한 지배프레임을 깨고 나온 1차 주체가 여성들이고, 그들이 이름 붙인 게 시민이라고 저는 이야기합니다.

그때 여성들이 스스로 부르기를 '촛불 시민'이라고 그랬잖아요. 아마 직관적으로 알고 있던 것 같아요. 시민이라고 하면 경찰이 함부로 날 때리면 안 되는 거예요. 국민이라면 불법집회를 이유로 경찰들이 잡아갈 수 있어요. 그런데 시민은 저항권을 가지고 있거든요. 시민으로서 나는 여기서 말할 자유가 있다는 걸 누가 설명하지 않아도 스스로 아는 거죠.

그러면 못 잡아갑니다.

    1980년 광주 민주화운동이 일어났을 때도 그 사람들이 스스로를 '광주 시민군'이라고 불렀습니다. 그렇게 부를 때만이 내가 총을 들 권리가 생긴다는 걸 알았던 거죠. 누가 그들에게 그렇게 이름을 붙여준 게 아니에요. 전두환 군사독재정권이 그 시민이라는 주체를 죽이면서 집권했죠. 그 이후 시민의 복권이 안 이뤄지고 있는 겁니다. 그래서 이제부터 우리는 시민이라는 이름을 쓰자는 겁니다. 내가 시민이라고 할 때 자랑스러울 수 있게요.

    아직도 시민은 광화문에만 있습니다. 거기 있어야만 안전하다고 생각하는데, 서울 시민만이 시민인가요? 아니거든요. 어떤 할아버지는 그러시더라고요. "나는 읍에서 사는데 어떡해요."(웃음) 보편적 존재인 시민이라면 파리 시민으로 시작해서 그게 다시 마르세유 시민이 되기도 하는 거죠. 마르세유 시민들이 불렀던 노래가 지금 프랑스 국가가 됐습니다. 시민은 읍, 면, 동처럼 특정 행정구역 안에 사는 사람이 아니라 헌법을 만들 수도 있고, 정부를 바꾸거나 체제의 방향까지도 바꿀 수 있는 천부인권을 가진 보편적 존재라는 걸 기억했으면 좋겠어요.

'시민'이여,
따뜻한 연대로 주체가 되자

    저는 시민이 경제의 주체가 될 때 여성이 주도적 위치를 차지하는 시대가 꼭 올 거라고 생각해요. 이때 새로운 형태의 경제 조직을 생각할 필요가 있습니다. 지금 우리가 만든 경제체제에 익숙한 사람들은 주식회사밖에 없는 줄 알아요. 사실 경제 조직의 형태는 다양하거든요. 무한회사도 있고, 유한 회사도 있고요. 유한 회사의 특정한 형태 중 하나가 주식회사인 겁니다.

그중 아주 특별한 결합으로 생겨난 것이 '콘체른(Konzern. 법률적으로 독립하고 있는 몇 개의 기업이 출자 등 지배·종속 관계에 따라 형성한 기업결합체)', 바로 재벌이죠. 우리는 그게 경제구조의 전부라고 생각해버려요. 하지만 실제 그렇지 않아요.

유럽의 경제 구조를 보면 주식회사가 아니라 협동조합 같은 다른 형태의 경제조직이 30~40%나 돼요. 여러분, 통신사인 AP통신 아시죠. AP통신이 대표적인 협동조합이에요. 아르헨티나의 유명한 축구선수인 메시가 뛰는 스페인의 프로축구팀 FC 바르셀로나도 시민이 주인인 협동조합이에요. 주스로 유명한 썬키스트도 미국의 6,000여 농가가 만든 협동조합이고요. 이밖에도 엄청나게 많아요. 조그만 생활협동조합(생협)부터 큰 협동조합까지 시민들이 활발하게 움직이고 있어요.

주식회사와 협동조합의 가장 큰 차이점은, 주식회사가 '1원1표'라면 협동조합은 '1인1표'라는 겁니다. 주식회사는 결국 돈을 많이 낸 사람들이 적게 낸 사람에게 "내 뜻대로 따라오라"고 하는 거죠. 하지만 협동조합은 조합비를 얼마나 많이 내느냐에 따라 권리가 결정되는 게 아니에요. 시민이 더 이상 경제의 객체가 아닌 주체로 참여하게 되는 겁니다. 이런 다양한 형태의 경제조직이 많아져야 주식회사의 횡포도 줄일 수 있어요. 대통령이나 국회의원들이 표만 달라고 거창한 공약을 내세울 게 아니라 시민들이 경제주체가 될 수 있도록 정부가 지원하게 하면 돼요. 큰 돈 안 줘도 되거든요. 우리는 '시민 경제 운동'을 생각하면 '반재벌 운동'만 떠올리는데, 일상생활에서 생협을 통해 협동조합을 체험해보는 것이 먼저라고 생각해요.

제가 만들면 좋겠다고 생각했던 게 '고양이 생협'이에요. 그거 어렵지 않아요. 생협 중에서 성공할 가능성이 높다고 생각했던 것이기도 하고요. 제가 키우는 고양이가 3~4년에 한 번씩 아프더라고요. 작년에 그 고양이가 크게 아파서 죽을 뻔했어요. 근데 살리려니까 100만 원 정도 들더라고요. 만약에 이 고양이가 우리 집에서 안 살고 어떤 가난한 사람 손에 키워졌다면 그냥 죽었을 거예요. 이럴 때 보험 같은 게 하나 있으면 좋죠. 하지만 삼성생명 같은 기업에서 만드는 보험상품에 가입하는 게 아니라 시민이 참여해서 '의료 생협'을 만들면 되는 거예요. '의료 생협'을 하면 평소 한 달에 1만 원 정도 내고 아플 때 가서 그냥 치료받으면 됩니다. 이미 호주나 영국에 모델이 있어요. 저는 이게 잘될 것 같아요.

제가 책에 '연대'라는 표현을 쓴 건 이번이 처음이에요. 제겐 애환이 있는 단어죠. 제가 7~8년 전부터 "21세기 다음 경제 질서는 전 세계적으로 연대경제가 강화되는 형태가 될 것"이라고 얘기해 왔는데요. 그런 이야기를 하면 사람들이 막 웃어요. 제가 연대(연세대학교) 경제학과를 나왔는데 사람들이 "고대(고려대학교) 경제는 안 된다"고 맞장구치면서 웃죠. 그래서 제가 지금까지 연대경제라는 말을 거의 안 썼어요.(웃음)

이 용어를 제일 먼저 쓴 사람은 프랑스에서 녹색당 당수를 한 사람이에요. 유럽 의회에 진출하기도 했는데요. 이 사람이 「연대의 경제」라는 책을 썼죠. 시민 개개인은 약합니다. 이럴 때 연대가 필요합니다. 그런데 시민이 움직이면 통일이나 단합이라고 하지 않고 연대라고 표현해요. 연대라는 개념은 상당히 느슨합니다. "너에게 이래라 저래라 하지 않지만, 네가 힘들면 내가 도와줄게" 이런 개념입니다. 저도 이런 연대 정도는 할 수 있을 것 같아요. 무서운 걸 혼자서 돌파해 나가려면 막막하잖아요. 대신 우리가 연대해서 함께 돌파해 나간다면 훨씬 편하겠죠.

한창 시끄러운 MBC 이야기를 좀 할까요? MBC를 협동조합으로 바꾼다면 어떨까요? MBC가 협동조합이 되려면 주식시장에 상장하는 게 아니고 조합원을 모으면 됩니다. 원하는 시민들이 MBC협동조합의 조합원으로 참여하게 되겠죠. 우파나 좌파나 늘 MBC에 갖고 있던 불만이 정권이 시키는 대로 방송을 한다는 거였잖아요. 만약 MBC가 협동조합이 된다면 모든 시민들이 MBC운영에 참여할 수 있습니다. MBC는 잘만 운영하면 흑자가 날 거고, 만약에 적자가 난다면 농협처럼 하면 됩니다. 정권에서 지원금을 일부 주거나 다른 여러 혜택을 주는 방식이죠. 굉장히 많은 문제를 바꾸거나 해결할 수 있습니다.

우리 시민운동의
딜레마

우리 시민단체를 한번 돌아볼까요? 현재 우리 시민단체는 명망 있는 엘리트 중심으로 움직이는 특징이 있습니다. 장점은 일단 효율적이라는 거죠. 아지만 모든 건 명암이 있습니다. 참여연대에 서울대학교, 고려대학교 출신의 운동가들이 많다 보니 '정말 소외된 사람들의 얘기는 누가 반영해주느냐'는 얘기가 나옵니다. 현재 우리 시민운동의 딜레마예요.

저는 학벌을 반대합니다. 제가 대학교에 다닐 때 선배들과 "장기적으로는 프랑스처럼 대학 서열을 다 없애야 한다"고 얘기한 적이 있어요. 프랑스는 '68혁명' 이후에 각 대학 총장들을 불러놓고 "혹시 좋아하는 번호가 있느냐?"고 물었어요. 그걸로 대학에 이름을 붙였죠. 제가 파리10대학 대학원에 합격하고 나서 기분이 좋아서 어머니에게 전화를 드렸어요. 그랬더니 어머니가 "거기 1대학도 있니?"라고 물어보시는 거예요. 그렇다고 하니까 저한테 재수하라고 그러시더라고요.(웃음)

한국에서도 어머니들과 대학서열을 없애자는 토론회를 한 적이 있어요. 어머니들도 대체적으로 취지에는 동의한다고들 하셨죠. 그런데 토론회가 끝나고 어떤 어머니가 와서 그러시는 거예요. 자기 아들이 연세대학교에 다니고 내년에 졸업하는데 대학 서열을 없애는 건 내년부터 하면 안 되겠느냐고요. 웃기지만 그게 현실이에요.

또 다른 딜레마가 있어요. 민주노동당에도 노동조합이 있습니다. 민주노동당 노조라고 하면 당연히 노조의 주장이 잘 반영될 것 같잖아요. 그런데 거기도 만날 싸워요. 임금 체불도 생기고요. 노동자들의 당인 민주노동당 자신들도 노동자의 임금을 체불하면서 외부의 기업들에게는 노동자의 임금을 체불하지 말라고 하면 말이 안 되는 거죠. 그런 측면에서 시민단체 내에도 똑같은 아픔이 있어요. 시민단체 안에 노조를 만들기엔 아직 우리 시민단체의 조직 규모가 그렇게 크지 않아요. 시민단체는 늘 밖에 나가서는 소통 얘기를 하는데, 내부에서도 늘 "먼저 우리끼리 소통을 좀 하자"는 얘기가 나오죠.

시민단체 활동가들을 '다음 정부의 공무원'이라고 얘기하기도 합니다. 실제로 그런 측면도 있었죠. 최근에 1세대 시민운동 지도자들이 정부나 국회에 많이 들어갔고, 2세대 지도자들도 많이 진출했어요. 국회의원이 된 김기식 전 참여연대 사무처장은 2세대죠. 이런 걸 두고 잘나가는 사람들은 국회의원이 되고 아닌 사람들만 시민단체에 남는 거냐는 이야기가 나옵니다. 저는 정부나 국회에 들어갈 사람은 더 많이 들어갈 필요가 있다고 봅니다. 그럼에도 시민단체의 영역을 지키고 시민들의 역량을 키워나가는 활동도 여전히 중요한 것 같습니다. 정치에 참여해도 안 될 것은 없습니다. 그렇지만 자기가 평소에 말했던 것들이 거짓말이 되지 않게 하는 게 중요한 거겠죠.

최근 민주당 의원 상당수가 '새만금 특별법'을 발의했는데 그 명단 안에 이학영 의원도 있는 거예요. YMCA대표를 하다가 국회의원이 된 분이죠. '삭발까지 하고 새만금 방조제에 올라갈 정도로 오랫동안 새만금 방조제 건설 반대운동을 했던 분이 왜 이럴까' 하는 생각이 들었습니다. 그분의 부인도 '새만금 특별법'에 서명을 했더군요. 그 부인도 여성운동의 상징적인 지도자였는데, 거기서 그 이름을 보니까 어처구니가 없더라고요. 제 아내도 환경단체 출신인데 제가 만약 아내가 열심히 활동해 온 일에 배치되는 일을 하면 저는 집에서 밥도 얻어먹지 못할 거예요. 제가 'TV조선'에서 출연요청이 와서 아내에게 "가 봐도 되느냐"고 한번 물어봤더니 "집 나가고 싶어?" 그러더라고요.

정책을 얘기할 때 지금까지 우리는 자본과 노동이라는 개념만 보았습니다. 자본을 대변하는 사람은 나쁜 놈, 노동을 대변하는 사람은 좋은 사람이라고 여기곤 했는데 이제 사회가 복잡해졌어요. 그렇게 간단한 문제가 아니에요.

저는 이번 대선에서 박근혜 후보의 공약이나 문재인 후보의 공약이나 대동소이하고 별 게 없다고 봤는데요. 딱 하나 100점짜리라고 생각한 공약이 있었어요. 문재인 후보의 공약 중 '의료비 100만 원 상한제'예요. 1년 동안 쓰는 의료비가 100만 원을 넘어가면 넘는 만큼 정부에서 지원하겠다는 거죠. 이걸 실현시키려면 많은 변화가 뒤따를 텐데 저는 경제 민주화 공약 중에서 이게 최고라고 생각해요.

전 나머지 공약이 다 실현되지 않더라도 이거 하나만 실현되면 그것만으로도 정권을 바꿀 이유가 된다는 말씀을 드리고 싶어요. 두 가지 의미가 있습니다. 처음 시작할 때는 상한선이 1,000만 원이 돼도 괜찮다고 생각해요. 우리 의료비 체계의 가장 큰 문제는 상한선이 없다는 것입니다. 의료비가 무한대가 될 수도 있는 거죠. 하지만 일단 의료비가 들어가는 상한선이 1,000만 원이라고 해 놓으면 마음이 좀 편해지잖아요. 한 가족 내에서도 민간보험을 개인별로 들어야 하고 매달 20만~25만 원씩 내야 하는데 그것보다는 훨씬 낫죠. 완벽한 공약이죠. 힘들어지는 건 보험사입니다. 개인이 부담해야 할 의료비 상한선이 100만 원으로 정해지면 개인적으로 보험을 들 필요가 없어지니까요. 개인들은 당장 매달 20~30만 원씩 소득이 늘어나고 그걸로 돈을 벌었던 재벌들은 수입이 줄어들게 되죠. 우리의 권리만 잘 찾으면 부당한 건 자동적으로 사라집니다. 제가 100점짜리 공약이라고 하는 건 다른 공약은 너무 복잡한데 이 공약은 복잡하지 않아서예요. 의료비 문제만 해결하면 경제민주화의 절반은 이뤄질 거라고 봐요. 저는 경제학자여서 그런지 돈이 들어와야 기분이 좋아지더라고요. 그건 모두가 마찬가지일 거예요. 의료비는 가난한 사람들에게 더 큰 문제잖아요. 바로 돈을 준다는데 왜 (선거에서 그 후보를) 안 찍어요.

경제가 호황일 때는 가게를 내고 싶으면 내고, 하고 싶은 게 있으면 다 해볼 수 있습니다. 경제가 좋을 때 사실 대통령도 아무나 해도 돼요. 경제는 시스템이기 때문에 가만히 있어도 어느 정도 돌아가거든요. 하지만 저는 거짓말을 잘 못합니다. 저는 원래 '공포 경제학자'예요. 내년에는 정말 어려워서 시민들이 움직일 수 있는 공간을 만들지 않으면 너무 힘들 거라고 생각합니다. 경제가 어려워질수록 시민들이 더 중요해집니다.

시민교육,
사람에 투자하라

이번 경제공황은 규칙도 없고 참 특이해요. 상류층이나 중산층 이상이라고 하는 사람들이 더 힘들게 느끼고 있어요. 사실 집값이 내려가도 큰 문제는 없습니다. 전세를 사는 사람들은 전세금을 돌려받는 문제가 있을 텐데 지금이라도 전세권 설정을 하세요. 전세권 설정을 하는 데 경우에 따라 100만 원가량 들기도 하는데 그걸 해야 보호받을 수 있어요. 인터넷으로 검색하거나 자기 친구들한테 물어봐서 결정하지 마세요. 그 사람들도 잘 모르기 때문에 전혀 도움이 안 돼요.

정부가 바뀌면 고용정책이 좀 바뀔 수 있는데, 아주 전면적으로 바뀌진 않을 거예요. 협동조합이나 사회적 기업 같은 곳에 지원금을 주면서 그 안에서 고용을 늘릴 수 있는 방안은 있을 수 있죠. 정부가 쉽게 할 수 있는 일 한 가지는 문화·예술 방면에 돈을 푸는 것이에요. 이쪽에 들어가는 돈은 대부분 인건비입니다. 드라마, 영화, 소설 다 사람이 하는 일이에요. 반면, 4대강사업에 들어가는 돈은 거의 다 중장비에 쓰는 비용이죠. 시인에게 지원금을 준다고 생각해봅시다. 시인을 만드는 데 재료비가 드나요? 그 사람의 생활비만 지원해주면 되기 때문에 돈을 조금만 풀어도 그 이상의 효과를 낼 수 있어요.

다행인 것은 지금 10~20대 상당수가 문화·예술 쪽의 일을 하고 싶어 한다는 거죠. 하고 싶지 않은 분야에 돈을 주면서 억지로 하라고 하는 것은 말이 안 되겠죠. 예를 들어 드라마 작가를 하고 싶은 사람이 있어요. 하지만 드라마 작가로 바로 활동할 수 있는 사람은 얼마 안 되잖아요. 그럴 때 드라마 작가가 되기 위한 과정에 생활비를 보조해주는 겁니다. 영화 쪽 인력을 키우고 싶다면 독립영화나 다큐멘터리를 더 많이 찍을 수 있는 여건을 만들어줘야 합니다. 그렇다고 상영관을 늘릴 필요는 없을 것 같아요. 토건세력들은 영화를 키워보자고 하면 꼭 극장을 지어요. 극장만 지어놓고 영화를 만들 돈이 없다고 하면 영화관을 짓느라 지원해줄 돈이 없다는 식이죠. 복지도 그래요. 복지에 지원해달라고 하면 일단 복지관부터 지어요. 문화·예술이 좋은 점은 시도했다가 결과물을 얻지 못해도 그 과정이 다 경험이 된다는 점입니다. 편의점 아르바이트를 2년 동안 해도 지식이 늘지는 않아요. '알바 선수'가 되어봐야 별 게 없습니다. 그런데 영화 만드는 일을 3년 동안 하면 정말 많은 지식이 쌓입니다.

시민교육에 이런 것이 필요합니다. 19~20세기에는 학교에서 음악, 미술, 체육을 배웠다면 21세기 시민교육에는 영상과 영화가 있어야 합니다. 다른 어떤 과목에서도 가르쳐주지 못하는 걸 영화는 가르쳐줍니다. 영화는 100% 협업입니다. 지금 우리 교육과정에서 뭔가 같이 할 수 있는 경험이 없어요. 아이들에게 축구를 가르칠 때도 이기라고만 하잖아요. 미술도 실기시험을 보면서 잘 그리라고만 하고요. 결과적으로 이기는 것만 생각하는 거죠. 하지만 영화는 같이 하지 않으면 만들 수가 없습니다. 하다못해 조명을 들고 있는 사람도 자부심을 느낄 수 있는 게 영화죠. 국내시장이 커지면 수출도 가능해지고요.

MB(이명박 대통령)는 영화를 싫어하는 것 같아요. 그게 다 좌파라는 겁니다. 이창동 감독이 영화를 만들 때 영화진흥위원회로부터 지원금을 받으려 했는데 위원회가 심사를 하면서 이 감독의 영화에 0점을 줬어요. 이름을 적지 않고 냈으면 어떻게 됐을지 모르죠. 그런 과정을 공정하게 하면서 돈을 풀면 설령 모든 것이 영화로 만들어지지 못하더라도 누군가에겐 지원이 돌아가지 않겠어요? 그게 경제거든요. 사회적 인프라에 2~3조 원만 들여도 큰 도움이 됩니다.

이제 시민이 주인인
세상을 꿈꾸자

2011년 여름에 제가 아는 과장급 공무원이 이런 이야기를 하더라고요. "정권은 바뀔 거 같은데 당신이 말하는 좋은 사회가 올지는 모르겠다." 제가 생각해봐도 그런 것 같아요. 이유를 곰곰이 생각해봤습니다. 우리는 지금까지 늘 증오하면서 살았던 것 같아요. 20대를 '전두환'과 함께 살아오면서 그 사람을 정말 증오했거든요. 군인의 시대가 가니까 또 다른 증오의 대상이 생기더라고요. MB죠. 그런데 곰곰이 따져보니 증오로는 아무것도 세울 수가 없었어요. 우리가 이렇게 열심히 사는 건 좋은 나라를 만들고 싶어서 그런 거 아닌가요? 자식들에게 물려주고 싶은 나라를 만들기 위해 사는 거지, 누군가를 미워하기 위해서 사는 건 아니잖아요. 지금 이 순간을 과거라고 가정하고 누군가 그때 뭐했느냐고 물어볼 때 "난 박근혜 후보의 대통령 당선을 저지했어", "MB를 물리쳤지"라는 것보다는 2012년 한 해 내가 무슨 꿈을 꾸었고 이뤘는지 말하고 싶어요. 우리에게는 "생협에 처음 가입했다", "텃밭에서 상추를 길렀다" 같은 집단적 기억이 필요합니다. "우리가 무엇을 할까?", "투표를 왜 할까?"라고 물을 때 "누군가가 싫어서" 하는 건 아니라는 거죠. 증오의 힘은 우리에게 순간적이고 폭발적인 동력을 끄집어내지만 증오만 하면 지쳐요.

우리에게 시민, 그 자체가 가치가 되고 시민이 행복하고 편안하려면 정책들이 뒷받침돼야 합니다. 한국 광복의 역사가 길진 않아요. 민주주의를 받아들인 건 더 짧아요. 그런데 지금까지 우리는 집권의지와 욕망만 있었지 '통치'의 의지를 갖추고 있지 않았어요. 통치하려면 어떤 사람이 필요하고 어떤 장치가 필요하고 무슨 부처가 필요한지 고민한다면 다른 방식이 나올 겁니다. 통치의 주체가 누구냐고 물으신다면 그 주체는 시민이라고 답하겠습니다.

- 하우스 푸어를 얘기하시면서 전세권 설정을 하라고 하셨잖아요. 그것 말고 확정일자를 받아두는 것은 방법이 안 되나요?

확정일자는 우선순위가 아니기 때문에 전세권 설정을 해야 합니다. 전세계약이 끝나는 날 확정일자만 있으면 주인이 돈을 돌려주지 않을 때 대응할 수 있는 게 없어요. 그다음부터는 법원에 가서 승소해야 6개월에서 1년 후에나 돈을 받을 수 있어요. 전세권 설정은 계약이 끝나는 날 주인이 돈을 안 돌려준다고 하면 바로 경매에 붙일 수 있습니다. 전세권 설정을 하나 안 하나 똑같다는 이야기는 주인이나 부동산업자가 세입자를 속이는 겁니다. 똑같다면 정부가 그 제도를 만들 이유가 없죠. 무조건 전세권을 설정하세요. 나중에 돈을 돌려받을 수 있도록 법이 보호하는 유일한 장치예요.

- 안철수 전 후보 지지를 철회하신다고 하셨던데 자세한 내용을 알고 싶어요.

금융 공약 때문이었습니다. 기본적으로 외환은행 매각, 산업은행 민영화 같은 금융 현안들이 있는데 그 부분에 대한 입장을 내지 않고, 금융 제도 정비만 말하더라고요. 제가 볼 때 100점짜리 답안은 아니었어요. 조금 더 채웠으면 좋겠더라고요. 안철수 전 후보 측에서는 "문재인 후보 측은 공약이 아예 없지 않느냐"고 억울해했어요. 저는 문재인 후보 측에서도 공약이 나올 줄 알았습니다. 그런데 문재인 후보 측 인사 한 분이 저 때문에 무서워서 이야기를 못 하고 있다고 하더라고요. 괜히 이야기를 꺼냈다가 안철수 전 후보 측보다 더 무시당할까 걱정된다는 거죠. 그래서 논쟁이 이상해졌어요.

금융의 딜레마는 오가는 금액의 규모가 워낙 크다 보니 오히려 누구도 신경을 쓰지 않는다는 점입니다. 다른 부문은 1조~2조가 왔다 갔다 하는데 금융은 한 건에서만 10조, 20조가 왔다 갔다 해요.

경제학에서 말하는 '사람들로부터 제일 뺏기 어려운 돈'이 얼마인지 아세요? 1만 원입니다. 1만원은 참 커 보이입니다. 영화를 볼 때도 1만 원을 내고 볼 만한 지 아닌지 엄청 고민합니다. 뭐라도 잘못되면 내 돈 돌려달라고 난리도 아니죠. 책도 보통 1만 원 안팎인데 책이 잘못돼 있으면 사람들은 마구 분개해요.

그런데 1,000만 원은 의외로 참 쉬워요. 자동차를 살 때 별로 고민하지 않습니다. 1억은 더 쉬워요. 집을 사는 건 영화를 고르는 것보다 덜 고민합니다. 모델하우스도 제대로 안 가보고 동네와 층수만 따지고 대충 삽니다. 몇 억은 더 뺏기 쉬워요. 몇 조는 더 쉽습니다. 아무도 신경 안 써요. 진짜 중요한 문제를 풀려면 금융에 사람들이 관심을 가져야 합니다.

진정한 맛을 알아야 진정한 시민

맛을 왜곡하는
현실을 들여다보라

진짜 맛을
알게 된다

박찬일은 한 월간 여성지의 기자로 일하다가 30대 중반 이탈리아로 요리유학을 떠났습니다. 3년 동안 이탈리아에서 요리와 와인을 공부하고 시칠리아에서 요리사로 일하다가 한국에 돌아와 '박찬일 셰프' 가 됐습니다.

그는 재료와 조리법에 어떤 불순한 것도 첨가하길 싫어하는 고집 센 요리사입니다. 세간은 그를 '정직하다'고 합니다. 「지중해 태양의 요리사」, 「보통 날의 파스타」에 이어 최근 「추억의 절반은 맛이다」까지 여러 권의 책을 통해 음식과 맛에 대한 '박찬일의 생각'을 알리고 있습니다.

멋진 장소에서 멋진 분들을 만나게 돼 반갑습니다. 제가 강연을 꽤 많이 하는 편인데 주로 학생들을 대상으로 했어요. 오늘은 상당히 떨리네요. 저는 대학에서 문예창작을 전공했어요. 학교를 다니긴 했는데 9학기를 다녔는데도 졸업장을 안 주더라고요. 그랬는데 졸업예정 상태에서 취직이 됐습니다. 어찌어찌 준비도 안 된 상태에서 사회생활을 시작한 겁니다.

저는 〈주부생활〉이라는 잡지에서 주로 일했습니다. 연예인 집 담을 타 넘기도 하고요. 연예인에게 인터뷰 요청을 했는데 잘 응해주지 않으면 삐삐를 치면서 '거칠게' 의사표현을 했어요. '780-123418181818' 이런 식으로 메시지를 남겼죠. 한번은 부산의 모 재벌 집에 주소 하나 달랑 들고 찾아갔는데 담을 넘었더니 셰퍼드 두 마리가 있더라고요. 경비원이 "저 놈 잡아라" 하면서 헤드라이트를 비추고 쫓아오기까지 했습니다. 알고 보니 재벌 회장 댁이 아니라 무슨 연수원이었습니다. 제가 도둑인 줄 알았던 거죠. 그런 일을 하던 좀 엉뚱한 기자였습니다.

그러다가 '요리를 해야 되겠다'고 생각했어요. 책을 보신 분은 알겠지만 집에 혼자 있으면 과일을 잘 안 먹게 되죠. 저는 과일을 칼로 깎을 줄도 몰랐어요. 참외도 이로 껍질을 벗겨 먹을 정도였습니다. 이로 5초면 참외껍질을 깎을 수 있어요. 칼보다 더 잘 깎입니다(웃음). 제가 외아들로 자라서 요리라고는 해본 적도 없었어요. 누나들한테 미안하죠. 요즘엔 대가족도 별로 없고 딸이 귀하지만요. 제가 그렇게 기고만장하게 자라서 학교도 열심히 안 다녔어요.

사람들이 종종 묻습니다. "왜 하필 이탈리아 요리를 하게 됐느냐"고. 제가 한식을 요리해서 어떻게 이기겠어요. 그때는 서양요리가 한국에 잘 들어오지 않았습니다. 그래서 이탈리아 요리를 해보자고 마음먹었어요. 제가 워낙 국수를 좋아해서요. 스파게티가 국수잖아요. 좀 비싼 국수이긴 합니다. 또 여동생이 이탈리아어를 전공해서 이탈리아에 대한 좋은 감정들이 있었죠.

이탈리아에서 그 당시 유행했던 영화 〈시네마 천국〉에 나온 듯한 식당을 찾아가서 일했어요. 시칠리아에 있는 식당이었어요. 그 동네 정육점 아저씨는 마피아 조직원 출신이었어요. 마피아는 은퇴하고 쓸모가 없어지면 조직원들이 뭔가 일을 합니다. 주로 동네 공중화장실을 지키면서 돈을 갈취하는 게 마피아입니다. 근데 저는 안 받더라고요. 외국인을 잘못 건드리면 곤란하니까요. 여하튼 고생을 많이 했어요. 여름엔 수은주가 50도까지 올라갑니다. 견습요리사로 좌충우돌했어요. 그러다가 한국에 와서 취직을 해야 했지요. 이 식당, 저 식당을 전전했는데 가장 짧게는 3일

일하고 관둔 곳도 있어요. 한번은 사장이 애인을 데리고 와서 애인이 먹을 떡볶이를 해내라고 해서 칼을 도마에 찍어놓고 그만둔 적도 있습니다.

한국은 미식(味食)도 강남스타일?

한국의 미식 수준은 형편없어요. 오래된 식당은 나름의 가치를 지키고 있지만, 서양식을 중심으로 한 부분은 상당히 엉성하지요. 최근 한국 미식의 수준은 지금 유행하는 '강남스타일'이라고 하죠. 작가 황석영 씨가 「강남몽」이라는 책도 썼는데 우리 현대사에서 강남이 주도하는 미개한 식문화를 볼 수 있는 곳이 청담동이란 곳입니다. 한때 청담동에서 가장 돈을 많이 버는 식당 중에서 닭백숙에 샴페인 돔페리뇽을 같이 내놓는 곳이 있었어요. 닭백숙이 8만 원, 돔페리뇽이 35만 원 정도 했던 것으로 기억해요. 부가세 10%, 봉사료 10%도 받죠. 네가 언제 나에게 봉사했다고 봉사료를 받아 가느냐고 싸우는 분도 많이 봤습니다. 저도 그런 곳에서 장사한다고 '쇼'를 많이 했습니다. 청담동엔 '카피 캣(잘나가는 제품을 모방하는 것)' 식당들이 엄청나게 널려 있습니다. 미식 역사가 짧고 문화가 성숙되지도 않았고 소비자의 눈도 날카롭지 않다 보니 남의 것을 베끼고 요리도 대충 하게 되죠. 손님들도 제대로 된 것인지 잘 보지 않습니다. 오늘 청담동 폭로전을 하려던 것은 아니고요. 이제 우리 음식과 서양 음식은 어떻게 다른지, 우리나라의 식당을 어떻게 알고 즐길 것인가를 얘기해보겠습니다.

한국의 한 상 차림 vs 서양의 코스요리

제가 사진 한 장을 찍어왔어요. 지금 이 사진을 보시면 상 위에 반찬이 쫙 깔려 있습니다. 9,000원짜리 밥상인 걸로 알고 있습니다. 4인 기준 3만6,000원이죠. 대개 카드를 내니까 세금을 빼고 나면 3만2,000원 정도 가치가 있는 밥상입니다. 한식의 일반적인 모습입니다. 한식은 저렇게 잔뜩 상에 깔아서 먹죠. 반찬도 많고, 여러 가지 맛을 한 번에 담는 게 한국의 일반적 요리입니다. 이런 요리 문화는 근대뿐 아니라 조선시대 때부터 계속 있어왔죠. 제가 경복궁에 가서 찍어온 사진입니다. 임금님이 식사를 하는 모습입니다. 상궁이 옆에서 거들었겠죠. 저기도 마찬가지로 12첩 반상입니다. 임금님도 이렇게 식사를 하셨답니다.

자, 이건 제가 만든 '까르파치오'라는 이탈리아 요리입니다. 한국 요리는 상에 한꺼번에 깔아줘야 하지만 서양요리는 코스 요리죠. 이탈리아 친구가 한국에 장가 와서 사는데 장인, 장모랑 같이 살고 있어요. 그 친구가 처음에 밥을 먹을 때 이탈리아식으로 나물 반찬부터 먹었어요. 그다음에 이걸 먹고 그다음에 저걸 먹고 하면서 생선요리, 주요리 이런 순서로 먹습니다. 그렇게 먹고 나서 한국말로 장모에게 "엄마, 나 열다섯 코스 먹었어!"라고 합니다. 한국 사람은 이미 밥을 다 먹었는데 그 친구는 계속 밥을 먹고 있어요. 그 친구 이름이 로미오인데요. 장모가 "로 서방, 제발 밥을 먹으면서 반찬을 드시게" 하면 로 서방은 "엄마, 나는 그렇게 먹으면 맛을 몰라요"라고 합니다. 왜 그럴까요? 서양 사람들은 하나의 접시에 집중해서 하나의 맛을 즐깁니다. 코스 요리가 그런 거죠. 350명이 식사해도 똑같은 코스로 먹죠. '로 서방'은 자신의 식습관이 있는데 한국에

선 이걸 한꺼번에 주니까 그걸 열다섯 코스로 나눠 먹어야 하는 거예요.

모든 서양요리의 개념은 식탁에 앉은 사람은 누구나 평등하다는 겁니다. 하지만 한국에서는 기사 딸린 차를 타고 식당에 가서 밥을 먹을 때 기사가 "사장님, 저도 같이 먹을래요" 하면서 식당에 들어오면 그 기사는 다음 날부터 집에 있어야겠죠? "야, 인마. 미쳤어?"라는 소리 듣기 일쑤죠.

그런데 중국에 가보면 신분제가 덜하고 공산혁명을 통해서 평등하다는 의식이 강하다 보니 기사가 옆에 앉아서 먹습니다. 우리나라 기업인이 중국 현지에 파견을 나가서 제일 황당했다는 게 그거라고 해요. 극단적으로 말을 만들면 삼성 중국 지사장이 애플 중국 지사장과 협상을 하는데, 옆에서 운전기사가 같이 먹는다는 거죠. 서양에서도 누구나 똑같이 먹습니다. 스웨덴에서는 국회의장이 국회 정문 경비아저씨, 청소원과 같이 구내식당에서 밥을 먹습니다. 기사는 어쩌고요? 기사는 없습니다. 자전거를 타고 다니기 때문이랍니다.

순열조합이라는 게 있는데요. 한국 식탁의 반찬을 열다섯 가지로 설정하고 밥이 세 개가 있다고 할 때 순열조합을 하면 각자가 밥을 먹는 경우의 수는 몇 번이 될까요? 어떤 사람은 모든 반찬을 한 번씩만 먹고 어떤 사람은 밥 한 술에 반찬을 세 개, 네 개씩 뜹니다. 보통 사람이 밥 한 공기를 먹을 때 30회 정도 숟가락질을 한다고 하는데요. 이렇게 해보면 대략 64만 가지 경우의 수가 발생합니다. 아, 64만이란 일종의 상징어입니다. 그만큼 경우의 수가 많다는 뜻입니다. 그러니까 한국 사람들은 같은 밥상에서 밥을 먹고 나도 얘기가 다 다릅니다. "맛있었냐?"고 물으면 어떤 사람은 비린 게 싫어서 나물만 먹었고, 먹을 게 하나도 없었다고 하고 어떤 사람은 전어구이를 무지 좋아해서 "정말 맛있게 먹었다"고 합니다.

서양요리는 한 코스, 한 코스씩 누구나 똑같이 먹기 때문에 다 먹고 난 뒤 어땠냐고 물으면 대체로 의견이 통일됩니다. 그래서 우리나라가 남북통일이 안 된다고 얘기하는 분이 있습니다. 실제로 우리처럼 압제에서 풀려난 뒤 해방 공간에서 그렇게 복잡하고 요란했던 나라가 없습니다. 우리는 일본의 영향력 아래 있었죠. 일본 사람들한테 권력을 나눠받고 교육받은 사람이 건재했습니다. 러시아, 중국 안에서도 다양한 정치적 견해가 있었고요. 또 이승만처럼 미국파도 있었죠. 자생적 공산주의자들도 있었습니다. 난리였죠. 이게 다 밥을 이렇게 먹어서 생긴다는 말이 있습니다.(웃음) 똑같이 한 상을 먹었는데 결과가 다 다릅니다. 그래서 농담 섞어 한국 사람이 더 창의적일 수 있다고도 표현합니다.

'에스코피에'라는 프랑스의 저명한 요리사가 있습니다. 국가 요리사였고, 프랑스의 현대 요리를 완성한 사람이죠. 이 사람이 1900년대 초반에 활동했는데 고급 식당과 호텔을 통해서 프랑스 요리가 서양요리의 표본이 되도록 한 사람입니다. 아까 보여드렸던 코스 요리를 확립한 사람이기도 합니다.

서양요리는 예전부터 코스 요리였을까요? 아닙니다. 외국도 1900년대의 민가에서는 우리처럼 한 상에 놓고 먹었습니다. 코스로 먹는 것은 여유가 생기면서 시작된 것이고요. 이 '에스코피에'라는 요리사가 고급 식당에서 코스 요리를 시작한 것입니다. 원래 코스 요리는 프랑스가 아니라 러시아에서 시작했습니다. 그래서 '러시아식 서비스'라고도 합니다.

제가 가지고 온 이 사진은 이탈리아의 오래된 식당에서 찍어 온 것인데요. 이 식당은 200년 역사를 지닌 식당입니다. 음식을 시키면 이렇게 한 상을 줍니다. 우리나라 한 상 차림과 똑같죠. 서양도 원래는 그렇게 먹었던 거죠. 그때는 차가운 요리, 뜨거운 요리를 구분하지도 않았고 식으면 식은 대로 되는 대로 한 상 차림으로 먹었습니다. 서양도 지금 같은 코스 요리를 먹기 시작한 지 얼마 되지 않았습니다.

9,000원짜리
15첩 반상의 그늘

요리사로서 봤을 때 우리 식문화는 낙제점인 상입니다. 왜 그러냐. 밥상에 있는 계란찜은 어렵겠지만 생선, 갈비 등 뭐든 가능하면 음식을 재활용하려는 식당이 많습니다. 재활용 안 하면 값을 맞출 수 없습니다. 어떻게 잘 아냐고요? 제가 원가를 잘 압니다. 제 별명이 '원가계산'이에요. 제가 친구들하고 밥 먹으러 가면 자장면 원가 직전 단계까지 알려줄 수 있어요. 직접 장을 보기 때문에 재료비를 잘 알고 있습니다.

이건 일본식 계란말이인 '다마코야키'입니다. 420엔, 6,000원에 파는 겁니다. 이걸 우리는 밥상에서 공짜에 가깝게 먹고 있어요. 그러니 가격이 어떻게 되겠습니까? 아까 한 상 차림이 9,000원짜리라고 말씀드렸죠. 이 정도와 비슷하게 주면서 6,000원짜리 밥상도 팝니다. 그 양반들이 현실적으로 재활용 안 하고 이렇게 반찬을 주는 건 사실상 불가능합니다. 가격에 절대 못 맞출 겁니다. 제가 말씀드리는 건 한식을 폄하하는 게 아니라 우리의 식습관이 그렇다는 겁니다.

열다섯 가지 반찬이 깔린 상을 서양식 코스로 먹었다고 칩시다. 원래 가격인 9,000원을 주고요. 제가 식당을 하면서 서양요리 네 가지 코스를 6만 원 받았는데 남는 게 하나도 없었습니다. 제대로 된 재료를 쓰니까 하나도 안 남아요. 그러니 가격을 제대로 맞출 수 있겠습니까? 안 됩니다. 뭔가 문제가 생기겠죠. 이상하지 않나요? 한 상 차림으로 주면 값이 싸고, 코스로 주면 비싸고? 뭔가 다른 문제가 숨어 있다는 생각이 들지 않으세요? 한국재료는 싸고, 서양재료는 비싸서? 아니, 한국 땅에서 나는 닭은 한식당으로 가면 천 원이고, 양식당으로 가면 만 원이랍니까?

자, 어떻게 이 값을 맞출 수 있을까요. 일단 노동력이 착취당한다고 표현할 수 있습니다. 작은 가게일수록 사람을 조금 쓰게 됩니다. 그러면 주방이 더러워집니다. 뭔가 정리를 해야 하는데 인원이 모자라면 주방이 절대 깨끗해지지 않습니다. 그게 이치예요. 현대 레스토랑에서 위생을 말할 때 정리는 시스템이고, 그 시스템을 구축하는 것은 인력이라고 합니다. 결국은 위생은 돈입니다. 돈이 있어야 청소도 한 번 더 하죠. 우리가 잔치할 때 상추를 씻으면 대충 씻지만 집에서 두세 명만 먹을 때는 깨끗이 씻어서 먹잖아요. 사람이 부족하고 돈이 없으면 위생에 문제가 생기고 재활용의 유혹에 빠질 수밖에 없습니다. 원가를 맞추기 어려워요. 그게 한식당의 어두운 면입니다.

싸다고 싼 게 아니고, 비싸다고 비싼 게 아닙니다. 서울 강남 청담동에서 비싸게 받을 필요가 없는 음식을 비싸게 받아서 문제가 생기기도 하지만 안으로 파고들어가 보면 의외로 문제가 복잡해집니다.

'창의적인(?)'
한국의 식사예절

한 가지 더 얘기해볼까요. 한국 사람처럼 포크를 재미있게 쓰는 사람이 없어요. 우리 예전에 미팅은 제과점에서 빵 먹으면서 했잖아요. 그때 제과점에서 빵을 줄 때 빵에 포크가 쿡 꽂혀 있죠. 빵을 포크로 찍어 먹습니다.

한국 사람들은 치킨집에서 포크 두 개로 닭을 발라먹습니다. 세계상 유례가 없는 도구의 진화예요. 잘 아는 이탈리아 셰프가 자기 나라로 돌아가게 됐는데, 제가 "뭐가 감명 깊었느냐?"고 물어보니 "포크 두 개로 닭고기를 먹는 거"라고 하더라고요. 그게 그 사람들한테는 우리가 마치 외국인이 젓가락을 네 개 쓰고 숟가락을 두 개 쓰는 것처럼 느껴지는 겁니다. 그 셰프 친구가 처음에는 '서빙하는 사람이 실수를 한 건가' 싶어서 나이프를 줄 때까지 기다렸다고 해요. 나중에 포크 두 개를 보고 엄청 웃었어요. 다 먹고 나서 "야, 굉장히 창의적이야"라고 하더라고요.

이런 이야기도 했습니다. 하루는 그 친구와 같이 산에 갔습니다. 산에 올라가는 사람들이 어마어마한 히말라야 장비 같은 배낭을 짊어지고 가는 거예요. 그 산이 해발 450미터짜리 산이었습니다. 그 이탈리아 친구가 제게 물었습니다. "저 사람들은 왜 저러고 올라가?" 제가 할 말이 있어야죠. "폼을 좀 잡으려고 그러는 거다"라고 하면 그렇잖아요. 그래서 "산에 가서 쓰레기 주워 오려고 그러는 거다"고 답해줬어요. 쓰레기를 주워서 등에 메고 오면 얼마나 편해요. 그 친구가 한국 사람들이 굉장히 창의적이라고 했습니다.

서양 사람들은 빵을 먹을 때 포크에 찍어 먹지 않습니다. 우유랑 같이 먹지도 않아요. 제 딸과 패밀리 레스토랑에 갔는데 막 데이트를 시작한 대학생들이 앉아서 식전 빵을 포크로 쿡 찍어서 먹더군요.

뭐 빵을 포크로 먹든 손으로 먹든 무슨 상관이냐고 할 수 있지만, 우리가 이제 외국에 많이 가지 않습니까? 그곳 식사예절은 배울 필요가 있습니다. 이탈리아에서는 '좋은 음식을 먹는 법', '음식을 가려 먹는 법'처럼 식사예절을 많이 가르칩니다. 그런데 한국은 식사예절을 잘 가르치지 않아요. '우리 음식을 잘 먹는 법', '외국 음식을 잘 먹는 법'을 가르치는 것이 수학문제를 하나 더 보는 것보다 더 중요합니다. 요샌 외국인과 사업문제로 식당에서 만나야 하는 경우가 많은데 가끔 '저렇게 테이블 매너가 없어서 사업하겠나. 외국인에게 흠 잡히겠다' 싶은 때가 있어요. 이런 걸 학교에서 안 가르쳐주니까 50만 원, 100만 원씩 주고 테이블 매너를 배우러 다니는 사람들도 있죠.

한국에는 '와인 스트레스'라는 것도 있습니다. 와인 마실 때 다들 와인 잔 다리를 잡고 잔을 세 번 돌리고 한 모금 마신 다음에 와인 향을 들이마십니다. 와인 교본에 그렇게 쓰여 있으니까요. 하지만 와인 감별사만 그렇게 하면 됩니다. 일반인들은 그렇게 할 필요가 별로 없어요. 지나치지요. 첫잔을 받을 때나 그렇게 하면 됩니다. 그러나 매번 그렇게 합니다. 쉼 없이 잔을 돌립니다. 별로 보기 좋은 장면이 아닙니다. 또 와인 잔을 잡을 때 지문 때문에 와인 색이 안 보이니 몸통을 잡으면 안 된다? 원가 1만 원짜리 와인을 마시면서 그거 보면 뭐합니까! 여러분이 마시는 5만 원짜리 와인은 실제 원가가 1만 원밖에 안 합니다. 그걸 굳이 와인 색깔을 들여다볼 필요가 있나요? 식사예절은 잘해야 하는 걸 배우기 전에 하지 말아야 할 걸 배우는 게 먼저가 아닌가 합니다.

'이명박 선생님'도 현대건설에 계실 때 이렇게 배운 게 아닌가 싶습니다. 또 청와대에 들어가서 인수위원회가 꾸려지면 의전팀에서 대통령의 에티켓 훈련을 맡는다고 하죠. 통상 대통령으로 취임하기 전에 집중적으로 에티켓을 배웁니다. 예를 들어 이렇게 앉으면 안 된다, 손은 팔걸이에 이렇게 올려라, 무릎은 좀 덜 굽혀라 등등. 그때 비로소 제대로 된 서양식 테이블 매너를 배우게 됩니다.

그러나 와인은 그렇지 않습니다. 이 외국 정상은 잔을 다 감싸서 잡았습니다. 이 대통령은 그렇게 잡지 않았습니다. 그럼 외국 정상이 결례를 한 건가요? 설마 그 외국 정상이 한국에 가서 대충 잡고 마셔도 된다고 배웠겠어요. 처음부터 이런 에티켓은 없는 겁니다. 와인 잔을 다 감싸서 잡고 와인을 즐겨도 아무런 문제가 없습니다. 불편하게 억지로 이렇게 잡지 마세요. 강박 때문에 누구나 이렇게 한다는 건 문제가 있습니다.

인공조미료의
'잔혹사'

이제 우리가 어떠한 맛에 경도돼 있는지를 얘기해보겠습니다. 이 TV 화면을 잘 보세요. 식당 주인 아저씨가 "재료만 좋으면 양념이 필요 없지"라고 얘기를 하고 있는데요, 뒤에 조미료 '다시O'가 보입니다. 물론 이 아저씨한테 가서 물으면 "저건 우리 밥 먹을 때만 씁니다"라고 이야기하겠죠. 이 조미료는 '글루탐산나트륨'이라는 화학조미료, 인공조미료입니다. MSG라고도 하죠. 현재까지 알려진 바로는 특별히 몸에 나쁘다고 입증된 건 없습니다. 제 친구에게서 얘기를 들었는데 의사 국가고시에 '차이니스 레스토랑 신드롬' 문제가 나왔다가 이 명칭이 나중에 폐기되고, 문제은행에서도 삭제됐다고 합니다. 목이 마르고 머리가 아픈 이 증후군이 꼭 그 물질 때문에 생겼다는 증거가 없습니다. 단순히 염도가 높아서 그럴 수도 있습니다. 어쨌든 우리는 이런 여러 물질에 둘러싸여서 밥을 먹고 있습니다.

일본 간사이 지방의 한 우동 장인의 집에 갔습니다. 그 집의 '다시(맛국물)'가 간장과 고등어, 다시마 등을 넣고 만든 국물이라는데 먹어보고 놀란 게 우리나라에서 팔리고 있는 조미료를 넣은 맛과 똑같았습니다. 사탕수수를 가지고 다시마 표면의 하얀 분말 맛을 따라 낸 것이 상업적인 글루탐산나트륨입니다. 글루탐산나트륨도 자연물질이라고 말해도 틀린 것은 아닙니다.

제가 인공조미료에 대해 부정적으로 얘기하려고만 하는 건 아닙니다. 이것 때문에 맛의 표준이 달라졌다는 얘기를 하려는 겁니다. 어떤 잡지에 실린 조미료 회사의 광고를 보면 "알고 보면 안전한 글루탐산나트륨. 글루탐산나트륨을 쓰면 소금을 적게 쓰니 몸에 좋다"고 하는데 이건 맞는 말이 아닙니다. 나트륨은 그냥 나트륨이죠. 식당에서 인공조미료를 넣은 음식을 많이 먹으면 갈증이 엄청 많이 나죠. 물을 많이 먹게 됩니다. 그건 인공조미료가 많아서 그런 게 아니라 그냥 짜게 먹어서 그런 겁니다. 소금을 적당량 넣었는데 거기에 또 글루탐산나트륨을 넣으니 짤 수밖에 없죠. 우리가 된장찌개를 하나 먹으면 보통 이런 인공조미료를 한 숟가락 먹게 된다고 합니다. 주방에서 요리하면서 반 숟가락을 넣고요. 식당에서 쓰는 된장에 이미 반 숟가락이 들어 있습니다. 업소용 된장의 단가를 낮게 하고, 기호에 맞추다 보니 글루탐산나트륨이 포함돼 있습니다. 그러다 보니 지나치게 짜게 먹게 됩니다. 그런데 기업들이 스스로 사실을 호도하고 있죠. 굳이 필요 없는 광고를 하면서 빌미를 잡히게 되죠.

비슷한 시기에 나온 다른 광고를 볼까요? "안심하고 사용하세요. 설탕, 인공색소, MSG를 넣지 않았습니다"라고 합니다. 서로 같은 제품을 만드는 회사인데 이 회사는 인공조미료를 안 넣었다고 자랑하죠. 이건 스스로 자기 회사의 본질을 부정하는 겁니다. 가끔 아버지 존재를 부정해서 자기를 돋보이게 하려는 사람이 있는데요. 굳이 안 해도 될 자기부정이고, 굉장히 슬픈 이야기죠. 저걸 넣는다고 심각한 문제가 생기는 것도 아닌데, 대세 때문에 안 넣는다는 거죠. 물건을 팔기 위한 눈물겨운 노력이죠.

검색사이트 구글에서 '불효자식'을 검색하면 엄마 등에 업힌 한 뚱뚱한 아이의 사진이 나옵니다. 1960년대에는 미원과 설탕을 명절선물로 돌렸습니다. 미원과 설탕이 워낙 귀했잖아요. '미원의 잔혹사'라고 할까요. 과거에는 귀하게 대우받았지만, 지금은 먹으면 죽을 것 같은 '공포의 백색가루'로 인식됩니다. 저는 이런 사람들의 인식이 좀 이해가 안 됩니다. 무해하다는 게 밝혀졌지만, 소비자들은 여전히 두려움에 떨고 파는 사람들도 떨떠름해합니다. 우리 미식의 한 수준을 보여주는 안개 속 같은 현실이죠.

닭스프에
닭이 없는 이유

제가 이걸 하나 가지고 나왔습니다. 치킨스톡인데요. 대형마트에서 한 통에 5,000~6,000원 합니다. 요샌 닭 육수를 치킨스톡으로 만들어 먹습니다. 닭스프를 만들 때, 이거 한 통이면 닭 한 마리도 쓰지 않고 닭스프 스물다섯 그릇을 만들 수 있습니다. 닭 한 마리를 국물로 우리면 4인분 정도 나오니까 이거랑 같은 분량의 닭 육수를 만들려면 여섯 마리가 들어가야 하죠. 어마어마한 차이가 있죠.

닭 육수를 만들려면 꽤 고단한 과정을 거쳐야 합니다. 닭을 산다→ 깨끗이 씻는다→ 껍질을 벗긴다→ 내장 안에 있는 혈관과 기타 내장을 다 제거한다→ 물을 1리터 넣고 닭을 넣어 5분 동안 끓인 뒤 물을 버린다→ 다시 찬물을 붓고 로즈마리, 타임, 파슬리 줄기, 마늘 세 개, 양파 반, 대파 줄기, 화이트 와인, 후추 등을 넣고 두 시간 동안 팔팔 끓인다→ 닭을 건져낸 뒤 국물을 걸러내고 다시 깨끗한 행주에 받쳐서 국물을 받아낸다→ 국물을 식힌 뒤 기름을 걷어낸다→ 나눠서 냉장보관 한다. 이렇게 만든 닭 육수는 3일이 넘으면 상하기 때문에 그 안에 소비해야 합니다.

그런데 이 치킨스톡 한 통이면 끝납니다. 전화 걸어서 치킨스톡 하나 갖다달라고 하고 끓는 물에 빠트리면 됩니다. 문제는 손님들이 열여덟 시간 걸려 만든 닭 육수보다 이 치킨스톡으로 맛을 낸 닭스프를 더 좋아한다는 겁니다. 힘들게 닭 육수를 뽑아봐야 손님은 맛없다고 합니다. '닭이 들어가지 않은 닭스프', 이런 걸 분자요리라고 하는데요(웃음). 원래 형상과 관계없이 새로운 물질을 만들어내는 걸 분자요리라고 합니다. 닭은 전혀 안 넣고 닭 맛을 낸 건데 결혼도 안 하고 아이를 낳는 것과 같죠. 놀라운 현대과학의 힘을 보여줍니다.

그래도 제가 들고 온 이 조미료는 최상품에 속합니다. 닭이 아주 조금이지만 들어갔어요. 성분함량 표시를 보니 닭고기 지방이 1%나 들어갔어요.(웃음). 이건 진짜 닭을 넣긴 했으니 분자요리는 아니네요.(웃음)

사실 치킨스톡에 '치킨'이라는 말을 넣을 수도 없는 거죠. 치킨을 1% 넣고 어떻게 라벨에 치킨이라는 말을 넣느냐는 거죠. 기업이 지닌 로비의 힘이죠. 반대로 로비를 통해서 밝히라고 하는 걸 밝히지 않기도 하죠. 얼마 전까지 식품 성분설명서에 주재료 다섯 가지만 써도 됐습니다. 숨기고 싶은 것은 숨겨도 됐어요. 이제는 넣은 것을 다 쓰도록 법률이 개정됐다고 하는데, 언제나 놀라운 일이 벌어지는 게 현대 식품 산업입니다.

현대 자본주의의 결정적 폐해는 비싼 돈을 주고 사 먹는 식품들이 사실은 건강하지 않다는 것입니다. 노동이 소외됐기 때문입니다. 요리 만드는 사람이 즐겁지가 않아요. 왜 그럴까요? 시장은 생닭을 고아서 육수를 만드는 과정을 용납하지 않습니다.

닭스프를 만드는 데 닭 값만 2,000원 들어가야 합니다. 그다음 수많은 부재료도 들어가죠. 받는 음식값의 25% 정도가 재료비라고 하면 닭을 고아서 만든 닭스프는 한 그릇에 1만3,000원은 받아야 합니다. 하지만 시중에서 파는 닭스프는 보통 4,000~5,000원 정도니까 닭은 작은 걸 써야 하고, 나머지는 불효자식(인공조미료)을 쓸 수밖에 없는 거죠. 뒤집어 얘기하면 이게 적은 비용으로 만족도를 높이는 방법이기도 합니다.

이렇게 음식을 만드는 사람은 고해성사하고 싶어도 할 방법이 없습니다. 저는 고해성사를 하고 있는데 많은 사람은 숨기고 싶어해요. 서글픈 현실이죠. 인공조미료를 안 쓰고 과학적으로 4,500원에 닭스프를 만들 수 있겠습니까. 거기다 사람들이 조미료를 더 좋아하는데 말이죠. 상당히 어려운 점이 많습니다.

제가 일하던 식당이 '라 꼼마'라는 곳입니다. 제 식당에서는 닭 육수, 소 육수, 뼈 육수, 야채 육수 등 육수만 일곱 가지를 만들어 썼습니다. 코스로 네다섯 가지 요리가 나가야 하고 요리마다 소스가 달라져야죠. 고기를 굽는 사람, 생선을 굽는 사람 다 따로 일하니까 주방에 다섯 명 정도가 있습니다. 손님 두 명이 와서 6만 원짜리 코스 요리를 2인분 시켰다고 칩시다. 홀에서 서빙을 하는 사람이 두 명인데 한 테이블에 서빙을 하러 보통 스물다섯 번 정도 갑니다. 물 채우러, 와인 채우러, 메뉴 주문받고, 음식을 갖다주고, 음식을 치우고 등등. 다섯 가지 요리가 나가는 코스여서 커피까지 나가면 총 30번은 나가야 손님들이 12만 원을 내고 집에 돌아가게 되는 겁니다. 그렇게 해서 한 달 동안 꼬박 매출을 올렸는데 계산기를 두들겨보면 만날 적자예요. '미원을 안 써서 적자인 건가' 그런 고민을 참 많이 했어요.

밥값 5,000원의
정치경제학

우리가 중국식당에 가서 흔히 소주에 짬뽕국물을 시켜서 먹습니다. 짬뽕국물 한 그릇에 2만 원 가까이 하는 경우가 많아요. 술집에서 안주로 시키는 계란말이는 아무리 싸도 8,000원입니다. 그렇지만 술집에서 계란말이 8,000원, 짬뽕국물 2만 원을 받는다고 아무도 불평하지 않습니다. 그런데 이런 짬뽕국물, 계란말이가 밥집에 가면 공짜예요. 이러니 점점 밥집이 없어집니다. 짬뽕국물 얘기는 일례로 든 것입니다. 실제 중식당은 요리를 시키는 손님이 점점 줄어서 형편이 아주 어려운 지경입니다. 밥과 안주에 대한 손님들의 이율배반적 태도를 설명하기 위해 거론한 것이니 오해는 없으시길 바랍니다.

예전에 우리 아버지, 삼촌이 20~30대였던 시절엔 술집이란 개념이 별로 없었어요. 밥집에서 밥도 팔고 저녁에는 술도 팔았죠. 반찬을 안주 삼아 그냥 술을 먹었습니다. 그런데 점점 밥집과 술집이 분리되기 시작했어요. 분리된 결정적 원인이 뭘까요? 사람들이 밥집과 술집을 명쾌하게 나누길 바란 걸까요? 아닙니다. 토지 비용이 올라갔기 때문입니다. 간단히 말해 임대료죠. 여기 혹시 장사하시는 분 계십니까? 장사하면 제일 무서운 게 임대료와 인건비죠. 그나마 인건비는 내 몸이 진토가 되도록 열심히 일하면 됩니다. 저는 매일 새벽 5시에 시장에 갔습니다. 가게가 적자가 나면 새벽 4시까지 여기저기 원고를 썼습니다. 원고 청탁을 받아서, 아니 원고 좀 내게 해달라고 협박해서 쓴 책이 「추억의 절반은 맛이다」 바로 저 책입니다. 밤새서 썼습니다. 아마 이 책 쓸 때처럼 사법시험을 공부했으면 제가 지금 고등법원 판사였을 겁니다.

레스토랑을 하면서 어느 날 깨달았습니다. '아, 이런 식의 장사는 소모전이다.' 똑같은 짬뽕국물인데 면까지 넣어서 짬뽕으로 팔면 5,000원인데 면도 넣지 않고 짬뽕국물만 줘도 2만 원이에요. 순댓국집에 가보면 순댓국은 5,000원, 술국은 1만 원입니다. 술국에 내용물이 더 특별히 들어간 것이 없어요. 순댓국집 아주머니에게 내용물 무게를 달아보자고 해보세요. 절대 안 된다고 할 겁니다. 무게가 별 차이가 없거든요. 농담입니다. 여하튼 제 친구가 "순댓국집에서 술국 시키는 사람이 병신"이라고 하더군요. 그런데 순댓국집 가시거든 술국 반드시 시키셔야 합니다. 임대료가 너무 비싸거든요. 저녁에 가서 순댓국 먹으면 '진상손님'이 됩니다.

술국 값이 바로 토지 비용이에요. 그건 누가 올렸을까요? 우리 어머니, 아버지가 올린 게 아닙니다. 다 우리나라 1%의 주머니로 들어가 있겠죠. 대기업에게 부가 쌓이는 것입니다. 순댓국이 5,000원에서 6,000원이 되면 오른 1,000원은 그들에게 간 것이죠. 결국은 우리의 모든 문제는 자본주의의 문제와 밀접하게 연관돼 있습니다. 그러면 우리는 어떻게 하란 말인가요? 될 수 있는 한 집에서 밥을 먹는 겁니다.(웃음) 농담처럼 한 얘기지만 정말 그게 대안이에요. 그러면 수많은 요리사는 일자리를 잃을 텐데 어떻게 하느냐고요? 해외봉사 나가야죠 뭐. 어쩌겠어요.

뉴욕의 식당들은 보통 하루 매출이 2,000만 원입니다. 고급식당의 경우 금요일, 토요일 저녁에는 3회전을 합니다. 6시, 8시, 10시 예약을 받아요. 일요일 브런치는 8회전도 합니다. 뉴욕은 살인적 물가로 유명합니다. 임대료도 살인적입니다. 맨해튼뿐만 아니라 새로 개발된 모든 곳의 비용이 다 비쌉니다. 그런데 식당들이 어떻게 유지될까요? 사람들이 싼 식당에 가지 않습니다. 터무니없이 싼 식당이 없어요. 권리금이라는 것도 없죠. 한국은 비슷한 값의 음식을 팔아도 임대료 부담이 상당히 큽니다. 비싼 음식을 파는 식당이나, 싼 음식을 팔지만 회전율이 높은 식당 모두 마찬가지입니다. 그 임대비용은 우리에게 다시 돌아오지 않습니다. 1만 원이 있다고 칠 때 그 1만 원이 한 사람에게 가면 절대 돌아오지 않는 것이 부(富)와 자본의 속성입니다. 대기업과 땅 부자들은 무한정으로 부를 축적합니다. 부가 분산이 되지 않다 보니 이런 문제가 생기는 거죠. 한 사람이 건물 50채를 다 갖고 있습니다. 한 사람이 한 채씩 갖고 있으면 돈이 빨리빨리 풀리게 되는데 그게 모두 한 사람에게 집중돼 있죠. 한 채 갖고 있는 주인 50명은 각기 식당에서 밥 50그릇을 먹습니다. 그런데 50채를 가진 부자라고 해서 밥 50그릇을 시킬 수 있겠습니까? 그러면서 그들은 법인세와 증여세를 낮춰 달라고 합니다. 제 논리가 이상한가요?

5,000원짜리 밥값은 정치적으로, 경제적으로 밀접하게 연결된 문제입니다. 제가 아까 공개한다는 매출 자료를 잠깐 말씀드릴까요? 제가 일하던 식당인데 2010년에 5,100만 원어치 팔았습니다. 식자재 비용이 2,000만 원이 나왔는데 전체 지출의 40%가 나옵니다. 제가 바보가 아니라 원칙대로 했어요. 원칙적으로 위생처리하고 먹다 남은 음식 재활용하지 않고 음식 값에 걸맞은 서빙을 했습니다. 여기에 인건비 등등 하면 장사를 할수록 손해가 나는 구조예요. 음식값을 10% 인상해서 겨우 손익을 맞출 수 있었어요.

하루에 20시간 일하고 인천 집에 가면 12시입니다. 잠만 자고 바로 나오는데 이러니 어떻게 식당을 하겠습니까? 그러니 음식 값을 아주 비싸게 받거나 하는 식으로 꼼수를 쓸 수밖에 없죠. 홍대라고 해서 폐닭을 쓸 수 없잖아요. 닭을 살 때 '홍대용', '강남용' 따로 있는 거 아니잖아요. 인건비도 청담동에서는 월급을 200만 원 주고, 홍대 근처에서는 100만

원을 주고 이런 것 없습니다. 똑같이 줍니다.

　이렇게 식당을 한다는 것이 참 고단한 일입니다. 제가 한번 해보려고 실험을 해봤는데 저런 결과가 빚어졌어요. 그다음 해에는 조금씩 남기긴 했어요. 150만 원, 70만 원, 130만 원 이런 식으로 남더라고요. 홍대에 놀러 나오시는 분들은 주머니가 가볍지만 월세는 살벌합니다. 저희 식당이 매월 내야 하는 임대료가 450만 원 가까이 되는데, 그 가격으로는 도저히 맞출 수가 없었어요. 토지와 임대료의 문제가 제일 심각합니다. 자본의 분배가 왜곡돼 있어요. 결국 이게 여러분 입에 들어가는 '미원'의 문제와도 밀접하게 연결돼 있다는 점을 다시 한 번 말씀드리고 싶네요.

■ 건강하게 먹는 것에 관심이 많아서 최대한 외식을 줄이고 많이 해먹으려고 합니다. 마트에 가서 장을 볼 때도 의심이 많이 생기는데 건강하고 좋은 식자재를 고르는 방법이 있을까요? 가공식품은 잘 안 사려고 하지만 그렇다고 두부를 제가 만들 수는 없잖아요.

　생활협동조합이나 '한살림'에 가입하세요. 유기농이라는 것이 단순히 농약을 안 친 것, 이런 문제는 아니고요. 거기에는 정치·경제적 토대가 깔려 있습니다. 일종의 정치·경제 운동인데요. 그런 곳에서 사 드시는 게 좋을 것 같아요.

　지금 우리가 먹는 음식은 결국 자본의 통제를 받기 때문에 문제가 발생하는 겁니다. 구체적으로는 유통기한 때문입니다. 생식품으로 요리를 해야 하는데, 사람들은 미디어를 통해서 알게 모르게 생식품보다 가공된 것이 더 맛있다고 인식하고 있습니다. 실제로 가공된 것들은 누구나 맛있어 할 만한 재료와 공정으로 만들어요. 대표적인 게 인공조미료, 당분, 올리고당 같은 것들입니다. 입맛이 당기게 만들어줍니다. 그게 기업에게 돈을 벌어주죠. 생식품은 유통기한이 짧습니다. 식품기업은 유통기한을 늘리기 위한 수많은 연구를 했습니다. '음식을 버리지 않게 해서 이익이 발생하도록 하자', '팔기 전에 버리지 말자' 그것이 식품기업의 정신이었죠. 하지만 그런 음식은 건강하지 않습니다.

일본의 유명 저널리스트 다치바나 다카시 선생님이 신장암에 걸려서 이런 말씀을 하십니다. "내가 암에 걸린 건 아마도 첨가물 때문 아닐까?" 첨가물을 먹으면 우리 몸의 간과 신장이 외부의 화학적 합성물을 걸러줘야 합니다. 신장 세포들이 굉장히 피곤한 일을 많이 합니다. 각종 색소와 향료 등 세계적으로 유통되는 첨가물의 상당수는 일본이 개발한 것들입니다. 커피에는 커피향이 들어가 있는 것 아세요? 자연물질이 아닌 수많은 화합물질은 간과 신장에 부담을 줍니다. 약을 너무 많이 먹으면 되레 간이 망가진다고 하잖아요.

자연물질로 된 것을 먹으려면 매우 부지런해야 합니다. 내가 먹는 게 바로 나입니다. 내가 먹는 것이 나의 철학, 정신, 부모, 자식을 결정합니다. 내 자식의 미래는 내가 무엇을 먹는가에 따라 결정됩니다. 수유도 하잖아요. 먹는 행위를 너무 소홀히 보지 마세요. 잘 먹고 올바른 것을 먹어야 합니다. 그건 어떻게 하는 거냐고요? 사람들은 와인을 잘 마시기 위해 공부도 하면서 왜 음식을 잘 먹기 위해서는 공부하지 않나요. 훨씬 중요한데도요. 음식에 대해 공부하셔야 합니다. 우리가 첨가물을 먹은 1세대입니다. 우리 미래의 건강이 어떻게 되느냐는 60대쯤 되면 알겠죠. 대량으로 치명적인 건강 이상이 생길지도 모릅니다. 지금은 과학이 (첨가물이) 해롭지 않다고 입증했지만 과학이란 건 의외로 나중에 뜻밖의 상황에 맞닥뜨리기도 하니까요.

■ 알리오 올리오 파스타를 어떻게 하면 맛있게 만들 수 있나요?

한국 사람들이 이탈리아 현지 식당에 가서 "알리오 올리오 파스타 주세요"라고 하면 이탈리아 식당에서는 "젠장(Shit!)"이라고 할 겁니다. 이탈리아에서 알리오 올리오 파스타는 식당에서 거의 안 팔아요. 집에서 해먹는 걸 왜 식당에서 파느냐는 거죠. 이탈리아에는 5,000원짜리 밥집이 없기 때문입니다. 우리는 식문화가 외식이 많습니다. 그런데 이탈리아는 외식 문화가 발달돼 있지 않아요. 대신 한 번 밖에서 먹으면 집에서 먹지 못하는 것을 먹습니다. 그래서 식당에서 알리오 올리오 파스타를 잘 안 먹습니다.

알리오 올리오 파스타는 올리브 오일이 핵심입니다. 마늘의 알싸한 맛을 살리고 좋은 올리브오일을 쓰는 게 핵심입니다. 삶은 파스타를 볶을 때가 중요한데요. 국수 삶은 물을 넣고 마지막에 올리브 오일과 섞어서 유화시켜주는 게 중요합니다. 보통 기름은 위로 뜨고 수분은 밑으로 가라앉는데, 유화는 기름과 수분이 빠르게 합쳐지도록 하는 겁니다. 삶은 면을 젓가락이나 집게로 빠르게 회전시키면 소용돌이 효과로 국물이 걸쭉하게 되고 맛이 깔끔하게 떨어집니다.

    유화의 대표적 예가 마요네즈입니다. 마요네즈는 끈적끈적하죠. 파는 마요네즈는 잘 풀리지 않도록 특수 첨가물질을 넣습니다. 집에서 만든 마요네즈는 좀 지나면 금방 풀려요.

    한국의 레스토랑에서 먹는 알리오 올리오 파스타는 대부분 육수를 넣어서 강하게 맛을 낸 것들이에요. 한국 사람들은 그 육수 맛에 익숙해져 있죠. 한 연예인이 TV에 나와서 맛있는 알리오 올리오 파스타를 만드는 법으로 "혼다시를 넣는다"고 하더라고요. 혼다시는 일본 가츠오부시(가다랑어포)를 압축해 넣은 건데, 거기엔 미원이 들어 있습니다. 가츠오부시가 얼마나 감칠맛이 납니까. 근데 그건 가츠오부시 파스타지, 알리오 올리오 파스타가 아닙니다. 식당의 잘못이 절반, 소비자의 잘못이 절반입니다. 그것도 새로운 형태의 우리 맛이라고 하면 할 말은 없어요. 우리는 우리 식대로 즐기는 거지만, 지금 한국에서 만드는 알리오 올리오 파스타는 이탈리아식은 아닙니다. 맛있게 만들려면 그냥 혼다시 쓰세요.(웃음)

- 지금 '라 꼼마'는 문을 닫았다고 하셨고, 장사가 소모적이라고도 하셨는데 추후 계획이 궁금합니다.

이런 질문은 보통 연예인에게 물어보는데 말이죠.(웃음) 다음에는 소모적이지 않은 식당을 해야겠다고 생각합니다. 고생을 하더라도 즐겁고 이익도 남고요. 그래도 밑지면 밤새서 6시까지 원고를 써야겠죠. 다음에는 아마 더 간결하고 술집을 겸하는 그런 형태가 되지 않을까요. 짬뽕 대신 짬뽕국물을 팔겠다는 거죠. 진심입니다. 짬뽕은 제 전공이 아니니 못 팔겠지만, 파스타 대신 파스타탕 같은 거요. 똑같은 파스타라도 오징어 세 마리, 홍합 다섯 개 넣어서 파스타탕을 만들고 3만 원 받으면 되잖아요. 앞으로 저희 집에 오시면 파스타탕 3만 원 주고 드셔야 합니다. (웃음)

■ 100명이 식당을 열면 90명이 망하는데, 왜 식당이 계속 생길까요? 왜 음식의 시대가 된 걸까요?

사람들은 유희를 찾습니다. 음식도 유희가 되죠. 「나도 카페나 해볼까」 하는 책도 나와 있습니다. 그런 붐이 부동산 비용을 앙등시키죠. 청담동에 점점 더 많은 대기업이 진출해서 '안테나숍(제품을 실제 시장에 내놓기 전에 소비자의 반응을 파악하기 위해 만드는 점포)'이니 하는 식당을 엽니다. 남지 않고 손해를 봐도 된다고 합니다. 그걸 통해 오너의 취미를 충족시키죠. 또 그걸 통해서 새로운 사업을 추진할 수도 있어요. 그 사람들이 이익을 남기려는 목적도 있겠지만 부수적인 효과를 노린 것도 있겠죠.

저가의 식당이 많이 나타나는 건 '사오정(45세가 정년이라는 뜻으로 조기 퇴출된 직장인을 말함)'과도 관련이 있습니다. 조기퇴직이나 실직한 사람들이 보통 식당을 합니다. 만만한 게 먹는 장사죠. 그거 외에 할 게 없습니다. 지물포, 철물점 등 이렇다 할 만한 자영업 분야가 다 망했습니다. 이젠 다 그런 걸 용역을 주거나 이마트 같은 대형마트에서 취급합니다. 우리는 빗자루 하나까지도 인터넷 쇼핑몰이나 이마트에서 삽니다. 식당이 계속 생기는 건 이런 경제구조의 변화나 왜곡과도 관련돼 있습니다.

- 외식을 안 할 수는 없잖아요. 결국 건강한 식재료를 쓰고 좋은 식당인지 소비자가 맛으로 구분해낼 수밖에 없을 것 같은데요. 어떻게 알아낼 수 있나요?

그건 '신당동 표현'을 빌자면 며느리도 모릅니다. 절대 미각을 지닌 사람은 매우 적습니다. 음감의 경우, 귀를 마비시키는 음역대와 소음이 아니라면 귀가 망가지지는 않습니다. 그러나 미각의 경우 매운 것, 뜨거운 것을 통해 혀가 마비된 상태에서 맛을 보는 경우가 많기 때문에 절대 미각은 절대 음감보다 훨씬 적습니다. 혀는 눈이나 귀보다 둔감합니다. 그건 진화하면서 그렇게 되지 않았나 싶습니다. 혀는 민감할 필요가 없잖아요. 맛있는 걸 먹어야 성장하는 것 아니잖습니까. 열량만 채우면 되죠.

좋은 맛인지 아닌지 그걸 구별해내는 방법은 현실적으로 거의 없습니다. 그리고 그걸 구별해서 얻는 이익도 별로 없죠. 잘못하면 '왕따'를 당합니다. "화학조미료가 많이 들어 있어서 나는 그거 안 먹을래"라고 한다면 다음부터는 친구들이 같이 밥 먹으러 가자고 안 할 겁니다.

간혹 저는 이렇게 주장합니다. 우리가 김치, 쌀, 고기의 원산지를 밝히기 시작한 지 얼마 지나지 않았어요. 이거 식당에서 한번 어기면 영업정지 한 달입니다. 식당에게 영업정지 한 달은 엄청 셉니다. 사실상 문 닫아야 합니다. 좋지 않은 소문도 나죠. 두 번 걸리면 영업허가가 취소됩니다.

MSG도 원산지를 공개하듯 썼는지 안 썼는지 공개하고 손님들이 선택하게 하면 됩니다. 홍콩에서 MSG 사용여부를 밝히게 한 적이 있는데요. 중국 사람들은 별로 신경을 안 썼어요. 미원은 세계적 회사입니다. 한국 말고도 동남아시아, 중국에 법인과 공장이 있다고 알려져 있죠. 이제 우리도 알고 먹으면 안 될까, 그런 생각입니다.

■ 요리를 공부하려면 프랑스에 갈 수도 있는데 왜 이탈리아를 선택했나요? 나이 들어서 뭔가 새로운 것을 배우려는 사람에게 조언을 해주신다면 어떤 이야기를 해주시겠습니까?

프랑스어가 훨씬 배우기 힘들어서요. 이탈리아어는 소리 나는 대로 읽으면 되는데 프랑스어는 묵음이 엄청 많고 발음이 어려워요. 농담이고요, 제가 국수를 참 좋아해서 파스타에 쉽게 접근할 수 있었다는 점이 있어요. 사람은 원래 다른 사람에게 반할 때 신언서판이 분명하고, 학벌이 좋고, 집안이 좋고 그런 거 보이나요? 그냥 반합니다. 이유가 없어요. 이탈리아도 그냥 꽂힌 겁니다. 우연한 계기라면 언젠가 학교를 땡땡이 치고 호암아트홀에서 영화 〈시네마천국〉을 봤는데 엔리오 모리코네의 음악이 눈물 나게 좋았어요. 그 뒤에 이탈리아 영화를 계속 찾아보게 되더라고요. 〈지중해〉, 〈시네마 천국〉, 〈일 포스티노〉 같은 영화들을 보면서 이탈리아가 운명이라 생각했습니다.

제가 요리를 배우러 이탈리아에 갔더니 머리가 희끗희끗한 50~60대가 많더라고요. 처음에는 '이 사람들이 은퇴하고 한가롭게 요리를 배우러 왔나 보다'라고 생각했어요. 그런데 정색을 하고 "나는 직업을 바꾸려 한다"고 하더라고요. 취미가 아니었어요. "취미로 할 거면 뭐 하러 배우러 와"라고 하더라고요. 서양은 이미 100세 시대를 바라보고 있죠.

우리는 인생이 60까지라 생각해 왔잖아요. 50에 은퇴해서 10년 살다 죽으면 된다는 인식이 있었죠. 지금처럼 80세까지 살 거란 생각을 못했습니다. 제가 기자 일을 관두고 요리를 배우러 간 그때 서른세 살이었어요. 그런데 지금 서른세 살은 취직도 못한 사람이 많잖아요. 취직 한 번도 못해보고 이제껏 스펙을 쌓는다고 하다가 서른세 살이 돼서야 여기저기 원서를 넣습니다. 지금은 나이 들어서 체력만 받쳐주면 50세, 60세에 새로운 것을 배워서 20년 더 해먹을 수 있습니다. 여러분도 40, 50세에도 얼마든지 직업을 바꿀 수 있어요 저도 50, 60세가 돼서 직업 바꿀 수 있습니다. 곧 있다가 술집 주인으로 바꿀 거잖아요. 나중에 하신다면 두 번째에 또 도전하세요. 답변이 됐나요?

■ 한 블로그에서 박찬일 셰프가 식당 문을 닫았단 이야기가 큰 충격이었다고 쓴 글을 봤어요. "30대에도 새벽마다 시장에 가는 일이 힘든데, 매일 새벽 차도 없이 시장에 가서 아이스박스를 어깨에 메고 가는 정직한 셰프가 문을 닫았다. 소위 '멘붕(멘탈붕괴)'이

왔다"고 하는 이야기를 보고, 그런 분을 꼭 한 번 보고 싶었습니다. 새벽부터 일해서 번 돈을 건물주인에게 임대료로, 나라에 세금으로 다 내는 구조인 것 같아요.

저를 측은하게 생각해주셔서 감사하고요. 그 친구가 블로그에 그런 글을 써서 비참하게 만들었네요. 여기서 모자를 돌려야 할 것 같은데요.(웃음)

ALPHA

LADY

BOOK

TALK

소통,
나를 알리고 남을 설득하는 노하우

나의 브랜드를 완성하는 '공감능력'

나를
알리고 싶다면

세상과 공감하라

홍성태는 한양대학교 경영학부 교수로 국내 마케팅학계 권위자로 꼽힙니다. 「마케팅의 시크릿 코드」, 「소비자 심리의 이해」, 「자기표현의 힘」 등 다양한 마케팅 저서를 펴냈습니다. 그의 수업은 다른 학교에서 청강하러 오는 학생이 더 많을 정도로 입소문이 났습니다. '소비자 심리'에 밝은 홍 교수는 최근 펴낸 저서 「모든 비즈니스는 브랜딩이다」에서 나를 세상에 제대로 알리는 비결은 타인의 생각을 알아내고 그 생각에 주파수를 맞추는 '공감'에 있다고 역설합니다.

여러분, 이렇게 많이 참석해주셔서 감사합니다. 오늘 강연주제가 '나를 마케팅하라'입니다. 제가 예전에 이와 관련한 「자기표현의 힘」이라는 책을 쓴 적이 있어요. 나를 표현하는 법(self presentation), 즉 내 모습을 남들에게 어떻게 표현하느냐를 설명한 책이에요.

그런데 그보다 더 근본적으로 이해해야 할 것은 '어떻게 나를 마케팅해야 하느냐'입니다. 오늘은 마케팅의 본질을 생각해보려고 해요.

마케팅을 통해 하려는 건 무엇입니까? 마케팅은 내 제품의 품질과 이미지를 사람들에게 알리는 거잖아요. 그런데 품질이 안 좋은데 이미지를 좋게 만들 수 있습니까? 품질이 안 좋은데도 포장을 잘하고, 과장광고를 하고, 호기심을 자극하는 이벤트를 하고……. 당장 사람들을 현혹하는 이미지를 만들 수는 있겠죠. 하지만 장기적으로는 힘들어요. 품질이 좋지 않은데도 단기적으로 억지 이미지를 만드는 것을 두 글자로 '사

기'라고 합니다.(웃음)

예전에 빈센트 시계라는 명품이 있었어요. 한 3~4년 전에 꽤 유행했는데요. 빈센트 시계는 "영국 다이애나비가 쓰던 거다", "세계 1%의 사람만 쓰는 명품이다"라고 광고해서 우리나라에서도 스타 연예인들이 백화점에서 몇 천만 원씩 주고 샀어요. 근데 알고 보니 빈센트 시계는 중국에서 만든 원가 10만 원짜리 엉터리였어요. 그때 신문기사를 보면 "연예인도, 부자도 가짜에 속았다. 세계 1% 명품"이라면서 화려한 사기 마케팅이라고 표현했어요. 이런 건 어디까지나 사기행각입니다.

그럼 반대로 품질이 좋으면 제품의 이미지도 자연스럽게 좋아질까요? 이건 사람에게도 대입할 수 있어요. 열심히 공부하고 자격증도 많이 따면 언젠가는 이미지가 좋아질까요? 그럴 수도, 아닐 수도 있어요.

요즘에는 음료수가 별것이 다 나와 있지만, 예전에는 콜라하고 사이다 밖에 없었어요. 그러다가 게토레이가 나왔어요. 게토레이를 처음 마셨을 때 기억을 생각해보면 음료수가 달착지근한 것도 아니고 톡 쏘는 것도 아니고 시큼털털하고 이상하잖아요. 사실은 몸에 흡수도 잘되는 좋은 이온음료인데, 그냥 시장에 놔뒀더라면 맛이 없어서 안 팔렸을 거예요.

그런데 그때 게토레이 광고를 기억하실지 모르겠어요. "달지 않아야 한다, 흡수가 빨라야 한다." 마신 음료가 몸에 쫙 흡수되는 애니메이션이 같이 나오는 광고였어요. "달지 않아야 한다"는 말을 계속 들은 다음에 게토레이를 마셔 보면 정말 달지 않아서 좋은 것 같아요. 또 술 마시고 게토레이를 한 모금 마시면 애니메이션처럼 정말 몸에 쫙 흡수되는 느낌이 들어요. 이처럼 품질만 좋다고 되는 게 아니라 제품의 이미지를 가꾸고 만들어주어야 하는 겁니다.

제가 방금 제품을 예로 들었지만, 우리가 사는 것도 다 똑같아요. 내가 나의 품질을 잘 만들어가는 것은 어디까지나 기본적으로 갖추어야 할 필요조건이고, 이것만으로는 충분하지 않습니다. 그래서 우리가 어떻게 나의 이미지를 만들어가야 하는지 말씀 드리려 합니다.

제품의 품질만 좋게 하는 게 아니라 사람들에게 그걸 어떻게 인식시킬지 생각하는 것이 마케팅입니다. 그걸 나에게 대입해보세요. 나의 품질을 좋게 만들어가는 것은 물론이고, 품질이 어느 수준에 오르면 사람들에게 나에 대한 인식을 어떻게 심어줄지 고민해야 하는 겁니다.

'어떻게 보이느냐'에 승패가 갈린다

세계적 스포츠용품 업체인 아디다스와 나이키가 있습니다. 아디다스가 나이키보다 역사가 더 오래됐지만 전 세계 시장 점유율이 더 높은 것은 나이키입니다. 애플의 IOS와 마이크로소프트의 윈도우즈 중 어느 것이 더 우수한 운영체제(OS. operating sysem)일까요? 디자인이나 책 편집하는 분들은 애플의 운영체제가 깔린 맥컴퓨터만 씁니다. 이 분야에선 애플의 맥컴퓨터가 훨씬 더 우수하죠. 그런데 여러분의 PC에 깔린 건 대부분 윈도우즈입니다.

또 예전에 VTR(video tape recorder)이 있었어요, 베타막스와 VHS 중 어떤 게 더 우수할까요? 베타막스가 훨씬 더 우수해요. 방송국에서는 베타막스 이외에는 안 써요. VHS는 필름이 흐려서 쓸 수가 없어요. 그런데 여러분 집에 있는 대부분 VTR은 VHS시스템입니다.

이런 것들이 무엇을 말해줄까요? 베타막스가 방송국에서 쓰는 더 좋은 기종인데 여러분 댁 대부분은 VHS를 쓰고 있고, 애플의 운영체제가 훨씬 더 좋지만 사람들은 대부분 윈도우즈를 쓰고 있습니다. 마케팅의 본질적 개념은 '품질은 우수해야 하지만 그것이 성공을 보장하지 않는다'는 것입니다. 나 자신을 굉장히 좋은 사람으로 만들었다고 해도, 그것이 바로 성공을 보장하지 않는다는 것이죠.

불고기를 프라이팬에 굽는 것이랑 숯불에 굽는 것 중에 어느 게 더 맛있어요? 숯불에 굽는 게 더 맛있죠. 버거킹은 숯불에 굽습니다. 맥도날드는 프라이팬에 굽고요. 어떤 게 더 맛있어요? 버거킹이죠. 그런데 맥도날드가 전 세계 시장을 꽉 잡고 있어요. 세상에서 맥도날드 햄버거를 만들 수 있는 기술자는 몇 명일까요? 사실 누구나 만들 수 있는 햄버거인데 이게 무슨 특별한 기술이라고 버거킹은 맥도날드의 아성을 깨지 못하는 걸까요?

여기서 맥도날드의 역사를 잠시 살펴보겠습니다. 맥도날드는 1940년대 맥도날드 형제가 만든 햄버거집입니다. 그리고 맥도날드 형제와 관련 없는 레이 크록이라는 사람이 있었죠. 미국 중부 출신인 이 사람은 당시 처음 나온 밀크셰이크 기계를 팔러 다니는 외판원이었어요. 이 사람이 물건을 팔러 이곳저곳을 돌아다니다가 어느 날 갔던 곳이 캘리포니아의 맥도날드였어요. 호텔에 가서 햄버거를 시키면 몇 분이나 걸릴까요? 고기를 굽고 양파를 다듬고 등등 적어도 15분은 걸립니다. 그런데 맥도날드는 이 사람이 주문한 뒤 잠시 서류를 보려고 꺼내는데 벌써 햄버거를 갖다 주더라는 거죠. '패스트푸드'의 효시입니다.

이때 이 사람이 53세였어요. 크록은 '이제 돌아다니며 외판원을 할 게 아니라 맥도날드를 프랜차이즈 하자'고 마음먹고 1호점을 냈어요. 그 후 20년이 지나서 보니 전국 방방곡곡과 전 세계에 맥도날드 매장이 4,000개가 넘었습니다. 1년에 200개씩, 하루 걸러 하나씩 매장을 만든 셈이에요. 크록은 평생 동안 자기가 만든 매장에 다 가보지도 못했어요. 은퇴한 후에는 어땠을까요? 은퇴한 뒤 이 사람의 취미가 자기가 평생 동안 가보지 못한 매장을 가보는 거예요. 못 가본 곳이 얼마나 많겠어요? 미주리, 미네소타 등 미국 전역 시골을 돌아다니면서 매장들을 찾아 다녔대요. 매장에 가면 회장님이 오셨다고 직원들이 매우 반가워하죠. 크록은 직원들과 덕담을 주고받으면서 끝에 이 얘기를 잊지 않았다고 해요. "우리가 햄버거를 판다고 생각하지 마라. 우리는 쇼를 하는 거다(Remember, we are not in hamburger business. We are in show business)."

무슨 쇼일까요? QSCV예요. 여러분이 맥도날드에서 인턴으로 일해도 QSCV가 무엇인지 배웁니다. Q는 '빠르게(Quick)'입니다. 빨리 갖다주는 것 자체가 아니라 빨리 갖다주는 것처럼 보이는 게 중요하다는 겁니다. S는 '서비스(Service)'인데, 서비스를 받고 있다고 느끼도록 하는 게 중요하다는 거예요. 손님이 들어오면 "어서 오세요"라고 다 같이 소리치는 것 같은 거죠. C는 '청결하게(Clean)'입니다. 식탁 위는 어디든 깨끗하죠. 다리를 편하게 꼬고 싶은데 식탁 밑이 더러워서 바지에 뭔가 묻으면 안 되잖아요. 식탁 밑도 깨끗해야 하는 거죠. 햄버거를 먹으려고 할 때는 사람들의 시선이 주로 위를 향하니까 전등, 천장 이런 곳이 깨끗해야 하고요. 손님들은 주방에는 못 들어오잖아요. 하지만 화장실이 깨끗하면 주방도 깨끗하다고 생각한다는 거죠. 사람들에게 '깨끗한 것처럼' 보여야 하는 겁니다. V는 '가치(Value)'입니다. '맥도날드는 국민의 햄버거니까 비싸게 팔면 안 된다. 항상 경쟁자보다 10~20% 저렴하게 팔아라'라고 합니다. 하지만 싸다고 해서 신문지 같은 걸로 싸주면 절대 안 된다는 겁니다. 값은 싸도 예쁜 종이에 포장해서 값어치가 있는 것처럼 보이라는 거죠. 햄버거 자체로 경쟁하겠다고 생각하면 끝도 없죠. 어떻게 보여주느냐로 승부한 거죠. 알맹이도 없이 '쇼'만 하라는 게 아니라 내가 가지고 있는 것을 잘 보여주는 게 중요합니다.

햄버거도 맛의 경쟁이 아니라 어떻게 보여주느냐를 경쟁하는 것처럼 나 자신도 '어떻게 나를 보여주느냐(presentation game)'의 문제가 됩니다. 이걸 얘기하려면 먼저 브랜드 관리부터 알아야 합니다.

묻고 따지기 전에,
먼저 공감하라

모든 것은 따지고 보면 브랜드를 관리하는 겁니다. 여러분은 혹시 자기만의 브랜드를 갖고 계세요? 내 이름 석 자를 어떤 브랜드로 만드느냐가 중요합니다. 그걸 위한 모든 일이 브랜드 관리입니다.

그래서 이번에 쓴 책이 「모든 비즈니스는 브랜딩이다」입니다. 브랜드를 만들기 위해 관리하는 과정을 '브랜딩'이라고 합니다. 브랜딩은 크게 두 가지로 나뉩니다. 내 이름 석 자가 의미하는 '개념'이 무엇인지를 밝히고 사람들이 실제 이걸 체험하게 해야 합니다.

우선 개념 만들기는 어떻게 해야 할까요? 첫째, 내가 나를 표현하는 것이 아니라 상대에게 내가 어떻게 보일까를 만들어야 합니다. 누군가 나에 대해 얘기해보라고 하면 하고 싶은 말이 너무 많잖아요. 이걸 응축해서 한 마디로 표현할 수 있어야 합니다. 이걸 '스틱 메시지'라고도 합니다.

둘째, 체험입니다. "네가 필요해"라고 하는 건 20세기식 표현이고 "나는 너를 원해"라고 하는 게 21세기식 표현입니다. 둘은 전혀 다른 개념입니다. 이제는 필요(needs)가 아닌 욕구(want)의 시대입니다. 마케팅 측면에서 말하면 수요와 가격의 제한이 없어지는 거죠. 인간도 마찬가지예요. 뭔가를 즐긴다(entertain)는 것은 단순한 재미가 아니라 그 사람과 희로애락을 같이 하는 겁니다.

누군가가 나를 원하게 만드는 방법 중에서 '공감'에 대해 말씀드리려고 합니다. 이 자리에 계신 분들이 알파레이디들인데 여성들이 지닌 강점 중 하나가 바로 공감능력이죠.

여러분, 〈여자가 원하는 것(What women want)〉이란 영화 보셨나요. 이 영화의 남자주인공은 광고업계에서 굉장히 잘나가는 남자예요. 당연히 승진할 줄 알았더니 누군가 자기 위에 상사로 영입돼 온 겁니다. 거기다 기분 나쁘게 상사가 여자예요. 이 남자가 기분이 상해서 사장에게 따졌죠. 사장은 "야, 이 바보야. 백화점에서 물건을 살지 결정하는 건 80~90%가 여자잖아. 여자 액세서리뿐만 아니라 남편 옷, 아기 기저귀도 다 여자가 결정하는데 네가 여자 마음을 잘 알 수 있어?"라고 대답하죠.

그러자 남자가 열 받아서 여자들의 마음을 알아보겠다고 나서죠.

이 영화에서 보듯 많은 기업은 여성의 마음을 이해하고 싶은 겁니다. 아무리 열심히 노력해봤자 남자는 여자가 될 수 없어요. 여자들은 공감하는 마음을 지니고 있어요. 공감능력이 남성보다 우수해요.

공감에 대해 본격적으로 관심을 불러일으킨 책이 「감성지능(Emotional Intelligence)」입니다. 이 책의 부제는 '왜 이것이 IQ보다 중요한가(Why it can matter more than IQ)'입니다. 여기서 '이것(it)'을 두고 나중에 사람들이 EQ(Emotional Quotient)라고 이름 지었죠. 도대체 EQ가 높으면 어떻다는 겁니까? EQ가 높으면 노래를 잘 부르나요, 아니면 그림을 잘 그리나요? 도대체 EQ가 왜 그리 중요할까요? EQ는 다른 사람과 정서를 공유하는 능력입니다. 즉 남의 마음을 읽고 그걸 그 사람에게 표현해주는 능력이지요.

이와 관련해 여러분에게 꼭 권하고 싶은 책이 있습니다. 「화성에서 온 남자, 금성에서 온 여자」입니다. 이미 읽어보신 분도 많겠지만, 대체 '화성에서 온 남자'와 '금성에서 온 여자'는 어떻게 다르다는 걸까요? 이 책이 말하고자 하는 걸 한 마디로 요약하면 남자들은 '문제해결'에 주안점을 두지만 여자들이 원하는 건 '이해와 공감'이라는 겁니다.

하루는 친구가 부부싸움 끝에 제게 하소연을 하러 왔습니다. 얘기인즉슨 집에 들어갔더니 부인이 입이 이만큼 부어 있더랍니다. 왜 그러냐고 물었더니 "아니, (시)어머니는 내가 시집온 지 20년도 넘었는데 아직도 그 말씀을 하셔"라고 합니다. 그래서 제 친구가 "어른이 그러시면 '그런가 보다' 하지, 뭘 그렇게 어머니 흉을 보나?"라고 했답니다. 그랬더니 부인이 열 받아서 "어머니만 그러시면 몰라. 시누이는 더 얄미워. 나한테 뭐 맡긴 거 있어? 왜 나한테 이거 달라, 저걸 달라 야단이야?"라고 했대요. 제 친구는 또 무심코 "걔가 그럴 애가 아닌데……"라고 답했더니 부인이 "아니, 그럼 내가 지금 거짓말한다는 거예요?"라고 화를 내면서 싸움이 커졌대요.

제 친구는 참다 못해 문제를 해결한답시고 여동생에게 전화를 걸어서 자초지종을 물었대요. 그런데 그게 문제를 해결하기는커녕 일을 더 복잡하게 만들었죠. 그런데도 대체 자기가 뭘 잘못했는지 모르겠다며 제게 온 겁니다. 그래서 제가 "부인한테 공감을 좀 해주지 그랬어?"라고 했더니 "대한민국에서 나보다 더 공감 잘하는 남편 있으면 나와 보라 그래" 하며 흥분을 감추지 못하더군요.

이 책이 권하는 공감의 방식은 어떤 '사실'을 인정하라는 게 아니라 상대방의 '생각'에 공감해주라는 겁니다. 속으로는 어머니의 행동이 옳다고 생각돼도 '사실'의 옳고 그름을 따지지 말고 아내의 '생각과 마음'을 이해하라는 거죠. "당신이 어머니 때문에 속상했구려", "얼마나 섭섭했어? 당신이 잘 참았네" 하면서 공감해주라는 겁니다. 아내보다 어머니가 더 훌륭하다는 것이 여전히 '사실'일지라도 말이죠.

일단 상대방의 생각에 공감해주는 것이기 때문에 윤리적, 사회적 옳고 그름을 따질 일도 아닙니다. 동생이 옳다고 생각돼도 "걔가 그걸 가져갔어? 잘 줬어. 내가 당신한테 새 걸로 두 개 사줄게"라고 부인의 마음을 다독거려주는 것이 중요하지, 실제로 사주고 안 사주고는 나중 문제라는 거죠.

「화성에서 온 남자, 금성에서 온 여자」가 주는 교훈처럼 기업도 남성적 문제해결(manly solving)의 관점에서 여성적 이해(feminine understanding)의 관점으로 시각을 바꿔야 합니다. 남성적 문제해결은 반품, 환불 등 기계적이고 시스템적인 해결을 뜻합니다. 하지만 여성적 이해와 공감이 수반되지 않는 문제해결은 고객과 기업이 장기적으로 연결되는 데 도움이 되지 않습니다.

공감은
동정이 아니다

공감의 의의와 역할을 좀 더 자세히 살펴보겠습니다. 공감은 상대의 입장에서 상대방의 세계를 지각하고 있다는 것을 보여주는 '의사소통 상태'를 말합니다. 제 아들녀석이 유치원에 다닐 때였을 겁니다. 저는 아들이 애기인 줄만 알았는데, 아빠 생일이라고 선물을 예쁘게 포장까지 해 왔어요. 뜯어보라고 하기에 기특한 마음에 녀석을 제 무릎에 앉히고는 뿌듯한 마음으로 포장을 뜯기 시작했습니다. 무슨 선물인지 울퉁불퉁한 물건을 포장지로 둘둘 말아 테이프를 잔뜩 둘렀더군요.

한참을 풀고 풀어서 나온 선물은 물총이었습니다. 조금 어이가 없었습니다만, 짐짓 좋은 체하며 물었죠. "와, 물총이구나. 아빠가 물총 좋아하는 거 어떻게 알았어?" 아들이 싱긋 웃으며 그럽니다. "내가 아빠 맘을 잘 알지? 나도 제일 좋아하는 게 물총이거든." 자기가 좋으면 아빠도 좋아할 거라는 순진한 논리입니다.

그런데 기업 중에도 자신들이 베푸는 친절이나 서비스를 고객도 좋아할 거라고 착각하는 기업이 많습니다. 말로만 역지사지니 상대방의 입장에서 생각하느니 하지, 여전히 자신의 생각과 관점에서 보는 경우가 허다합니다. 나의 생각을 고집하지 않고, 순수하게 상대의 입장에서 바라보는 것은 훈련되지 않으면 쉽지 않습니다.

이때 유념해야 할 점이 있습니다. 상대방의 입장이 되어보는 것이지, 실제 그 사람이 되라는 건 아닙니다. 이러한 점에서 동정과 공감은 크게 다릅니다. 혹시 동정과 공감을 구별하십니까? 동정은 영어로 'sympathy', 즉 다른 사람과 마음을 같이한다는 뜻이고요, 공감은 'empathy', 다른 사람의 마음을 깨닫는다는 뜻입니다. 여전히 애매모호하지요? 하지만 이 두 가지 개념의 차이를 구별하는 것은 대단히 중요합니다. 제가 답을 드리기 전에 눈을 감고 곰곰이 생각해보세요. 동정과 공감이 어떻게 다른지 말입니다.

지난 가을학기에 있었던 일입니다. 기말고사 채점을 마치고 성적을 교학과에 제출했는데 어떤 학생이 저를 찾아왔습니다. 그 학생은 어머니가 2년 반 전에 돌아가시고 아버지와 둘이 사는데, 가정형편이 어려운 모양이었습니다. 아버지가 막일을 다니는데, 공교롭게도 10월 중순에 공사장 2층에서 떨어지셨답니다. 도무지 입원할 형편이 안 돼서 이 학생이 손수 병간호도 하고, 식사 준비도 하고, 빨래도 하면서 갖은 고생을 했던 것 같습니다.

결국 중간고사 이후에 학교를 제대로 나오지 못해서 기말고사를 보긴 했지만 성적이 D가 나왔대요. 갑자기 닭똥 같은 눈물을 떨어뜨리며 얘기하기를 "하루 빨리 졸업해서 취업하려면 다음 학기도 등록해야 하는데, 그러려면 학비면제 장학금을 받아야 된다"는 거죠. 학비면제를 받으려면 적어도 평균 B학점 이상이 되어야 한다면서 과제든 재시험이든 뭐라도 할 테니 성적을 B로 수정해주면 안 되냐고 묻더군요. 제가 보기에 그 학생이 거짓말을 하는 것 같지는 않았습니다. 이럴 때 어떻게 처리해야 할까요? 여러분이라면 어떻게 하시겠습니까?

세 가지 유형이 있을 것 같습니다. 첫째는 냉정한 교수입니다. 냉정한 교수는 아마 이렇게 얘기하겠죠. "자네 같은 학생이 학기마다 한두 명이 아닐세. 또 자네에게만 과제를 내준다면 공평한 일도 아니고. 그러니 그만 돌아가줬으면 좋겠네." 둘째는 그와 정반대로 동정이 넘치는 교수입니다. 그런 교수는 측은지심으로 그 학생과 하나가 되어 같이 울먹입니다. "너같이 착한 학생에게는 B가 아니라 A를 줘야지." 그리고 "다른 과목은 뭘 들었니?"라며 다른 교수들에게도 대신 전화해서 성적을 조정해주도록 부탁할지 모릅니다.

그런데 공감하는 교수는 어떨까요? 우선 그 학생의 마음을 충분히 헤아려주겠죠. "이 녀석아, 얼마나 힘들었어? 진작 좀 내게 와서 사정 얘기를 하지 그랬니. 네가 아버지 대소변도 가려내고 병간호를 혼자서 다 했단 말이냐?" 어깨를 두드려주면서 그의 마음을 충분히 읽어줍니다. 하지만 그 학생이 직면한 상황과 대면시킵니다. "그런데 내가 너만 성적을 올려줄 수 있는 것도 아니고, 너에게만 리포트를 쓸 기회를 줄 수 있는 것도 아니잖니? 가만있자, 방학 동안 할 수 있는 아르바이트 자리를 함께 알아볼까. 아니면 성적을 따지지 않는 외부장학금이 있으니 같이 알아보자." 이렇게 해결방안을 제시해줄 수 있을 겁니다. 이제 공감과 동정이 조금 구별되십니까?

다른 예를 들어보겠습니다. 의사도 세 가지 유형이 있을 수 있죠. 냉정한 의사는 환자가 아프다고 해도 마구 상처를 닦아내면서 인정사정없이 치료합니다. "뭐가 아파요? 좀 참아요. 어른이 돼서……." 반면 동정하는 의사는 환자가 아파하면 차마 손도 못 대고 간호사를 부릅니다. "이 환자의 환부를 좀 처치해주세요." 자기는 방에 피해 있을지도 모릅니다.

공감하는 의사는 어떻게 할까요? "많이 아프시죠. 여기 부은 곳을 약으로 닦을 건데, 좀 쓰라릴 겁니다. 그래도 참 잘 참으시는 편이세요. 조금만 더 참아보세요." 이렇게 환자의 마음을 읽어주면서 할 일은 다 하는 것이 공감하는 의사입니다.

아픈 환자도 벌떡 일어나게 하는
공감의 힘

구체적으로 공감의 역할을 살펴보도록 하겠습니다. 첫 번째, 공감은 사람의 매력(social attractiveness)을 높여줍니다. 공감이란 상대방과 교감을 나누거나 호흡을 맞추는 것을 의미합니다. 공감을 잘하면 상대방과 친밀해지고 서로 호감을 느끼게 되지요.

류머티즘을 잘 치료해서 유명해진 내과의사의 이야기입니다. 그분은 예약환자가 3년이나 밀려 있다고 합니다. 전 그 얘길 듣고 요즘 같은 세상에 그 의사만의 특별한 비방이 있는 것도 아닐 텐데, 왜 3년이나 기다려야 되는지 늘 의아했습니다. 그런데 우연히 그 의사 선생님을 뵐 기회가 생겼습니다. 저희 선배의 80세 넘은 노모께서 지방에 혼자 사시면서 류머티즘으로 고생을 하십니다. 선배가 어머니를 그 유명한 의사 선생님께 진료받게 하려고 알아봤더니 3년이나 기다려야 한다고 해서 기가 막혔다고 합니다. 그런데 어느 날 어떤 사람이 미국으로 이민을 가는 바람에 예약을 취소해서 4개월 후에 진료를 받을 수 있게 됐다고 해요.

점심을 먹고 그 선배와 휴게실에서 얘기를 나누는데, 4개월 후에 그 유명한 의사 선생님에게 치료를 받게 됐다고 자랑하더군요. 다른 사람들은 '4개월 후에 병원 진료를 예약한 것이 뭐 그렇게 자랑이냐'는 눈치였지만, 저는 워낙 그 의사분이 유명하다는 이야기를 들어 궁금했던 터라 선배에게 그 의사를 만나러 가는 날 같이 가자고 부탁했습니다.

4개월 후 드디어 선배의 모친께서 올라오셨는데, 평생 농사만 지으신 새까만 얼굴의 시골 노인이었습니다. 더구나 몸이 불편하시니 고개를 옆으로 힘없이 늘어뜨린 채 쪼그리고 앉아 계셨습니다. 저희 선배가 모친을 업고, 저는 그분의 보따리를 들고 뒤를 쫓아갔습니다. 대기실에서 얼마간 기다리고 있다가 이름이 호명되어 진료실로 들어갔지요.

그런데 그다음 장면을 잊을 수가 없습니다. 점잖고 온화하게 생긴 의사 선생님이 무언가를 쓰고 계시다가 이쪽을 흘깃 보더니 마치 이렇게 심한 환자는 처음 본다는 듯 저희 쪽으로 황급히 오시는 겁니다. 그동안 중증 환자를 수없이 봤을 텐데 말입니다. 그때 그 의사 선생님의 첫마디에 놀라지 않을 수 없었습니다. "아이고…… 어머니, 어쩌다 이렇게 되셨어요?" 그렇게 유명한 의사가 처음 본 시골 노인에게 '어머니'라고 부르는 겁니다. 그러더니 간호사에게 얼른 더운 물과 물수건을 가져오라고 하고는 손수 무릎을 마사지하기 시작했어요. "아침저녁으로 주무르기만 해도 이렇게 심하게 되지는 않았을 텐데요."

이렇게 말하자 여태 한 마디 말씀도 없으시던 그 노모께서 울먹이는 목소리로 처음 입을 떼시더군요. "내가…… 어떤 때는…… 아침도 못해 먹어요." 아마 언젠가 너무 편찮으셔서 아침식사를 거르신 것이 그렇게 마음에 남으셨던 모양입니다. 의사선생님이 "그러시죠, 아들 잘 둬서 뭐 한답니까?"라고 하니 선배가 머쓱한 표정을 짓더군요. 그러더니 간호사에게 주사기를 가져오라고 하였습니다.

간호사가 이미 주사기를 두 대나 들고 서 있었습니다. 류머티즘을 치료할 때 쓰는 주사기는 바늘도 굵고 큽니다. 의사 선생님은 이 주사를 한 번에 놓는 것이 아니라 여기저기 찔러가며 여러 곳에 나누어 놓았습니다. 그러면서 또 노인을 달랩니다. "어머니, 많이 아프시죠? 그래도 참 잘 참으시는 거예요. 조금만 더 참으세요." 노인은 어린애처럼 꾹 참는 표정이었습니다.

주사를 다 놓고는 "어머니, 이쪽으로 좀 걸어와 보시죠"라고 하시더군요. 그 할머니는 마사지도 받고 주사도 맞은 터인지라 절룩거리며 의사에게 걸어갔습니다. 의사가 다시 반대편으로 가서 "어머니, 이번에는 허리를 좀 펴고 걸어보세요"라고 하니까 제법 허리를 펴고 의사 선생님에게 다가갔습니다. 의사 선생님은 환자를 의자에 앉히고는 한 손으로 다시 무릎을 주물러주시면서 다른 한 손으로는 처방전을 쓰기 시작했습니다. 그러더니 "어머니, 진료기록에 보니까 멀리 지방에 사시는데 3주 후에 시간 지켜서 또 오셔야 합니다. 약속하시죠? 어머니, 그리고 약 잘 챙겨 드셔야 하는데, 이 약은 빈속에 드시면 안 됩니다"라고 합니다. 그리고 귓속말인 양 귀에 대고 큰 소리로 또 얘기하세요. "며느리더러 반찬 좀 챙겨 달라고 하세요." 옆에 서 있는 아들 들으라고 하는 말이었겠죠.

진료를 마치고 나오는데, 대기실에 앉아 지루하게 기다리던 사람들의 눈이 모두 동그래졌습니다. 분명 10여 분 전에 노인이 아들 등에 업혀 들어가는 걸 두 눈으로 봤는데, 나올 때는 아들 손을 잡고 두 발로 걸어 나오니 놀라지 않을 수 있겠습니까? 거기 앉아 있던 환자와 보호자들은 이 의사를 만나면 자기들도 반드시 낫게 되리라는 자신감과 확신을 품었을 겁니다. 3년이나 기다릴 정도로 그 의사에게 환자가 몰리는 이유가 뭐겠습니까? 의술도 의술이지만, 자신의 고통을 이해하고 교감해주니 환자들이 마음을 의지하는 거죠. 진정한 명의가 되려면 질병뿐만 아니라 환자를 치료할 줄 알아야 합니다.

요즘 의사들의 실력이야 웬만하면 다 괜찮습니다. 그런데 어떤 병원에는 손님이 많고, 어떤 병원에는 손님이 없는 건 의사의 공감능력에 크게 좌우된다고 봅니다. 가끔 "그 의사는 참 사람 좋게 생겼네"라는 말을 듣습니다. 의사가 실력만 중요하다면 사람들이 왜 이런 말을 하겠습니까?

〈신동아〉 2007년 2월호에 흥미로운 기사가 실렸더군요. 첫 여성 교정직 서기관, 말하자면 여성 감방에서 처음으로 간수장이 된 최효숙이라는 분의 인터뷰였습니다.

"요즘은 나이 많고 못생긴 꽃뱀이 많아요. 언젠가는 60대 여성이 잡혀 들어왔어요. 50대 정도로 젊어 보이긴 하지만 외모는 별로였어요. 통 꽃뱀이라고 믿기지 않았는데 조금 겪어보니 왜 그런지 알겠더라고요. 사람 마음을 어찌나 잘 읽는지……. 꽃뱀은 외모가 출중하기보다는 상대 마음을 잘 읽고 가려운 곳을 긁어주는 재주가 탁월한 사람이더라고요. 조심해야 해요."

사람을 끄는 매력의 원천은 미모나 학식이 아니라 공감능력임을 단적으로 보여줍니다.

주파수를 맞추고
신뢰를 쌓는 마법, 공감

공감의 두 번째 역할은 사람들끼리 정서적으로 조율할 수 있게 해주는 겁니다. 음악회에 가면 연주가 시작되기 전에 서로 다른 악기를 갖고 있는 연주자들끼리 음을 조율합니다. 그래야 지휘자가 지휘할 때 화음을 잘 맞출 수 있잖아요. 사람 사이에도 조율이 필요합니다. 어떻게 해야 서로 마음이 통하고 신뢰할 수 있는지 경험하는 겁니다.

사람들은 본능적으로 조율하려 합니다. 엄마가 아기를 안고 우유를 먹이면 아기는 자연스레 엄마한테 눈웃음을 지어 보입니다. 그런 모습을 보는 엄마는 얼마나 기쁘겠습니까? 엄마도 눈웃음으로 화답하고 아기는 엄마가 얼마나 자기를 예뻐하는지 알게 됩니다. 그렇게 조율을 배우게 되는 것이죠. 그런데 환경이 나쁜 보육원에서 자란 아이들은 어떻습니까? 보모가 아기에게 우유를 주면 아기는 보모에게 눈웃음을 보냅니다. 하지만 보모는 아랑곳하지 않고 우유병을 물리며 "빨리 먹어!"라고 말하겠죠. 조율의 끈이 끊어지는 순간입니다.

새뮤얼 라이보비치라는 유명한 유대인 변호사가 있었습니다. 사형수들을 무료로 변호해 평생 동안 78명을 무기징역 등으로 감형시킨 변호사입니다. 미국에서는 극악무도한 살인이 아니면 웬만해서 사형선고를 내리지 않습니다. 이런 1급 사형수들을 무료로 변호해서 그들의 죄를 감형시켜주는 과정 하나하나가 무척 지난하고 고통스러웠을 겁니다.

언젠가 이분의 강연을 들은 적이 있습니다. 그 사형수들이 얼마나 공감받지 못하고 자랐는지 얘기하는 내용이었어요. 강연 마지막에 하는 말에 가슴이 참 아팠습니다.

"저는 평생 무료 변호를 해서 사형수 78명을 죽음으로부터 건져냈습니다. 그러나 그 어느 누구로부터도 다음 두 단어를 들은 적이 없습니다. 그 두 단어는 '감사합니다(Thank you)'입니다."

즉 극악무도한 살인을 저지른 1급 사형수들은 누군가 자신을 도와줬다고 고맙게 여기지도 않을 뿐더러 행여 그런 생각이 들었다 해도 고맙다고 말하는 데 익숙하지 못합니다. 그들을 극악무도한 살인자로 만든 것은 바로 공감받지도 못하고, 남과 마음을 교류하면서 조율하는 법을 배우지도 못하게 만든 불우한 환경이 아닐까요?

사회적으로 잘나가는 남성들 중 바쁘다는 이유로 한창 성장기인 중·고등학생 자녀와 조율의 끈을 놓치는 경우가 많습니다. 대학에 들어간 후에야 대견스러운 마음에 대화를 시도해보지만 조율이 부족해 정작 집에서 왕따가 되어버린 아버지들도 드물지 않습니다. '황혼이혼'의 이유도 대부분 경제적인 것이 아니라고 합니다. 남편이 은퇴한 후 부인과 지내는 시간이 많아졌지만 평소 조율에 신경 쓰지 않았던 터라, 부인과 주파수를 맞추지 못해 생기는 문제입니다.

공감능력이 있으면 풍요로운 삶을 살 수 있지만, 그 능력을 갈고닦지 않으면 소외된 인생을 살게 됩니다. 고객을 단골로 만드는 것도 바로 같은 원리입니다. 그 가게 주인과 공감의 끈을 놓고 싶지 않은 사람은 멀리 이사를 가고 나서도 계속 가게를 찾아옵니다. 주파수가 다른 다양한 사람들과의 조율하는 연습을 게을리해서는 안 됩니다.

공감의 세 번째 역할은 '신뢰감(라포르, rapport)'를 조성하게 합니다. 간혹 학기 초에 시선을 끌기 위해 일부러 말썽을 부리는 학생이 있습니다. 그럴 때 공감에 서툰 교수는 "이번 2학년들은 왜 이 모양이냐?" 하고 다른 학생들까지 싸잡아 야단을 칩니다. 그러면 학생들이 말썽을 부리는 학생과 금세 한편이 되어버립니다. 반면 경험이 많은 교수는 "다른 학생들은 다 잘하는데, 너 혼자 왜 그래? 수업 후에 얘기 좀 할까?" 하며 그 학생을 심리적으로 떼어놓습니다. 다시 말해 라포르를 누구와 형성하느냐가 중요한데, 이때 공감이 중요한 역할을 합니다. 공감을 잘해주면 라포르가 형성되어 분위기가 좋아지죠. 상대방의 기분이 좋아지고, 내 기분도 좋아지면 일이 즐거워지는 효과를 낳지 않겠습니까?

해답은 '나' 아닌 '당신'에게 있다

공감은 이처럼 사업이나 개인적 인간관계에서 모두 중요한 역할을 합니다. 어떻게 해야 공감을 잘할 수 있을까요? 공감을 잘하려면 감지(sensing)와 소통(communication), 이 두 가지 능력이 필요합니다.

먼저 감지는 상대방이 문제를 어떻게 인식하고 있는지 정확히 파악하는 능력입니다. 공감의 원리를 쉽게 설명한 책으로 박성희 교수의 「동화로 열어가는 상담 이야기」를 추천하고 싶습니다. 이 책은 우리에게 친숙한 '공주와 달'이라는 동화로 시작됩니다.

옛날 옛적 어느 나라에 공주가 있었는데, 어린 공주가 달을 따달라고 떼를 씁니다. 임금님은 신하들에게 달을 따오라고 시키지만, 정작 달을 따올 방법은 없죠. 임금님은 닦달해대고 신하들은 죽을 맛이었습니다. 이때 어떤 광대가 나타나서 임금님에게 말합니다. "임금님, 제가 그 달을 따오겠습니다. 그런데 조건이 하나 있습니다. 제가 공주님과 대화를 나누게 해주십시오." 아마 예전에는 공주와 함부로 얘기를 나눌 수 없었던 모양입니다. 다급한 왕이 허락합니다. "그래, 가서 얘기를 나눠 보거라."

광대가 공주를 찾아가 물었습니다. "공주님, 공주님. 만약 달을 따왔는데 달이 너무 커서 우리 궁이 찌그러지면 어쩌죠?" 그러자 공주가 답합니다. "이 바보야, 내가 손을 들고 대보면 달이 내 엄지손톱만 한데 뭐가 그리 크단 말이야?" 광대는 다시 묻습니다. "맞아요, 공주님. 그런데 저 달이 무엇으로 만들어졌을까요?" 공주는 다시 대답합니다. "바보로군. 밤하늘에 저렇게 빛나는 것이 황금이 아니면 뭐겠어?" 공주의 말을 듣고 광대는 말합니다. "맞아요, 공주님. 오늘 밤 공주님이 주무실 동안 무슨 일이 있어도 저 달을 따올 테니 푹 주무세요." 다음 날 아침 광대는 공주의 엄지손톱만 한 동그란 달 모양의 황금덩어리를 목걸이로 만들어 공주의 목에 걸어줍니다.

　이 우화는 제법 많은 교훈을 줍니다. 문제해결의 중심을 나에게 두지 말고 상대방에게 두라는 말이죠. 먼저 상대가 문제를 어떻게 지각하고 있는지를 잘 알아봐야 합니다. 그래서 경청하는 게 중요한 거죠. 사람들 대부분은 상대방이 생각하는 '달'을 으레 자신이 생각하는 '달'과 동일하다고 여기는 데서 문제가 발생한 겁니다.

　'공주와 달' 얘기를 마저 하겠습니다. 다음 날 신하들은 공주의 문제가 해결된 것을 알고 마음을 놓았다가 오후가 되자 다시 걱정하기 시작했습니다. "해가 떨어지고 밤이 되서 달이 떠오르면 공주의 목에 걸린 달이 가짜라는 게 밝혀지지 않겠습니까?" 신하들은 걱정 끝에 하는 수 없이 광대를 다시 부릅니다. 그랬더니 광대가 이렇게 말합니다. "제가 말씀 드렸지 않습니까? 문제해결의 중심을 내가 아니라 상대방에게 두라니까요. 상대가 문제를 어떻게 인식하고 있는지 우선 물어야죠."

　광대는 공주에게 다시 가서 묻습니다. "공주님, 어젯밤에 공주님이 주무실 때 저희가 기다란 사다리를 타고 올라가서 저 달을 따다가 공주님 목에 걸어드렸는데, 하늘에 걸린 저건 뭐죠?" 공주는 이렇게 답합니다. "이 바보야, 이가 빠지고 나면 새 이가 나듯이 달이 빠졌으니 새 달이 떴나 보지." 광대는 웃으면서 말합니다. "아, 그렇군요. 공주님은 역시 현명하세요." 이렇게 문제가 쉽게 해결되었다는 것 아닙니까? 이 이야기는 공감을 잘하려면 우선 상대를 잘 관찰하거나 의견을 주의 깊게 들으면서 상대방이 문제를 어떻게 인식하고 있는지 감지하는 것이 중요하다는 걸 보여줍니다.

당신을
이해한다고 알려라

하지만 상대의 마음을 이해하고 같이 느낀 것만으로 공감이 끝나는 게 아닙니다. 이쪽에서 알았다는 걸 상대도 알게 해야 합니다. 공감에 필요한 두 번째 능력은 상대방의 생각과 마음을 알고 있다는 것을 상대방의 눈높이에 맞추어 전달하는 것입니다. 그런데 눈높이를 맞춰야 한다는 건 누구나 알지만, 우리 고객의 눈높이는 도대체 어디쯤 있는지 생각해보셨습니까?

고객의 평균 정신연령은 몇 살 정도일까요? 언젠가 외국의 한 백화점 교육 자료에서 다음과 같은 내용을 보았습니다. "고객은 절대 도를 닦은 성인이 아닙니다. 그들이 성인이기를 기대하지도 마십시오." 그다음을 영어표현 그대로 옮기면 이렇습니다. "고객은 더럽게 버르장머리 없는 애들과 같다(Customers are badly-spoiled children)." 왜 그럴까요?

인간에게는 좌뇌와 우뇌가 있습니다. 좌뇌는 이성적이고 분석적이어서 논리적 사고를 하는 반면, 우뇌는 감정적이고 직관적이어서 때로는 비논리적인 반응을 보이기도 합니다. 좌뇌와 우뇌는 서로 균형을 맞추기 때문에 좌뇌를 많이 쓸 때는 우뇌의 기능이 줄어들고, 우뇌를 많이 쓸 때는 좌뇌의 기능이 줄어듭니다. 판매원을 칭찬하려고 일부러 오는 고객은 그리 많지 않습니다. 열에 여덟, 아홉은 불평을 하러 옵니다.

그런데 열받은 고객이 판매원에게 올 때 좌뇌를 가지고 올까요, 우뇌를 가지고 올까요? 우뇌입니다. 우뇌를 가지고 오기 때문에 고객의 이성적 수준은 어린애와 같은 겁니다. 우뇌가 작동하는 감정적인 사람에게 좌뇌에 대고 해야 할 논리적인 얘기를 늘어놓으면서 반품규정이 어떻고 회사내규가 어떻고 얘기해봐야 먹혀들 리가 없죠. 우뇌를 가지고 오는 사람에게는 일단 노여움을 진정시키는 과정이 필요합니다.

사람들은 감정이 격해지면 자기가 하고 싶은 얘기를 제대로 못합니다. 그런데 공감을 잘해주면 우뇌가 가라앉고 이야기의 가닥이 잡히면서, 말하는 동안 머릿속도 정리되고 스스로 자신의 비논리를 깨닫게 됩니다. 결국 하고 싶은 얘기를 편하게 하게끔 하는 것이 공감을 잘하는 겁니다. 반대로 공감을 못 해주면, 상대는 화를 내고도 기분이 풀리지 않겠죠.

몸으로 표현하는
공감의 기술

그렇다면 어떻게 공감을 하는 게 효과적인지 과정을 간단히 살펴보겠습니다. 공감은 ①비언어적 주의 기울이기 ②1차 공감 ③고도 공감 ④직면의 4단계로 나눌 수 있습니다.

아직 말을 시작하기 전에 표정과 몸짓만으로도 공감의 의사를 전달할 수 있습니다. 비언어적 주의 기울이기(non-verbal attending)의 형태는 여러 가지를 생각해볼 수 있습니다. 우선 눈을 마주치는(eye contact) 것이 가장 중요합니다. 부인이 뭔가 열심히 얘기하고 있는데, 남편은 신문을 넘기며 성의 없이 듣고 있다고 가정해봅시다. 분명 눈으로 신문을 보면서 부인 말을 듣고 있겠지만, 눈길 한 번 안 주고 신문만 보면서 얘기하면 부인은 기분이 나쁘겠지요. 자기 말을 잘 들어주는 사람을 싫어하는 사람은 없을 겁니다. 그런데 상대방의 말을 잘 듣고 있다는 걸 알려주는 게 바로 눈입니다. 눈은 대화의 매우 중요한 도구죠.

맥주 회사에서 오랫동안 근무하며 부사장까지 지낸 분이 계십니다. 1997년 IMF 외환위기 직전에 회사를 그만두셨어요. 그래서 소일거리 삼아 호프집을 하나 차리려는데, 짝퉁 호프집이 많아지면서 '호프집'이라는 말의 느낌이 안 좋다고 느꼈어요. 그래서 이름을 새로 지었죠. 그 이름이 '비어할레(Bier Halle)', 비어홀이라는 독일 말이랍니다.

제법 큰돈을 들여 영업점을 하나 열었는데, 그만 한 달 만에 외환위기가 터졌습니다. 멀쩡하던 호프집 열 곳 중 일곱 곳이 문을 닫는 상황이 벌어졌습니다. 이 가게는 새로 생겨 아직 이름도 알려지지 않았으니 망하기 딱 좋죠. 그런데 1년 만에 그 사장님을 우연히 만나 뵙게 됐어요. 남들은 망해가는 동안 비어할레는 놀랍게도 열 개로 늘어났더군요. 그래서 제가 그분에게 직원교육부터 운영에 이르기까지 자세히 여쭤보았습니다. "직원들을 인사시킬 때 30도로 굽히게 합니까, 60도로 굽히게 합니까?" 이렇게 시시콜콜한 것까지요. 우문이란 걸 알지만, 현답을 기대하며 여쭤봤죠.

그랬더니 사장님이 이러는 겁니다. "실제로 그런 건 하나도 안 중요하던데요. 진짜 중요한 건 고객과 눈을 마주치는 거예요." 제가 "눈을 어떻게 마주쳐요?"라고 여쭤보니 "손님이 들어오면 눈으로 얘기하는 거예요. '이렇게 소주방도 많고 호프집도 많은데 어떻게 저희 가게로 오셨어요?'라는 인사를 눈으로 전하는 거죠. 그러면 고객은 그 눈빛만으로도 환영받는 느낌을 받습니다"라고 하셨습니다.

이 사장님이 워낙 학구적이라 자기 나름대로 실험도 했더군요. 매장 열 곳을 셋으로 나누고, 세 곳에서는 손님이 계산하고 나갈 때 계산할 금액만 말하면서 "네, 4만3,500원입니다"라고 친절하게 말하도록 한 겁니다. 다른 세 곳에서는 "맛있게 드셨어요?"를 덧붙이고 "네, 4만3,500원입니다"라고 말하게 했답니다.

그리고 나머지 네 곳은 고객과 눈을 마주치면서 "맛있게 드셨어요?"라고 하고는 "네, 4만3,500원입니다"라고 말하게 시켰답니다. 그랬더니 맛있게 드셨냐는 말을 덧붙인 매장과 금액만 이야기한 매장은 별 차이가 없더랍니다. 그런데 눈을 쳐다보며 얘기한 매장은 한 달 만에 손님의 수가 세 배나 늘었대요. 눈을 마주치는 게 얼마나 중요한지 잘 알 수 있습니다.

사람들이 명함을 주고받을 때 어떻게 하는지 잘 보세요. 대부분 받은 명함을 들여다보며 악수를 합니다. 그렇게 하지 마시고, 받은 명함을 얼른 보고난 뒤 상대방과 악수하면서 눈으로 인사를 건네 보십시오. 그러면 상대방도 눈을 쳐다보거든요. 그렇게 눈을 마주하며 인사를 하게 되면 두 번째 만날 때 훨씬 친근하게 느껴집니다. 연습을 안 하면 잘 안 되니 꼭 해보세요. 와인 잔을 부딪치면서도 잔을 보지 마시고, 서로 눈을 쳐다보며 미소를 지으면 훨씬 친근감을 느끼게 됩니다. 바로 상대방과 마음의 조율을 할 의사가 있다는 것을 밝히는 순간입니다.

그 밖에 상대방의 말에 고개를 끄덕이며 성의껏 듣고 있다는 것을 보여주거나 말하는 사람과 신체적 거리에 변화를 주는 것만으로도 상대방의 말을 잘 들으려 애쓰고 있다는 걸 알려주는 표시가 됩니다. 상대방의 팔을 가볍게 잡는 행동이 마음을 열어주기도 하고요. 심지어 상대방과 유사한 표정을 지어가며 듣는 것도 정서적 조율을 하고 있다는 표현방법이 됩니다. 비언어적 주의 기울이기는 대화하는 중에도 계속해야 합니다.

"맞습니다. 맞고요"
맞장구부터 쳐라

이제 본격적인 대화를 시작하면서 상대방의 말에 공감하는 요령을 구체적으로 살펴보겠습니다. 2, 3단계가 1차 공감과 고도 공감이라고 했는데, 마지막 단계가 바로 '직면'입니다. 직면에 대해 살펴보겠습니다.

공감을 통해 고객의 마음이 열리고 신뢰가 쌓이면 문제해결을 위해 현실이나 사실과 직면하게 해야 합니다. 공감이 공감으로만 끝나서는 안 되고, 궁극적으로 고객이 해결하려는 문제와 직면하게 해서 문제를 푸는 게 목적이죠. 공감은 직면을 위한 사전작업이라 볼 수 있습니다.

1차 공감은 상대의 말을 유추하지 않고 듣는 대로 자연스럽게 따라가 주는 것인데, 심리학 용어로는 트래킹(tracking)이라고 합니다. "왜?", "그래서?" 이런 말로 다음에 나올 이야기에 관심을 표현하거나 목소리나 성량을 유연하게 변화시키는 것이 그런 예입니다. 적절한 질문도 좋은 방법입니다. 그러나 확인하거나 따지는 것처럼 들리지 않도록 조심해야 합니다. 충분히 공감하는 분위기에서 물어봐야겠죠. 질문을 잘하려면 근본적으로 상대에게 관심과 호기심을 기울여야 합니다. 삶의 에너지는 호기심에서 나옵니다. 새로운 이슈와 상대방에 대한 진지한 관심이 없으면 좋은 질문을 할 수 없습니다.

　기분 좋게 대화하는 데 필요한 최대 무기는 맞장구입니다. 인기 있는 토크쇼 진행자나 대화의 전문가들일수록 맞장구를 치는 횟수도 많고 표현방식도 다양합니다. 창을 할 때 고수가 적절한 추임새를 넣어주는 것이 중요한 것처럼 다른 사람이 말할 때 적절히 운을 맞춰주는 것은 대화의 양념이요, 소금입니다. 마치 죽이 맞는 친한 친구끼리 주거니 받거니 하는 것처럼요.

　그런데 트래킹에서 제일 중요한 것은 유사구절로 바꾸기(paraphrasing)입니다. 'para'는 유사하다는 뜻이니, 비슷한 말로 바꾸어 반응하라는 말입니다. 한양은행의 고객센터에서 돈 많은 고객에게 새로운 금융상품을 소개한다고 가정해봅시다. 고객에게 열심히 새로운 상품을 설명했습니다. 이때 고객이 "한양은행 상품만 수익성이 높을 수 있나? 도토리 키 재기겠지"라고 한다면 어떻게 그 고객을 설득하겠습니까?

　한양은행의 수익성이 0.1%라도 더 높다고 주장하는 것으로는 큰 효과가 없을 것 같습니다. 앞에서도 말씀드렸지만 공감의 원리는 사실을 인정하는 것이 아니라, 그 사람의 생각을 인정하는 거니까요. 이때는 일단 상대방의 생각에 동조합니다. "그렇습니다. 요새 수익성 올리기가 쉽지는 않아요." 그다음 이렇게 말을 이어가면서 고객을 사실과 직면하게 합니다. "그런데 이렇게는 생각해보셨어요?"

　고 노무현 대통령이 2002년 대통령 선거에 출마했을 때 상대방의 말이 맞고 틀리고를 떠나 일단은 "맞습니다, 맞고요"라고 말해 화제가 된 적이 있습니다. 논리를 따지는 것이 아니라 일단 공감해주는 모습에 많은 사람들이 호감을 느끼게 됐죠. 여러분이 상대방의 말에 대해 일단 마음속으로 '맞습니다, 맞고요'라고 한다면 아마도 공감이 훨씬 쉬워질 것입니다.

예를 더 들어보겠습니다. 고객이 "글쎄, 한양은행에서도 잘해주겠지만 지금도 A은행 B과장이 잘해주고 있어"라고 말하면 어떻게 해야 할까요? 이럴 때도 마음속으로 일단 '맞습니다, 맞고요'를 되뇌면서 "B과장이 정말 잘하는가 보네요"라고 비슷한 말을 반복합니다. 그리고 "요새는 다들 잘하긴 해요. 하지만 저희는 단순히 친절을 베풀기보다 각 고객의 요구에 맞는 관리를 해드리려고 합니다"라고 설득해볼 수 있겠죠.

"말만 금융컨설팅이지 낫긴 뭐가 나아, 그놈이 그놈이지……." 고객이 이렇게 말할 수도 있겠죠. 그럴 경우 아까 말씀드린 것처럼 마음속으로 '맞습니다, 맞고요'라고 해놓고 "요즘 그런 생각이 드시는 것도 당연하죠. 상품종류가 워낙 다양해서 그게 그거 같고……"라고 그대로 말을 받아줍니다. 그런 다음 "그런데, 이번에 저희가 시작하는 서비스는요……"라고 말을 이어가는 것이죠.

다른 예를 하나 더 들어볼까요? 병원에 온 환자가 어깨가 아프다고 해서 진찰해 본 결과 큰 탈은 아니지만 당분간 매일 물리치료를 받으러 와야 하는 상황입니다. 그런데 환자가 "제가 직장에 다니면서 매일 물리치료를 받을 수 있을지 걱정이에요"라며 약간의 거부감을 보입니다. 이 환자에게 어떻게 공감하고 지속적인 치료를 받도록 유도할지 생각해보세요.

경청이 말하는 것보다 어려운 이유는 상대방의 말을 듣고 공감해줄 때 머리를 적극적으로 써야 하기 때문입니다. 모든 말에는 '주체'와 '내용' 그리고 '감정'이 있습니다. 물론 주체가 생략되기도 하고 감정을 드러내지 않는 경우도 있지만, 어쨌든 모든 말에는 세 가지 요소가 있다는 것을 유의하시기 바랍니다. 특히 사실만 보려고 하면 따라오는 감정을 놓치게 됩니다. 앞의 환자의 말도 분석해보면 세 부분으로 되어 있습니다.

가령 "제가"라는 '주체'를 공감해줘야겠다고 생각하면 바쁜 사람으로 보이든 아니든 사실을 따지지 말고 "꽤 바쁘신가 보군요"라고 말을 받아주면서 일단 그 사람의 생각에 동조해야겠죠. 그다음 "그래도 나으려는 의지가 있으니까, 해내실 것 같아요"라고 문제를 직면하게 하고 설득합니다.

'내용'을 공감해줘야겠다고 생각되면 들은 말을 복창하듯 "그래요, 매일 치료받는 게 쉬운 일은 아니겠네요" 하며 고객의 마음을 알고 있다는 걸 알려줍니다. 그리고 "하지만 이 치료는 받다 안 받다 하면 효과가 없어요"라고 사실을 직면하게 합니다.

'감정'을 공감해줄 때는 "아무래도 걱정이 되시죠"라고 한 뒤 "그런데 이 치료를 받으시다 보면 또 금세 적응이 되실 겁니다"라고 행동을 유도합니다.

공감지수 EQ를 쑥쑥 키우는 법

앞에서 EQ는 남의 마음을 읽어주고 이해해주는 능력이라 말씀드렸습니다. 공감을 잘하려면 반드시 갖춰야 할 능력인 셈이죠. IQ와 EQ를 간단히 비교하자면 IQ는 자신의 지식과 기술을 다루는 능력이고, EQ는 자신과 타인의 정서를 다루는 능력입니다. 누군가 지나가는 말처럼 말하더군요. "취직을 시켜주는 것은 IQ이고, 승진을 시켜주는 것은 EQ다."

흔히들 DHA가 들어간 우유를 마시거나 등 푸른 생선을 먹으면 IQ가 더 좋아진다는 얘기를 합니다. 그러나 사실무근이고 IQ는 타고난 것이라 바뀌지 않습니다. 그런데 EQ는 노력에 따라 얼마든지 회복되고 개선될 수 있는 생활습관입니다. 즉 공감능력을 타고난 사람도 있지만 얼마든지 배우고 계발할 수 있다는 점이 IQ와 다릅니다. 그렇다면 EQ는 어떻게 개선할 수 있을까요?

첫째, 공부하면서 생각을 바꾸도록 노력해야 합니다. 우선 필독서로 대니얼 골먼의 「감성지능」과 존 그레이의 「화성에서 온 남자, 금성에서 온 여자」를 권하고 싶습니다. 마케팅 업계에 종사하는 사람이라면 더욱 읽어야겠죠.

둘째, 심리상담 분야에서 널리 활용되는 'MBTI(일상생활에 활용할 수 있도록 고안된 성격유형지표)' 교육을 권합니다. 판매원은 흔히 자기의 사고방식이나 행동양식을 고집하는 경향이 있습니다. 고객이 어떤 사람이냐에 관계없이 자기에게 익숙한 방식대로만 밀고 나가는 겁니다. 그러다 보면 고객층이 자기 스타일에 맞는 사람들로만 한정되는 문제가 생깁니다. MBTI를 익히면 서로 다른 사람들의 독특한 성격유형을 잘 파악할 수 있습니다. MBTI 교육을 받게 되면 '저 사람은 왜 저 모양일까?'라고 생각하던 걸 '아, 저 사람이 이런 유형이라 그렇게 반응하는구나'라고 바꿔 생각하게 됩니다. 마음도 훨씬 편해지고 그 사람을 수용하게 됩니다. 타인을 수용하게 되면 고객을 마음으로 이해하고 고객의 주파수에 맞춰 보다 효과적으로 판매할 수 있는 거죠.

셋째, 공감능력을 키우는 데 사랑을 나누는 것만큼 좋은 것은 없겠죠. 특히 이성간의 건전한 교제가 EQ 발달에 도움이 되는 것은 두말할 필요도 없습니다. 인간의 가장 깊은 욕구는 인정받으려는 욕구라고 합니다. 상대를 한 명의 인간으로 존중하고 그 사람이 하는 일을 진심으로 인정해주고 관심을 갖는 자세가 중요하겠죠. 그것이 곧 사랑이 아닐까 싶습니다. '인정'의 반대는 무엇일까요? '무시'입니다. 반응이 없거나 눈길도 주지 않고 대꾸가 없다면 상대방은 '내 말이 씹혔다'는 생각에 불쾌하거나 섭섭하겠죠. 공감을 받지 못한 느낌입니다.

넷째, 예술적 취미도 EQ를 회복하는 데 도움이 됩니다. 음악이나 미술, 공예 같은 취미가 좋다고 하는데, 아무래도 시간을 내기 힘들잖아요. 이럴 때 좋은 게 뭔지 아세요? 디지털 카메라를 가지고 다니는 겁니다. 그것도 기왕이면 적절한 촬영효과를 낼 수 있는 DSLR 카메라를 들고 다니면서, 틈날 때마다 작품사진 찍듯 해보세요. 평소에 대수롭지 않게 무심코 보던 것들이 새롭게 보인답니다. 그러면서 감수성을 키워가는 거죠.

다섯째, 삶의 경험이 많을수록 공감을 잘합니다. 그런데 모든 걸 직접 경험하고 살 수 없으니 좋은 영화들을 보면서 많은 간접경험을 쌓는 것도 한 방법입니다.

여섯째, 이웃돕기도 좋습니다. 그냥 성금 내는 거 말고, 그들을 찾아가서 실제 병간호도 해보고 손수 발도 닦아주고 아픔을 같이해보면 보람도 느끼고 좋다고 합니다. 말은 이렇게 하지만 저도 직접 해보진 못했습니다.

일곱째, 운동하기, 산책하기, 아로마 테라피, 목욕하기 등으로 긴장을 푸는 방법은 여러분도 잘 아실 테고요. 선(禪), 요가, 단전호흡 등도 도움이 되겠죠.

끝으로 무슨 종교가 됐든 찬양과 감사와 말씀이 있으니 종교생활을 잘하는 것도 EQ를 증진시키는 데 도움이 됩니다.

'진실의 순간'에 공감하라

유럽에 여러 항공사가 있지만, 거의 적자에 허덕이고 있습니다. 스칸디나비아항공도 마찬가지였습니다. 지방 항공사 사장이던 39세의 얀 칼슨이 전격적으로 사장자리에 발탁됩니다. 스칸디나비아 항공은 그가 사장이 된 지 단 1년 만에 흑자 8,000만 달러를 남기는 회사로 변모했지요. 사람들이 그 비결을 자꾸 물어오자 그는 자신의 경영철학을 표현한 한마디를 던집니다. "진실의 순간(MOT, Moment of Truth)."

칼슨에 따르면 사람들은 홍보나 광고, 입소문을 통해 항공사에 대한 이미지를 갖게 된답니다. 그러다 언젠가 항공사를 이용하게 되면 제일 처음 만나는 사람은 항공사의 사장도 임원도 간부도 아닌, 창구에서 일하는 말단 직원이라는 겁니다. 바로 그 순간이 광고나 홍보로 만들어진 기업의 이미지가 가면을 벗는 '진실의 순간'이고, 그때 제일 필요한 것이 공감능력이라고 합니다. 기업에서 중요한 것은 그러한 공감능력을 기업의 특성에 맞게 잘 정리해 최전방에 나가 있는 직원들에게 체계적으로 교육시킬 수 있는 시스템을 만드는 것이겠죠.

칼슨 사장의 말을 더 들어보죠. "조심한다고는 하지만 저희도 인간이다 보니 하루에도 수없이 승객의 짐을 분실했다 찾곤 합니다. 그런데 저희는 승객의 짐을 찾아주는 데 그치지 않고, 염려하고 짜증났을 그들의 마음을 공감해주고 진심을 다해 사과하거나 위로해드리도록 하지요. 결과적으로 저희 항공사를 이용했다가 짐을 잃어버린 적이 있는 고객 대부분이 다른 항공사로 옮겨가는 것이 아니라 오히려 저희의 충성고객이 되는 경우가 많습니다."

요즘은 고객의 불평을 반품이나 환불로 해결하는 시스템을 잘 갖추고 있는 백화점이 많습니다. 그런데 고객들은 자기가 원하는 것을 되찾은 다음 다시는 그 백화점을 이용하지 않는 경우가 비일비재합니다. 최전선에서 공감해주지 않는다면 아무리 좋은 문제해결 시스템을 갖추고 있어도 고객은 하나둘씩 떠나가게 됩니다.

끝으로 이제 공감에 관한 사진 한 장에 대해 이야기하면서 강연을 마무리할까 합니다. 제가 사진전에 갔다가 공감을 잘 설명하는 것 같아서 꽤 많은 돈을 주고 산 사진입니다. 흰 꽃들 가운데 빨간 꽃 한 송이가 도드라져 보이죠. 많은 꽃 중에서도 그 한 송이가 유독 눈길을 끕니다. 고객은 하얀 꽃처럼 많지만, 고객 한 명 한 명이 마치 내가 빨간 꽃처럼 각별한 관심과 눈길을 받고 있다고 느끼게 한다면 공감을 잘하시는 겁니다.

제가 앞서서 류머티즘 명의를 말씀드렸죠? 그분은 하루에도 이 하얀 튤립들처럼 수많은 환자를 만나지만, 모든 환자가 빨간 튤립처럼 선생님의 각별한 관심을 받는다고 생각하게 만듭니다. 그것이 그분을 3년은 기다려야 만날 수 있는 명의로 만든 게 아닐까요. 경청해주셔서 감사합니다.

마음을 움직이는 프레젠테이션

마음을 움직이는
프레젠테이션으로

세상과
소통하라

나승연은 전 평창동계올림픽유치위원회 대변인을 맡아 '더반의 여인'으로 불리며 세계로부터 주목받았습니다. 2011년 7월, 남아프리카공화국 더반에서 치러진 제123회 국제올림픽위원회(IOC)에서 '2018 평창 동계올림픽' 유치를 위해 탁월한 프레젠테이션을 선보였습니다. 아리랑TV 앵커, 여수엑스포 유치위원회, 월드컵 조직위원회 등을 거치며 쌓은 프레젠테이션 노하우를 담은 책 「나승연의 프레젠테이션」을 펴냈습니다.

'소통의 시대'라는 측면에서 이제 정말 여성의 시대가 오지 않았나 싶어요. 여성이 남의 입장에서 생각하고 배려해주는 강점이 있기 때문입니다. 강연에 참석하신 여러 알파레이디들을 위해 '여성'에 초점에 맞춰 말씀을 드리려 합니다.

제가 이야기하고자 하는 프레젠테이션은 소통을 위한 한 요소이기도 하고, 요즘 더 중요해지는 분야이기도 하죠. 제 책 「나승연의 프레젠테이션」을 쓰면서 첫마디를 이렇게 적었어요. "누구나 위대한 '발표자(presenter)'가 될 수 있다." 그 문장이 제 책의 내용을 한 문장으로 요약한 것으로 볼 수 있습니다.

더반에서 프레젠테이션을 끝내고 나서 가장 많이 받은 질문 중 하나가 "어떻게 하면 좋은 발표자가 될 수 있어요?", "어떻게 하면 나 대변인처럼 프레젠테이션을 잘할 수 있을까요?"였어요. 저는 그런 질문을 받을 때마다 "여러분도 분명히 위대한 발표자가 될 수 있습니다"라고 말했습니다.

저도 어릴 때엔 소심하고, 남들 앞에 서는 것을 두려워하고, 고등학교 발표시간에 낙제점을 받을 정도로 발표에 전혀 자신감이 없었어요. 하지만 오늘처럼 이렇게 여러분을 만나게 된 것은 순전히 노력과 연습의 결과라는 사실을 꼭 말씀드리고 싶어요. 어떻게 말해야 하는지, 무엇을 연습해야 하는지 조그만 정보만 접하시더라도 여러분은 분명 위대한 발표자가 될 수 있습니다.

오늘 강연의 주제는 '마음을 사로잡는 프레젠테이션'이죠. 여러분 중 더반에서 제가 한 프레젠테이션을 보신 분이 계신가요? 어떻게 보셨나요? 혹시 여러분도 감동을 받으셨나요? IOC 위원들은 제 프레젠테이션이 자신들의 마음을 움직였다고 했습니다.

오늘 제가 말씀드리고 싶은 주제가 바로 이것입니다. 어떻게 하면 상대방의 마음을 움직일 수 있는 프레젠테이션을 할 것인가? 저는 프레젠테이션은 남을 설득하는 것, 남의 마음에 깊은 인상을 주는 것이라고 생각합니다.

어떻게 하면 상대의 마음을 움직이고, 마음속에 깊은 인상을 남길 수 있을까요? 저는 그 비밀을 '3P'로 요약해보고자 합니다. 바로 픽쳐(Picture), 퍼포즈(Purpose) 그리고 프랙티스(Practice)입니다.

Picture:
그림 그리듯 이야기하라

첫 번째 P는 그림(Picture)입니다. 그림은 제가 말하고자 하는 것을 하나의 주제로 표현한 것이라고 할 수 있어요. 인간은 시각적 동물이기 때문에 말로 듣는 것보다 눈으로 보는 걸 더 잘 기억합니다. 그림은 머릿속에 더 잘 남고, 마음속에도 잘 남습니다.

프레젠테이션을 준비하면서 '무슨 이야기를 해야 하나' 고민될 때, 내가 이야기하고자 하는 바를 가장 핵심적인 한 문장으로 표현하는 제목을 먼저 떠올려보세요. 그것을 만드는 데 가장 많은 시간을 할애하셔야 합니다. 프레젠테이션을 준비하는 시간의 30% 정도를 할애한다고 보시면 됩니다.

그 핵심적인 한 문장을 만들었다면 이젠 내용을 어떻게 풀어나가야 할까요? 여러분, '3의 법칙'을 아시나요? 세 가지 포인트로 이야기하는 방법이죠. 같은 이야기를 세 번씩 다르게 할 수도 있고, 혹은 같은 이야기에서 좀 다른 포인트 세 가지를 잡아 이야기할 수도 있습니다. 핵심은 청취자, 시청자, 청중이 말하는 사람의 중요한 메시지를 기억할 수 있게 만드는 것입니다.

'어떻게 하면 유식하게 보일까?', '난 많은 것을 알고 있는데, 1에서 10까지 모두 보여주고 싶은데……' 이렇게 생각하는 것은 말하는 이의 욕심일 뿐입니다. 이건 결코 청중을 배려하는 게 아니죠. 간단한 한 문장과 그림 한 장으로 기억에 남을 수 있는 프레젠테이션을 하는 것이 가장 효과적인 방법입니다.

평창동계올림픽유치위원회의 예를 들어볼까요. 평창 동계올림픽의 주제는 '뉴 호라이즌(new horizon)', 즉 새로운 지평이었어요. 예전 두 차례 실패를 경험하게 한 '남·북한 통일을 위한 동계올림픽'이라는 주제는 더 시도하지 않았어요. 동계스포츠, 그리고 동계올림픽의 새로운 지평을 열겠다는 뜻이었죠. 그것도 아시아에서요.

'겨울이 없는 나라에서도 동계스포츠를 통해 젊은이들에게 희망을 주겠다'는 의지와 '도전해서 실패하더라도 다시 일어서고, 끝까지 도전하면 좋은 결과가 있다'는 희망적인 메시지를 전하고 싶었어요. 이 메시지가 스포츠와는 좀 동떨어져 보일 수도 있고, 다소 두루뭉술해 보일 수도 있어요. 하지만 스포츠를 통해 건강한 삶을 추구할 수 있고, 계속해서 발전할 수 있다는 메시지를 세 가지 포인트로 말씀드렸어요.

첫째는 올림픽에 참가한 동계스포츠 선수들에게 30분이면 모든 것을 해결할 수 있는 환경을 갖췄다는 점을 강조했죠. 두 번째는 대한민국이 아시아의 젊은이 6,500만 명에게 동계스포츠를 새롭게 전파하겠다는 거였어요. 새로운 시장과 새로운 팬들에게 동계스포츠를 전파하겠다는 것이었죠. 마지막은 지난 10년간 대한민국이 올림픽 유치에 도전하면서 약속했던 것을 지켜왔다는 점을 강조했어요. 우리가 정말 IOC의 좋은 파트너가 될 수 있다는 점을 말하고 싶었죠.

이런 메시지는 더반에서 한 프레젠테이션뿐만 아니라 1년간 아홉 번이나 해왔던 모든 프레젠테이션, 언론과의 모든 인터뷰, IOC 위원과의 사적인 인터뷰, 사적인 모임에서 얘기할 때까지 지속적으로 보여드렸습니다. 저희가 보여드리는 영상, 심지어 저희가 옷을 입는 모습까지 포함해서요.

쭉 일관된 모습을 보여드렸어요.

나중엔 저희가 굳이 '새로운 지평'이라고 말하지 않아도, 일관된 모습을 끊임없이 보여줬기 때문에 더반에서 IOC 위원들이 저희가 이야기해 온 메시지를 그대로 말할 수 있는 정도가 됐어요. 그분들의 마음속에 분명한 이미지로 남아 있었던 거죠. 그래서 세 후보지 중에서 마음을 움직이고, 머릿속에 깊은 인상을 남긴 저희를 선택하기가 훨씬 쉽지 않았나 싶어요.

여성성은 강력한 무기,
넘치지 않게 적극 활용하라

한 가지 더 강조하고 싶은 것은 여성들의 시각적인 아름다움은 장점이면서도 동시에 약점이 될 수 있다는 점이에요. 여자들은 다른 여자들이나 남자들에게서 시선을 많이 받습니다. 좋든 나쁘든 간에요. 그게 현실이에요. 그런 시선들을 어떻게 받아들일 것인가 고민이 필요합니다.

어떤 사람은 자신이 여성인 것을 드러내고 싶지 않아서 까만 양복을 입고 화장도 하지 않고, "외모보다는 재능으로 어필하겠다"고 할 수 있겠죠. 또는 "나의 개성을 보여주겠다"거나 "여성으로서 외모에 자신감이 있으니 내 아름다움을 드러내서 보여주겠다"고 할 수도 있습니다. 웃음과 부드러움 같은 여성 특유의 장점을 내세울 수도 있겠죠. 여러분은 여자냐 남자냐를 떠나 어떤 이에게 호감과 매력을 느낄 것 같으세요?

외국 사람들 중에서 이렇게 생각하는 경우도 봤어요. 예전에 한 분은

"한국 사람들은 검은 무리가 몰려다니는 것 같다"고 하더라고요. 처음에 그 얘길 들을 때는 동양인들이 똑같이 생겼다고 얕보는 건가 했는데, 그분은 정말 우리를 돕고 싶은 마음에 그런 이야기를 해준 것이었어요. 그 이야기를 들은 후 다시 유심히 보니 한국 사람은 남자든 여자든 정말 뒷모습이 모두 다 까만 거예요. 머리도 까맣죠. 의상도 무난하게 까맣고요. 저도 그때 검정색 옷을 입고 있었어요.

그게 밴쿠버로 간 첫 출장이었는데요. 그 이후에 저도 의도적으로 핑크색 옷도 사고 빨간색 옷도 샀어요. 오늘 입은 파란색 옷 같은 건 원래 없었어요. 의도적으로 구매한 것이죠. 로봇처럼 똑같은 느낌을 주고 싶지 않았어요. 의도적으로 우리는 매력적(attractive)이라는 것을 보여주려고 했어요. 패션까지도 꼼꼼히 신경 쓴 것이죠.

카타리나 비트(Katarina Witt), 잘 아시죠? 그분은 굉장히 글래머러스하세요. 그분은 프레젠테이션을 할 때마다 항상 원피스를 입고 여성성을 드러내셨어요. 디자이너 정장을 입고 높은 하이힐을 신기도 하고요. 저는 그게 너무 좋아 보였어요. 항상 자신감 있어 보이고 패션 감각도 있어 보이고요. 현지에서 그게 기사거리가 될 정도로 주목받았어요.

하지만 조심해야 할 것도 있어요. 그분 옷이 갈수록 몸에 달라붙는 경향이 있었어요. 그러다 보니까 좋게 보시던 분들도 나중엔 "몸매를 너무 드러낸다"고 수군대기 시작했어요. "뮌헨이 지금 발악을 한다(desperate)", "카타리나로 섹스어필하려 한다"는 이야기까지 나왔어요.

자신감 있게 여성성을 어필하는 것은 좋지만 조심해야 할 점도 있죠. 조금만 잘못하면 비난이 나올 수 있습니다. 여성성이라는 것이 여성만이 누릴 수 있는 특권이면서도, 또 동시에 위험할 수도 있다는 것을 명심하셨으면 좋겠어요.

하지만 여성성이라는 것이 정말 강력한 무기라는 건 강력히 느꼈어요. 외국에서는 동양 여성들이 그렇게 많이 활동하지 않기 때문이죠. 그 때문에 또 잘못 생각하는 것도 있는 것 같아요.

우리 유치위원회에는 여성들이 많았어요. 다들 굉장히 다른 여성상을 보여주셨어요. 처음에는 까만 무리가 몰려다닌다고 말했던 기자님들도 나중에는 "너희 정말 잘했다"고 해주시고, IOC 위원이나 다른 사람들도 "너희와 같이 있고 싶다"고 말할 정도로 변했어요. 심지어 여성 IOC 위원들도 저희한테 와서 "이 스카프는 어디에서 샀니?", "피부가 왜 이렇게 좋니?", "어떤 화장품 쓰니?" 등등을 물어보곤 했죠. 제가 "설화수를 쓴다"고 해서 '설화수 마니아'도 만들었어요. 그런 식으로 시각적인 것을 활용하고 적극적으로 드러내세요. 여성성을 숨길 필요는 없어요. 이제는 그런 시기가 아니에요.

제가 이렇게 말하고 있는 3P 가운데 첫 번째 P는 픽쳐(Picture)였어요. 나의 메시지를 가능하면 간단하고 명료하게 말하시고, 그것을 청중의 머릿속에 꽂히게 만들려면 하나의 그림, 하나의 스토리로 풀어서 써야 해요. 그리고 강조하려는 포인트가 세 개를 넘는 건 무리입니다. 오늘도 제가 포인트 세 개로 정리해왔죠? 정말 필요한 것을 간추리고 간추린 겁니다. 나중에 여러분이 집에 돌아갔을 때 제가 말한 것 중 한 가지만이라도 기억하신다면 오늘 제 강의는 성공입니다.

Purpose:
청중을 배려하라

두 번째 P는 뭐였죠? 바로 목적(Purpose)입니다. 프레젠테이션의 목적이 뭐죠? 오늘 제가 여기 강의하러 와서 여러분께 멋지게 보이고, 책 한 두 권 더 파는 게 목적일까요? It's not about me, it's about you(제 강의의 목적은 내가 아니라 바로 여러분입니다).

정말 그렇습니다. 청중을 제대로 알고 청중을 최대한 배려하는 것이 성공적인 프레젠테이션의 조건입니다. 어떻게 해야 청중을 제대로 알 수 있을까요? 예상 외로 쉬워요. 오늘 저도 여기 오기 전에 인터넷으로 찾아봤어요. '알파레이디 북토크' 웹사이트도 들어가 봤고요. 어떤 분들이 오시나 눈여겨봤답니다. 또 주최 측에도 물어봤어요. 그리고 제가 여기 조금 일찍 도착했어요. 강연할 곳이 어떤 분위기인가, 무대는 어떤 식으로 세팅되어 있는지 보려고요. 저녁시간에 강의를 듣는데 너무 딱딱한 이야기를 듣긴 싫겠죠. 그래서 조금 더 개인적인 이야기, 그냥 쉽게 들을 수 있는 이야기로 강연을 구성해야겠다고 생각했어요.

제가 한국말이 그렇게 편하지는 않아요. 조금 더 멋있게 보이고 싶었다면 영어로 강연을 했겠죠? 하지만 청중을 배려해야죠. 평창 동계올림픽 유치를 위한 프레젠테이션을 할 때도 많은 분들이 "왜 영어로 하지 않고 프랑스어로 했느냐"고 물어보셨어요. 사실 IOC 위원들 가운데 영어를 원어민처럼 하시는 분들은 극히 소수입니다. 열 명도 안 될 걸요? 그 외에는 스페인어, 이탈리아어 등 여러 언어를 쓰는 사람들이고 아시아 사람들도 있어요. 프랑스어는 공식 IOC 언어예요. 그러니 프랑스어를 쓰는 것이 기본적인 예의였던 것이죠.

그래서 저도 먼지 쌓인 프랑스어 실력을 다시 쌓느라고 4개월 전부터 특별과외를 받았어요. 서울에 있는 동안 밤늦게까지 두 시간씩 과외를 받았어요. 지금은 사실 프랑스어 원고가 영어 원고보다 더 기억에 남을 정도예요. 그만큼 노력했던 거죠. 영어와 프랑스어를 모두 하는 것은 청중에 대한 기본적인 예의였어요.

이명박 대통령의 경우 영어를 쓰는 원어민도 아니고 한국의 대통령이니까 한국말로 프레젠테이션을 해야 하지 않을까라는 의견도 있었어요. 그걸 놓고 논쟁도 꽤 많았어요. 하지만 IOC 위원들은 모두 통역기를 쓰지 않아요. 자신들이 모르는 언어가 나오면 그냥 듣는 척하고 안 듣기도 해요.

생각해보세요. 아무리 이명박 대통령이 한국말로 프레젠테이션을 열정적으로 한다고 해도, 우리나라가 성공적인 올림픽 개최를 보증한다고 말해도, 한국어로 말한다고 해서 안 들으면 얼마나 안타깝습니까. 그래서 이 대통령께서 영어로 프레젠테이션을 하겠다고 밤낮으로 열심히 연습하셨어요. 목소리가 쉴 정도로 열심히 해주셨어요. 그러다 보니 IOC 위원들이 우리의 열정을 느낄 수 있다고 칭찬하더군요.

저희 발표자 여덟 명 중 영어를 원어민처럼 하는 사람은 저와 토비밖에 없었어요. 김연아 선수 역시 발음은 좋았지만, 원어민은 아니었죠. 그 완벽한 프레젠테이션도 정말 피 나는 연습의 결과였습니다. 김연아 선수는 그냥 세계적인 선수가 된 게 아닌 것 같아요. 배우는 속도가 정말 빠르더라고요. 정말 빠르게 습득하고, 자신의 강점을 잘 알아요. 리허설 때 90점을 줬다면 실전에서는 더 강하더라고요. 실전에서는 전 100점을 줬어요. 저를 깜짝 놀라게 했습니다. 세계적 스포츠 선수라는 걸 다시 한 번 느꼈어요.

가벼운 대화(small talk)를 활용하라

누군가를 처음 만날 때, 비즈니스 미팅을 할 때, 소개팅을 할 때, 취업 면접을 볼 때, 사돈과 처음 만날 때 등 모든 만남이 일종의 프레젠테이션이에요. 모두 나에게 호감을 느낄 수 있게 나를 표현하는 것이죠. 청중을 고려하는 방법 중 하나가 상대에 대한 정보를 갖고 시작하는 것이지만, 미리 준비를 못하는 경우도 있잖아요. 그리고 생각과 달리 실제 얼굴을 마주했을 때 다른 경우도 있고요. 그러면 어떻게 하면 될까요?

가벼운 대화(small talk)를 나눠 보세요. 날씨에 대해 말할 수도 있고, 공통의 관심사나 최신뉴스로 가벼운 대화를 하면서 분위기를 부드럽게 만들어가는 거죠. 그러면서 그 사람이 어떤 심리상태인지, 기분이 어떤지를 읽고 분위기를 알아가는 겁니다. 그렇게 알게 된 상황에 따라 나의 프레젠테이션을 바꾸면 됩니다. 큰 메시지를 바꿀 필요는 없고요. 접근방법을 바꿀 수 있겠죠.

예를 들어 처음에 IOC 위원들이 저를 만나면 피해 다녔어요. 그들에겐 제가 '또 하나의 동양사람'일 뿐이었으니까요. 그들은 10년간 지쳤거든요. 거짓말이 아니라, 어딘가에 IOC 위원 한 명이 나타나면 한국사람 다섯 명이 몰려간다고 할 정도였어요. 그 정도로 저희는 적극적이었죠. 저희에겐 그게 열정이지만 IOC 위원들은 "이제 그만(No more)"이었죠. "이번에 줘야지. 안 주면 다음에 또 올 것 아니냐"라는 농담까지 나올 정도였어요.

처음에 IOC 위원들이 저를 피하려 한다는 게 느껴지니까 다가가기가 쉽지 않았어요. 그래도 차츰차츰 얼굴을 익히며 다가가야 하는데 왠지 평창 이야기부터 꺼내면 "저희를 찍어주세요"라고 하는 것 같아 안 될 것 같다는 생각이 들더라고요. 저는 처음 인사드리는 것이지만, 그분들은 이미 그런 부탁을 너무 많이 받았잖아요. 표를 얻기 위한 것만이 주 업무가 아니니까 오히려 편안하게 가는 것이 좋겠다고 생각했어요.

"안녕하세요. 처음 인사드립니다. 저는 나승연이고, 커뮤니케이션 디렉터입니다. 커뮤니케이션하는 것, 소통하는 것이 제 일입니다"라고 하면서 한국 사람들이 영어를 좀 못해도 다리 역할을 하면 좋겠다는 생각으로 접근했어요. 정말 사소한 것부터 시작했어요. 자녀 이야기, 어린 시절 꿈, 올림픽이나 평창과 관련 없는 이야기들만 계속했죠.

그러다 보니 그분들이 점점 마음을 열었어요. 그리고 저도 차츰차츰 평창 이야기를 돌려서 할 수 있게 됐어요. "우리나라 선수들 정말 힘들고 외롭게 싸우고 있습니다", "동계올림픽을 통해 빛을 발할 때가 왔습니다", "강원도민들이 간절히 원하고 있습니다" 10년간 얼마나 원했고, 우리의 자긍심이 얼마나 강한지 이런 이야기들을 간접적으로 했더니 그분들이 조금 더 마음을 여셨어요. 그러더니 그분들이 "너희는 이것은 잘한다", "이것은 아니다"라고 조언도 해주시더라고요. 직접적인 것은 아니었지만 그런 간접적인 조언도 굉장히 도움이 됐어요.

또 한 가지 청중과 관련해 말씀드리면 예상 외로 여성들의 힘이 강해요. IOC 위원들 중 85%는 남성이에요. 스포츠는 굉장히 남성적인 분야죠. 하지만 많은 분들이 그렇게 말씀하셨어요. 사실 전 세계에서 동계스포츠를 즐길 수 있는 나라는 그렇게 많지 않아요. 그래서 어느 나라로 결정해야 할까 고민할 때, 그 부분이 IOC 위원들이 늘 관심을 두는 부분이 아니에요. 그렇다면 무엇을 보고 고를까요? '내 와이프가 좋아하는 곳은 어딜까?', '2주간 어느 나라든 가야 하는데, 아이들이 즐겁게 놀 수 있는 곳이 어딜까?' 이런 것이 생각보다 중요했어요. 그래서 IOC위원들과 동행한 부인들에 대해서도 연구를 굉장히 많이 했어요.

준비한 영상을 통해 동대문의 화려한 쇼핑센터도 보여주고, 마사지와 스파 서비스에 대한 동영상도 넣었어요. 이러한 것이 동계 올림픽이랑 무슨 상관일까 싶죠? 하지만 IOC 위원들의 부인들은 이런 것을 눈여겨봤다는 거예요. 더반에서 프레젠테이션이 끝나고 나서 제게 와서 "한국에 가보고 싶다(I want to go to South Korea)"고 말하더군요. 역동적이면서도 여자들의 천국인 것 같다고 하면서요. 그분들이 남편에게 그런 이야기를 한 마디만 해주면 남편들이 말을 안 듣겠어요? 생각보다 여자들의 영향력이 굉장히 큽니다.

스포츠가 아무리 남성적 분야라고 하지만 국제사회에서 여성들이 차지하는 영역이 커지고 있습니다. 제가 큰 실수를 할 뻔한 적이 있어요. 한국 문화에 익숙하다 보니 외국 여성들과 남성들을 보면 당연히 남성이 더 상급자이거나 중요한 분일 거라고 생각했어요. 그런데 사실 여성이 더 중요한 분이었어요.

우리나라에서는 식사할 때 서빙하시는 분들이 남성에게 먼저 서빙을 하시더라고요. 그러나 국제사회에서는 그렇지 않다는 것을 명심하셨으면 좋겠어요. '여성 먼저(Lady is First)'가 일반적인 룰이에요. 자리에 앉을 때도 그렇고요.

평창과 관련한 기자회견을 할 때도 저와 김연아 선수를 여덟 명 중 맨 끝에 앉게 했어요. 저는 아무렇지 않게 생각했죠. 가운데는 장관님을 비롯해 중요한 사람이 앉아야 하니까 저희는 끝에 앉아도 괜찮다고 생각했죠. 그런데 나중에 기자들이 와서 "무슨 문제가 있나요?(what's wrong?)"라고 묻더라고요. 왜 여자들을 맨 끝에 앉혔냐는 겁니다. 그건 국제적인 기본 매너가 없는 거죠. 국제무대에서는 그런 것도 눈여겨보셔야 해요. 작은 것이 큰 영향을 줄 수 있기 때문입니다.

이렇게 두 번째 P, Purpose를 말씀드렸습니다. 청중을 꼭 공부해야 해요. 그러면 나의 메시지를 훨씬 더 설득력 있게 펼칠 수 있어요. 청중이 듣고 싶어하는 이야기를 말해야 청중의 기억에 남습니다. 아무리 내가 하고 싶은 이야기를 해도, 청중이 듣고 싶은 이야기가 아니면 전혀 효과가 없는 겁니다. 청중이 중요합니다. 청중이 프레젠테이션의 목적이니까요.

Practice:
끊임없이 연습하라

세 번째 P는 연습(Practice)입니다. 제가 더반 프레젠테이션과 관련한 인터뷰를 했을 때 연습의 중요성을 정말 많이 강조했어요. 오늘도 저는 연습을 강조하려 합니다.

프레젠테이션의 중요한 요소 세 가지를 꼽으라고 할 때 저는 사실 'Practice, Practice, Practice'라고 해도 된다고 생각해요. 그 정도로 중요합니다. 연습 없이는 내가 무엇을 말하려는지 알지도 못하고, 내 것이 되지 않습니다. 단순히 단어만 외우는 것에 불과하죠. 청중은 말하는 사람이 어떤 상황인지 분명히 압니다. 연습하면 내가 하고 싶은 말을 좀 더 정제(refine)할 수 있어요.

직장 상사가 프레젠테이션을 하라고 하면 다 이유가 있는 겁니다. 바로 여러분을 믿는 거죠. 어딘가에 장점이 있다고 생각하기 때문입니다. 성공하기 위해 하는 거잖아요. 어떤 청중도, 어떤 상사도 프레젠테이션이 실패하길 원하지 않아요. 그걸 믿어야 합니다. '청중은 나의 편이다, 나에게 프레젠테이션을 시키는 상사도 나의 편이다'라고요. 그럼 그런 기대에 어떻게 보답해야 하나요? 연습을 해야죠.

'아, 이건 좀 어색하다', '이건 내가 들어도 좀 이상하네. 청중이 관심 없을 것 같다', '이런 농담을 했다가 이상하게 생각하면 어쩌지' 이럴 땐 아예 안 하는 게 낫죠. 하지만 연습하면 원고가 내 것이 됩니다.

그렇다고 무조건 외우지는 마세요. 입 밖으로 내뱉는 연습을 해야 그것이 나의 말이 돼요. 원고를 안 봐도 말이 술술 나올 정도로요. 그러다 보면 정말 내 것이 됩니다. 훨씬 설득력이 생기고, 어떤 돌발 상황에도 대응하고 즉각 바꿀 수 있는 능력이 생겨요.

저는 늘 프레젠테이션을 앞두면 항상 떨려요. 오늘 여러분을 기다리면서도 가슴이 두근두근했어요. 차를 타고 오면서도 '길이 막혀 늦으면 어쩌나' 하면서 두근두근했고, 지금도 약간 두근거려요.

 그런 떨림이 좋은 겁니다. 여러분과 좀 더 잘 소통하고 싶다는 제 마음이거든요. 하지만 그 떨림이 너무 커서 말문이 막혀버리면 안 되겠죠. 연습을 50번 해보면 자동적으로 나옵니다. 몸에서 말을 익혔기 때문이죠.

 평창동계올림픽유치위원회 위원장이었던 조양호 한진그룹 회장님도 더반에서 연설할 때 실수로 IOC의 테마곡이 흘러나왔는데, 그 소리가 굉장히 컸어요. 조 회장님은 '무대 울렁증'이 심한 편이셨어요. 음악이 흘러나왔을 때 저희는 긴장해서 숨을 죽이고 쳐다봤죠. 그런데 아무렇지도 않게 더 큰 목소리로 이야기하셨어요. 나중에 "음악이 나와서 당황하지 않으셨냐"고 물어봤는데 "음악 소리를 듣긴 했는데 그냥 좀 더 크게 말해야겠다고 생각했다"고 하시더라고요. IOC 위원들은 전혀 눈치를 채지 못하고, 그게 그냥 효과음이라고 생각했다고 하고요. 조 회장님이 그때 마침 IOC와 관련된 이야기를 하고 있었거든요.

4 P(Pitch, Pace, Pause, Power)를 적절하게 활용하라

 제가 영어 프레젠테이션에 관한 책을 썼으니 영어 프레젠테이션을 어떻게 하면 효과적으로 잘할 수 있는지 말씀 드리고자 해요. 한국말을 잘한다고 해서 한국말 프레젠테이션을 잘하는 것이 아니죠. 영어도 마찬가지예요. 영어를 잘한다고 해서 영어 프레젠테이션을 잘하는 것이 아닙니다. 연습만 많이 한다면 영어를 완벽하게 하지 않아도 아주 좋은 프레젠테이션, 위대한 프레젠테이션을 할 수 있어요. 그렇다면 어떻게 연습해야 할까요?

이번에는 네 가지 팁을 드릴게요. 4P입니다. 바로 쉼(pause), 고저(pitch), 속도(pace), 강조(power)예요.

영어는 한국말처럼 억양이나 어조가 일정하지가 않습니다. 파동(wave)이 있어요. 영어를 말할 땐 이게 없으면 어색하고, 어떤 걸 강조하고 싶은지 몰라 이해가 안 될 정도죠. 한 문장을 읽더라도 강조하고 싶은 의미가 담긴 곳을 힘주어 말해야 합니다. 그래야 청중이 내 말 중 어떤 말이 중요한지를 알 수 있죠.

"사느냐, 죽느냐. 그것이 문제로다(To be or not to be. That is the question)." 셰익스피어의 희곡〈햄릿〉에 나오는 유명한 대사예요. 이 문장을 연습해보면서 4P를 알아보면 좋을 것 같아요.

첫째, 쉼(pause)이에요. 문장을 쉼 없이 읽게 되면 약간 어색합니다. 하지만 문장 중간중간에 잠깐 쉬어주면 어떨까요? 확실히 다릅니다. 쉴 때는 분명하게 쉬어줘야 해요. 1초든, 2초든 천천히 쉬어가면서 해야 합니다.

쉴 때는 마음속으로만 쉬었다고 생각하지 말고, 손으로도 시간을 재보세요. 본인은 너무 길게 쉬는 것 아닌가 생각할 수 있지만, 오히려 듣는 사람들은 여러분의 말을 극적으로 느끼고 긴장감도 느끼게 됩니다. '다음에는 무슨 말을 할까' 이 생각에만 빠져서 쉼 없이 말을 이어가는 것보다, 잠시 쉬어주면 연설이 더 자신감이 있고 힘 있게 느껴지죠.

둘째, 고저(Pitch)입니다. 고저는 올라가고 내려가는 것입니다. 손동작을 한번 같이 해볼까요? 여성들은 좀 더 쉬워요. 여성들의 목소리는 원래 어조가 좀 있어서 오르락내리락 합니다. 남성들은 여성에 비해 어조가 조금 일정한 편이죠. 저는 목소리가 악기라고 생각해요. 말할 때 항상 같은 어조면 얼마나 재미없겠어요. 높낮이를 사용하면서 올렸다가 내렸다가 해보세요. 높낮이를 연습하다 보면 고저의 범위가 점점 더 커집니다.

그러면 말에 극적인 요소가 생겨요. 올라가면 흥분을 나타내고, 왠지 좀 급한 문제 같고요. 내려가면 뉴스앵커처럼 신뢰감을 주죠. 하지만 항상 낮은 톤으로 얘기하면 재미가 없어요. 고저를 섞어가면서 하세요. 특히 영어는 그게 필요합니다.

셋째는 속도(pace)예요. 단어를 읽을 때 길게 늘여가며 읽을 수 있고, 빨리 읽을 수도 있죠. 보통 강조하려는 단어를 길게 늘여 읽으면 훨씬 더 감정이 느껴져요. 강조하려는 음정을 고무줄 늘이듯 하면 됩니다. 강조하려는 단어의 모음을 늘려보세요.

단어도 그렇지만 문단도 빨리 갈 수 있죠. 청중이 급박하게 느끼도록 만들어야 할 때는 속도를 내고, 정말 중요한 거나 어렵거나 숫자가 많이 들어갔을 때는 조금 천천히 가주세요. 그러면 청중이 듣기에 훨씬 편합니다.

마지막은 강조(power)입니다. 이건 좀 쉬워요. 강조하고 싶은 단어에 힘을 줘서 말합니다. 손으로 주먹을 쥐고 쳐보면서 말해보세요. 손동작을 같이 해보느냐 안 하느냐 차이가 굉장히 큽니다.

실전처럼 연습하고
실전에 도전하라

이렇게 4P를 활용해 연습하시면 됩니다. 하나만 하지 마시고 여러 개를 섞어야 해요. 그리고 어떤 내용에는 어떤 방법이 좋은지 실험하셔야 해요. 그것도 결국 연습해야 알 수 있겠죠. 직접 소리를 내고 몸동작도 같이 하면서 꼭 실전처럼 연습하시기 바랍니다. 머릿속으로만 하거나 아무도 보지 않는 화장실 앞에서 하는 것은 관중 수백 명이 있는 장소에서 하는 것과 아주 다르죠. 발표하기 위한 자리에 섰을 때 아무 생각도 안 날 수 있어요. 가능하면 미리 그 장소에 가서 해보거나, 그 무대를 미리 상상해서 연습해보세요.

중요한 행사라면 그날 입을 옷도 미리 입어보세요. 생각보다 단추가 더 벌어진다거나 뭔가 불편한 상황이 생길 수도 있어요. 프레젠테이션을 하는데 옷이 신경 쓰이면 안 되겠죠. 옷이 아니라도 신경 쓸 게 많으니까요. 꼭 실전처럼 연습해주세요.

더반에서 프레젠테이션을 위한 최종 리허설을 할 때 저도 모르게 감동을 받아서 눈물이 났어요. 그때 생각했죠. '울지 않도록 정말 조심해야겠구나.' 실전에서 울면 안 되잖아요.

실제 김진선 당시 평창동계올림픽유치위원회 조직위원장은 약간 눈물을 보이셨어요. 그러나 그분의 눈물은 지나친 건 아니었어요. 상황에 맞는 눈물이었어요. 그분은 10년 동안 동계올림픽을 유치하기 위해 노력하셨고, 그게 그분의 개인적인 꿈인 동시에 마지막 도전이었어요. 눈물을 보이는 것은 당연했죠. 그런데 저까지 눈물을 보이면 청중에게 반감을 일으켰겠죠. 최종 리허설 때 자칫 울게 될 수 있다는 걸 알아서 감정을 다스릴 수 있었어요. 리허설이 그래서 중요합니다.

또 프레젠테이션을 할 기회가 있다면 꼭 도전하시기 바랍니다. 직접 해보면서 배우는 것이 수백 번, 수천 번 리허설을 하는 것보다 좋아요. 어찌 보면 더반 프레젠테이션에서 여러분이 저를 알게 된 것도 제가 처음과 마지막을 장식했기 때문이죠. 그 전 프레젠테이션에서 저는 한 번도 중요한 역할을 한 적이 없었어요. 그렇게 중요한 발표자가 아니었죠.

하지만 더반에서 회의할 때 IOC 위원들이 언어의 불편함 없이 가장 편안하게 들을 수 있어야 우리 메시지에 바로 집중할 수 있다고 의견이 모아져서 제가 추천됐어요. 처음엔 저도 반대했어요. 조양호 위원장, 김진선 위원장에 이명박 대통령까지 계시는데 어떻게 제가 감히 먼저 할 수 있을까. 실수를 하면 어떻게 하지? 내가 10년의 도전을 망치면 어떻게 하나? 제겐 너무 큰 부담이었어요.

하지만 그건 제 생각일 뿐이죠. 제가 아무리 실패가 두렵고 부담스럽고, 밤에 잠이 안 올 정도로 걱정이 되도 이건 제 개인의 문제가 아니라 우리 팀을 위한 문제잖아요. 무엇보다 프레젠테이션이 45분 동안 계속되기 때문에 IOC위원들이 가장 편안히 볼 수 있어야 하고, 그걸 내가 잘할 수 있다면 아무리 부담감이 크고 떨려도 해야 한다고 생각했어요. 그래서 도전했어요. 그래서 이렇게 여러분과 만나게 된 것이죠.

여러분도 앞으로 프레젠테이션을 할 기회가 있다면 꼭 도전해보시길 바랍니다. 청중이 눈빛을 보내주고 고개를 끄덕여주고 미소를 보내줄 때 짜릿함을 느낄 수 있어요. '내가 정말 청중과 소통했구나'라는 생각이 들죠. 청중을 위한 프레젠테이션이지만 사실은 제가 더 얻은 것이 많아요. 끊임없이 프레젠테이션에 도전하시고 더 넓은 세상과 소통하시기 바랍니다.

- 모국어는 A언어라고 하고, 익숙한 정도에 따라 B언어, C언어로 나눌 수 있습니다. 나대변인께서는 한국어가 A언어가 아닌 것으로 알고 있는데, 프레젠테이션을 하기 위해 어떤 노력을 하고 어떻게 관리하셨나요?

제 A언어는 영어입니다. 어릴 때부터 배운 언어입니다. 처음 학교 가서 배운 것도 영어고, 일할 때도 영어를 사용했어요. 영어는 제게 가장 편안한 언어죠.

제게 B언어는 한국어고, C언어는 프랑스어라고 해야겠지요. 프랑스어는 제가 어릴 때부터 공부해왔고 제2외국어로도 공부했지만 졸업 후에 쓸 기회가 없었어요. 그러다 보니 말이 잘 안 나올 정도였어요. 많은 분들이 영어는 아무리 공부해도 '말'이 안 나온다고 하시는데, 저도 똑같았던 거죠. 프랑스어를 할 때마다 영어라고 오해받을 정도로 듣는 사람이 잘 이해하지 못했고, 교수님께 혼나기도 했어요.

관리 방법이라고 한다면 프랑스어 과외를 받으면서 정말 열심히 공부했어요. 과외 선생님 목소리를 부지런히 따라 했고요. 선생님과 만나는 한 시간 반 동안 한국어 없이 프랑스어만 쓰려고 했어요. 그 언어의 '근육'을 익히려는 거죠. 지금은 프랑스 사람을 만날 이유가 없기 때문에 프랑스어 실력이 다시 퇴보됐을 거예요.

전 프랑스어를 좋아해서 샹송을 듣거나 부르고, 인터넷을 찾아서 소리 내 읽어보려고도 해요. 소리 내서 읽기가 오늘 이 자리까지 오게 된 가장 큰 자기관리 방법이라고 생각해요.

어릴 적 잠시 한국에 왔다가 초등학교 5학년 때 외국으로 다시 나갔는데요. 그새 영어를 잊어버렸더군요. 한국에 있는 1년 반 동안 한국어만 익히려고 하다 보니까 영어 공부를 한 번도 안 했고, 1년 반 후에 다시 영어를 하려니까 말이 안 나오더라고요.

그때 가장 도움이 됐던 게 '소리 내어 읽기'였습니다. 저희 담임선생님께서 저음의 목소리로 얘기해주시는 게 너무 멋져서 집에서 소리 내서 선생님을 따라 했어요. 언어는 말하는 것이기도 하지만 듣는 것이기도 하잖아요. 내 말을 들을 때 내 목소리가 지루하면 여자 목소리, 남자 목소리로 바꿔 가면서 변화를 줬는데, 그때 4P를 자동적으로 익혔어요.

여러분, 스마트폰 갖고 계시죠? 본인의 목소리를 녹음해보세요. 영어가 아니라면 한국어도 좋아요. 사실 우리는 자기 목소리가 어떻게 들리는지 잘 모르고 사는 경우가 많아요. 자기 목소리를 들어보면서 '이런 건 좋다', '이런 건 고쳐야겠다'고 의식하면서 들어보세요.

듣다 보면 청중이 듣기 좋은 목소리, 알아듣기 쉬운 목소리를 알 수 있습니다. 참고로 저는 지금도 소리 내어 읽으면서 한국어를 계속 연습해요. 우리 아들이 태어난 뒤 한글 책을 꾸준히 열심히 읽어줬는데, 그 덕분에 이 정도까지 된 것이죠.

좋은 강연을 따라 해보는 것도 좋아요. TED(기술, 오락, 디자인에 관한 강연을 여는 미국의 비영리 재단)의 강연이나 미국 드라마의 대사를 따라 해보세요. 좋아하는 발표자나 배우의 말을 그대로 따라 해보면 큰 도움이 돼요. 좋은 질문 감사합니다.

■ 20대 취업 준비생입니다. 현실과 꿈의 괴리도 느끼고 현실에 안주하고 싶은 생각이 들

때가 있어요. 그런 생각이 들 때 자기를 채찍질하는 방법이 있으신가요?

사실 전 20대에 뚜렷한 꿈이 없었고 나름 방황도 좀 했어요. 30대 초반까지도 그랬죠. '내 일, 내 가족, 내 주위 친구와 친척 등 아는 사람들과 잘 지내면 되겠지', '영어 조금 하니까 어느 정도는 살아가겠지' 이렇게 생각하고 큰 꿈이 없었어요.

제 꿈이나 열정을 찾게 된 건 2년 전 평창동계올림픽 유치 활동을 하면서였어요. 이 일을 하면서 스포츠 선수뿐 아니라 스포츠 분야에 있는 모든 분들의 열정이 대단하다는 걸 알게 됐어요. 큰 꿈을 갖고 열정적으로 도전하고, 실패하거나 다쳐서 실망해도 끊임없이 다시 도전하는 모습에 큰 감동을 받았어요.

젊은 분들이 제게 이런 질문을 많이 하시더라고요. "어떻게 하면 좋은 스펙을 많이 쌓을 수 있나요?"

전 많이 경험해보라고 강조하고 싶어요. 경험해봐야 내 꿈과 내 인생의 방향을 찾게 되는 것 같아요. 전 평창을 만난 뒤 이렇게 새로운 인생이 펼쳐질지 몰랐어요. 더반에 섰을 때도 IOC위원들만 생각했지, 이렇게 여러분과 만나게 될 줄은 꿈에도 몰랐거든요. 하지만 이렇게 됐잖아요.

인생은 일단 내가 지금 처해 있는 상황에서 긍정적으로 열심히 하다 보면 나도 모르게 기회가 생기는 거라고 생각해요. 현실에 충실하면 그 기회를 잡을 수 있는 능력이 생기고요. 면접을 볼 때 용기를 갖고 나만의 장점이 무엇인지 어필할 수 있는 방법을 생각해보시길 바랍니다. 남들이 내놓은 모범 답안은 이야기하지 마시고요. 본인의 장점이 뭔지 모르더라도

"열심히 하겠습니다. 배우겠습니다"라고 하는 태도도 중요한 것 같아요.

- 회사에서 프레젠테이션을 할 때 어떻게 말문을 열고 이야기를 시작해야 할지 큰 고민입니다. 영어로 프레젠테이션을 할 때는 모국어가 아니니 먼저 양해를 구하는 것이 좋은지도 고민이고요.

프레젠테이션을 할 때 영어가 완벽하지 않다고 처음부터 양해를 구하는 건 '절대 반대'입니다. 얼마 전 대학생들이 하는 영어 프레젠테이션에서 심사를 본 적이 있는데요. 여덟 명 중 네 명이 그러더라고요. "제 영어가 완벽하지 않습니다. 하지만……(My english is imperfect, but……)."

솔직히 그 얘기를 들을 때마다 이런 생각이 들었어요. '앞으로 10분 동안 얼마나 괴로울까?' 기대감과 집중도가 떨어집니다. 그리고 자기도 모르게 그 학생이 실수하기만을 기다리게 돼요. "난 모국어로 하면 잘할 수 있는데 외국어라 잘 모르겠다"라고 하는 것은 솔직히 좀 아니라고 생각하거든요.

자기가 하고 싶은 이야기가 분명하면 모국어든 외국어든 어느 정도는 이야기할 수 있다고 생각해요. 완벽한 영어는 필요하지 않아요. 지금은 영어가 모국어가 아닌 사람들이 훨씬 더 많이 영어를 하잖아요.

IOC위원들도 그렇고요. 그분들은 '얼마나 영어를 잘하는가'가 아니라 '얼마나 열정을 지니고 눈빛을 교환하면서 소통하려고 하는가'가 중요하다고 생각해요. '발음이 틀렸다', '문법이 틀렸다' 그런 걸 생각하진 않아요. 제가 오늘 한국어로 말하면서 많이 실수했을 거예요. 그렇다고 여러분 일일이 '저 사람은 한국어를 못하는구나'라고 생각하진 않으셨죠? 저는 제 한국어 실력보다 제 강연의 내용과 강연에 임하는 제 자세에 더 주목해주시길 기대합니다.

사람들은 한 번 들으면 알아요. '저 사람은 영어가 모국어가 아니구나.' 아까도 말씀드렸다시피 청중은 발표자가 잘하길 원해요. 그러니 아무리 떨리고 자신이 없어도 시작하면 무조건 웃으세요. 그러면 청중은 대부분 같이 웃어줍니다. 그러다 보면 나도 모르게 어깨가 펴지고 자신감이 생기죠. 그런 것을 몸에서도 따라 하게 됩니다.

그리고 절대로 사과하지 마세요. 다만 이해가 잘 안 될 수 있는 단어에만 신경 써서 발음해주시고요. 제가 많은 외국인을 만났지만 외국 사람들도 오타가 많았어요. 제가 늘 고쳐줬죠. 어찌 보면 외국어를 정말 잘하는 사람은 한국인인 것 같아요. 늘 열심히 실력을 갈고 닦기 때문이죠.

내 영어 실력을 얼마나 완벽하게 보여줄 것이냐가 아니라 내 진심과 열정, 내가 하고 싶은 이야기를 얼마나 짜임새 있고 간단하게 정리할 것인지 초점을 맞췄으면 좋겠어요.

프레젠테이션을 할 때 처음을 어떻게 시작해야 하는지 모르겠다면 다른 사람들이 어떻게 하는지 유심히 지켜보세요. 어떤 사람의 스타일이 괜찮다고 생각하면 거기서 아이디어를 가져오세요. 그리고 자신 있게 영어로 한번 해보세요. 그러면 의외로 반응이 좋을 수도 있죠.

어떤 사람에게는 남 앞에서 말을 한다는 게 죽음보다도 공포스러운 일이라고 하죠. 하지만 어떤 일이든 어느 정도 넘어야 할 고비는 있는 거예요. 내게 프레젠테이션이 맡겨졌다면 일단 그들이 나를 선택한 이유가 있어요. 상사들이 나의 가능성과 장점을 본 거예요.

내가 왜 이걸 해야 되는지부터 생각해보세요. 나를 뽑은 이유가 있을 거 아니에요. 이렇게 내가 반짝반짝 빛날 수 있는 기회, 이렇게 좋은 기회가 어디 있겠어요. 남자들은 나 대신 다른 사람을 시키라고는 안 할 것 같아요. 그 시간에 열심히 노력하죠. 여성들도 두려워하지 말았으면 좋겠어요. 오히려 여성들이 훨씬 더 잘할 수 있어요.

■ 대학생이 꼭 해봤으면 좋겠다는 것이 있으신가요? 20대 청년들에게 해주고 싶은 이야기가 있다면.

제가 대학시절에 잘한 것은 1학년 때 동아리 활동을 했던 것이라 생각해요. 동아리 활동을 하면서 영어 말하기대회에 나갔는데 그때 연습의 중요성을 알게 됐어요. 3개월 동안 스피치를 연습할 때, 캠퍼스를 돌아다니면서 야외에서 연습했어요. 그걸로 학점도 만회할 수 있었고, 자신감도 생겼죠.

다른 원어민 학생들도 있었는데 동아리 내 영어 말하기대회에서 제가 이겼거든요. '흠, 나도 나쁘지 않나 보다. 뭔가 할 수 있나 보다' 이런 자신감이 생겼어요. 그래서 대학을 졸업하고 아리랑TV에 지원할 수 있었던 것 같아요.

하지만 대학에 다닐 땐 뚜렷한 꿈이 없었어요. 방송에 어느 정도 관심이 있었고 방송국에서 잠시 인턴을 하기도 했지만, 평소 이상적으로 생각하던 것과 너무 달라서 그 꿈을 포기하고 싶을 정도였거든요. 늘 치열하거나 무조건 도덕적으로만 일하는 것은 아니더라고요.

연애도 많이 했어요. 놀기도 했고요. 제가 좋아하는 교수님의 수업은 정말 열심히 들었습니다. 교과서 말고 다른 책을 많이 읽었어요. 하나 후회하는 게 있다면 연애하느라고 여행을 많이 다니지 못한 거예요.

저는 대학은 미래와 취업 걱정보다는 자유를 만끽하면서 방황도 하고, 책도 보고, 봉사활동도 해보고, 하고 싶은 것을 부담 없이 해볼 수 있는 곳이라고 생각해요. 현실적으로 취업도 걱정해야 하지만 1학년 때부터 걱정한다고 4학년 때 취업이 잘될까요? 아닌 것 같아요. 어떤 경험을 했는지, 그 경험으로 뭘 배웠는지가 더 중요해요. 경험에서 나오는 창의력과 다른 사람에 대한 배려가 앞으로는 더 중요할 겁니다. 저는 뚜렷한 꿈은 없었지만 매 순간 열심히 살려고 노력했어요.

- 30대 주부입니다. 자녀들에게 외국어 교육을 어떻게 시키는 게 효과적일까요? 또 특별한 자기 관리비법이 있으시다면.

저는 한국에서 태어났지만 네 살 때 외국에 갔기 때문에 외국어를 자연스럽게 익히게 됐어요. 제가 공부를 열심히 해서 외국어를 잘하게 됐다고는 말씀드리기 어려울 것 같아요. 하지만 외국어 실력을 유지하려고 매일 영어 라디오를 듣고 소리 내어 따라 읽었어요. 또 뉴스를 읽으면서 지금 많이 쓰는 생생한 표현을 익혔고요. 지금도 말을 잘하는 사람이 어떤 표현을 쓰는지 적극적으로 들으려고 해요.

제 남편은 캐나다 교포라서 저희끼리는 영어로 이야기하기도 해요. 하지만 아들에게는 한국어로 얘기해요. 아들에게 처음부터 언어로 혼란스럽게 하면 안 되겠다는 생각이 들어서죠. 아들이 한국어를 제대로 잘했으면 하는 바람도 있고요.

아들이 아직 여섯 살 밖에 안 되서 영어를 따로 교육하지는 않고, 매일 영어책을 읽어주고 〈스타워즈〉를 영어로 들려줘요. 그런 식으로 영어를 환경 속에서 자연스럽게 노출시켜 주려고 해요.

재미난 일화를 하나 소개해드릴게요. '아이패드2' 광고를 보시면 TED 강연이 나오는데, 거기에 한국분이 나와요. 데니스 홍(Dennis Hong)이라고 로봇을 만드는 분인데, 그분이 저희 동아리 선배예요. TED에 한두 번 정도 나오셨는데, 영어를 굉장히 잘하세요. 발음도 굉장히 훌륭해서 저도 대학교 때 그 선배한테 "어디에서 살다 왔느냐?"고 물어봤어요. 그런데 그 선배는 한 번도 외국에 산 적이 없다고 답하는 거예요. 하지만 어렸을 때 어머니가 AFKN(주한미군 방송)을 늘 틀어주셨대요. 전 그분의 발음을 듣고 놀랐어요. 언어에 소질도 타고 나야겠지만 여러 방법이 있는 거예요. 내가 관심 있는 것을 반복적으로 접하고 입 밖으로 내뱉는 연습을 하면 효과적일 거예요.

그리고 마지막으로 자기 관리에 대해 말하자면 제가 평창 일을 하면서 5kg이 늘었어요. 오찬, 만찬 때문에 매일 스테이크를 먹는 일이 많았고 회의가 끝나면 로비에서 사적인 만남도 많았거든요. 외신기자들이나

IOC 위원들을 만나야 하는 자리죠.

일이 끝난 뒤 TV에 나온 제 모습을 보고 정말 경악했어요. 그 이후로 열심히 운동했죠. 나이가 들다 보니 운동이 외모를 가꾸기 위한 것도 있지만 체력을 키우기 위한 필수 과정이더라고요. 그래서 필라테스를 하고 있고요. 술은 적당히 마시려고 노력합니다.

무엇보다 긍정적이고 즐거운 마음을 지니는 것이 중요한 것 같아요. 나이가 비슷한데, 어딘가 그림자가 있거나 힘들어 보이는 사람이 있잖아요. 마음을 다스리는 것이 중요한 역할을 한다고 생각해요. 긍정적으로 생각하면 자연스럽게 자기 관리도 되는 것 같아요.

■ 여성으로서 일과 가정, 둘 다 지키고 싶은 마음이 있는데 그 둘 사이에서 어떻게 균형을 찾는지 궁금합니다.

일하는 많은 엄마들이 같은 고민을 합니다. 시간이 항상 부족하고, 일도 100% 만족하지 못하죠. 결혼 안 한 동료들은 내 처지를 잘 이해하지 못하는 것 같고, 일이 많거나 출장이 잦으면 식구들에게도 미안하죠.

하지만 인생에는 타이밍이라는 게 있는 것 같아요. 제가 아들을 낳고 나서도 일을 하긴 했지만 출산 후 2~3년은 정말 열심히 아이를 키웠어요. 그렇게 아들에게 모든 걸 쏟아붓다 보니까 제 자신이 잊혀져가는 것 같더라고요. 그때 저 자신을 알게 됐죠. '나는 집에서 아들을 키우고 남편에게 맛있는 음식을 해주고 집 안을 완벽하게 꾸미면서 즐거워하는 유형이 아니구나' 사실 그런 걸 잘하지도 못했어요. 그래서 스트레스였죠. 일과 가정 모두 제대로 하지 못하고 몸도 피곤하지만, 내가 즐겁고 행복한 마음으로 하면 내 남편과 아들도 그 즐거운 마음을 공유해줄 거라고 생각했어요.

둘 중 완벽한 것은 없는 것 같아요. 그걸 남들은 대체 어떻게 하는지, 우리 부모님 세대는 어떻게 자식을 서너 명씩 낳아 키우셨는지 정말 궁금해요. 저는 항상 쩔쩔매는데 말이죠. 그래도 너무 힘들 때 아들이 한 번 안아주면 다 잊어버리는 거죠. 그래서 둘 중 하나도 절대 포기할 수 없어요. 저는 둘 다 힘들지만 계속 안고 갈 거예요.

■ 난관에 부딪혔을 때 이겨낸 경험이 있으신가요? 위기가 왔을 때 의연하게 잘 넘겼던 경험이 있으신지?

대학교 때 마음을 다스리는 법을 많이 생각했어요. '내가 바꿀 수 없다면 내가 바뀌어야 한다'고 생각했죠. 그 사건을 어떻게 받아들이느냐 하는 것은 결국 나에게 달린 문제예요. 말이야 쉽죠. 하지만 계속 긍정적으로 받아들이려고 하다 보면 어느 날 아침에 일어났을 때 뭔가 해답이 보이는 것처럼 느껴져요. 또 그다음 날 자고 일어나면 뭔가 덜 힘들어진 것 같고요.

그리고 내게 힘을 주는 주위 사람에게 도움을 청해보세요. 저는 혼자 꾹 참는 성격이긴 한데 정말 힘들면 찾아갈 수 있는 사람들이 몇 명 있어요. 그분들한테 도움의 손길을 뻗어보세요. 그분들께 큰 위안을 받을 수 있죠. 저는 마음을 다스리는 것과 주위의 위안이 어려움을 이겨내는 데 큰 도움이 됐어요.

평창 일을 하면서 제 좌우명이 "꿈은 크게, 일은 치열하게(Dream big and work hard)"였어요. 1년 반 동안 가족, 친구들과 떨어져 지내야 했고 처음엔 주변이 모두 사이가 어색한 사람들뿐이었어요. IOC위원들은 물론이고 같이 일하는 사람들도 처음 만나는 사람들이 많았거든요. 그때 항상 제가 힘을 내게 한 것이 그 한 문장이었어요.

'Dream big'은 저희 슬로건이었는데 꿈은 크게 꾸자는 의미죠. 우리나라를 대표하는 것 같기도 하고 저도 너무 맘에 들었던 슬로건이었어요.

'Work hard'는 IOC위원들이 저를 볼 때마다 항상 했던 얘기예요. "Work hard, you must work hard." IOC 위원들을 보면 어떻게 그렇게 살 수 있는지……. 평균 나이가 80세 정도인데 저보다 기운이 두세 배는 넘쳐요. IOC 위원 말고도 다른 직업이 두세 개씩 있는데 정말 열심히 일하세요. 항상 그분들 말씀을 들으면서 큰 꿈과 큰 희망을 위해서 열심히 일하자라고 생각했어요.

- 평창에서 꿈을 다시 꾸게 됐다고 했는데…….

평창 일을 할 때 주위에 여성들이 몇 명 있었습니다. 선수들도 있었고, 유치위원회에서 같이 일하는 분들도 있었고요. 그 여성들이 다들 힘이 넘치고 잠재력이 있어서 앞으로도 할 역할들이 많겠다고 느꼈어요.

더반에 다녀온 뒤 여성들이 제게 와서 이런 얘길 했어요. "감명 깊게 봤습니다." "해외에 가서 우리나라를 알리고 싶습니다." 그때마다 저는 이렇게 생각했어요. '네, 여러분 정말 나가셔야 합니다. 해야 할 일이 많아요.'

요즘은 소통의 시대, 창의력의 시대잖아요. 한국 여성들에겐 강점이 많아요. 그런 분들이 꿈을 이루는 걸 돕기 위해 저는 무엇을 할 수 있을까요? 제 강점은 영어잖아요. '어떻게 하면 영어로 세상의 마음을 열고 세상과 소통할 할 것인가.' 이런 욕구가 있는 분들을 돕고 싶어요.

2009년 덴마크 코펜하겐에서 IOC총회가 열렸어요. 그때 국제 대학생 경연에 저도 참석할 기회가 있었는데 한국 여학생이 1등을 했어요. IOC위원 100여 명이 있는 앞에 그 여학생이 한복을 곱게 차려 입고 나갔대요. 한복을 입고 있는 당당한 모습에 많은 IOC 위원들이 그 여학생과 사진을 찍자고 했대요. 그 와중에 자크 로게 IOC위원장이 등장했어요. IOC위원장은 그곳에서 거의 '스타'죠. 위원장이 지나가면 사람들 사이로 길이 만들어질 정도인데 그 여학생이 당당하게 다가가서 인사했대요. "안녕하세요. 로게 씨. 저는 OOO입니다. 만나서 반가워요(Hello Mr. Rogge, my name is OOO. nice to meet you)."

그러면서 명함을 한 장 로게 위원장에게 건넸대요. 평소 잘 웃지 않는 로게 위원장이 명함을 보더니 크게 웃었대요. 명함에 뭐라고 써 있었냐면 이름 아래 '미래의 IOC위원장(FUTURE IOC PRESIDENT)'라고 적혀 있었다고 합니다. 얼마나 당당하고 예뻐요. 그런 자신감, 당당함을 갖고 큰 꿈을 꾸면서 열심히 도전하시기를 바랍니다. 감사합니다.

내 인생,
나의 것으로
만들기

인생은 타이밍, 행복을 좇아라

김미화

긍정하고 실험하면

인생을 바꿀
'그 순간'이
다가온다

김미화는 1983년 'KBS 공채개그맨'에 합격한 뒤 '쓰리랑 부부'의 '순악질 여사'로 최고 인기 코미디언이 됐습니다. MBC 라디오 시사프로그램 〈세계는 그리고 우리는〉에서 청취자의 눈높이에 맞춘 진행으로 인기를 끌었습니다. 'KBS 블랙리스트 사건'으로 잠시 떠나 있었지만 현재 CBS 라디오 〈김미화의 여러분〉, 인터넷 팟캐스트 〈나는 꼽사리다〉 등으로 맹활약 중입니다. 최근엔 자신의 인생을 담은 책 「웃기고 자빠졌네」를 펴냈습니다.

반갑습니다. 저를 직접 보면 실물이 더 예쁘다는 이야기를 많이 하시더라고요. 고맙습니다.

제 책 제목은 아시는 바와 같이 '웃기고 자빠졌네'입니다. 많은 분이 책방에 가서 제 책을 찾다가 "자빠졌네는 자빠졌네인데……" 하면서 뭐가 자빠졌는지 헷갈려서 '지랄하고 자빠졌네'를 찾기도 하신다고 하더라고요. 정확한 책 제목은 '웃기고 자빠졌네'입니다.

요즘 세상이 정말 이상하죠. 상식이 통하지 않는 세상, 그래서 답답함을 많이 느끼는 세상이 됐어요. 저도 마찬가지입니다. 제 꿈대로 사람들을 웃기다가 나이 들고 그렇게 무대에서 자빠질 수 있을까에 대한 고민이 커졌어요.

전 여섯 살 때부터 코미디언이 되고 싶었습니다. 학교 갔다 와서는 책가방 집어 던지고 TV가 있는 쌀집에 가서 코미디를 보거나 레슬링을 보는 게 유일한 공부였습니다. TV에서 매일 보던 서영춘 선생님께서 돌아가시기 전에 후배들을 집으로 초대하신 적이 있어요. 간암에 걸리셔서 누워 계셨어요.

그때 전 신인이었어요. 그것도 TV에 보일락 말락 했는데, 절 보시더니 "너 참 잘하더라. 붐빠라붐빠 붐빠바~" 하시는데 그때 그 모습을 잊을 수가 없는 거예요. 제가 여섯 살 때부터 우상으로 여기던 선생님이자 대선배님이 저한테 "너 참 잘하더라. 붐빠라붐빠 붐빠바~" 하고 누우신 거잖아요. 그때 저는 '그래, 저분이 인정하실 정도면 나는 한국 코미디를 이끌어갈 주인공이야' 하고 생각했죠.(웃음) 그랬던 서영춘 선배님이 돌아가셨어요.

서영춘 선배님의 장례식에 참석했습니다. 죽음이라는 건 엄숙하고 근엄한 것이잖아요. 그런 자리에서는 식순에 따라 이야기를 하죠. 그런데 사회자가 "선배님은 세상을 많이 웃기다가 돌아가셨습니다. 선배님의 유행어로는 '요건 몰랐지', '붐빠라붐빠 붐빠바~'가 있습니다"라고 읽는 거예요. 슬픈데 웃긴 거죠. 이주일 선배님이 돌아가셨을 때는 "이주일 선생님께서 남기신 유행어로는 '일단 한번 와보시라니까요!'가 있습니다." 뭐 이런 식이에요. 그러니까 장례식장 분위기가 너무 엄숙해지지도 않고요. '아, 이런 게 코미디언이구나' 하고 확 와 닿더군요.

죽을 때도 즐거움을 남기고 가는 사람, 그게 바로 코미디가 평생 직업인 내가 가야 할 길이라고 생각했습니다. 그래서 제가 묘비명을 '웃기고 자빠졌네'로 정한 거죠. 제 장례식이 얼마나 재밌겠습니까. "김미화 선배님이 첫 작품으로 남기신 책은 「웃기고 자빠졌네」입니다." 이런 식이에요.

'음메 기죽어, 음메 기살어'도 제 장례식 때 나오겠죠. 이런 얘기들로 저는 세상이 조금이나마 즐거워졌으면 좋겠다고 생각하면서 살았습니다.

김미화는 김미화다, 억울해서 썼다

제 책이 그렇게 무거운 책은 아니에요. 처음에 이 책을 쓰려고 생각했을 때는 정말 내가 왜 이렇게 편향된 사람들의 시선 때문에 좌파도 아닌데 좌파로 몰려야 하는지 회의가 들었어요. KBS에서도 제가 '블랙리스트'에 올라야 할 사람이 아닌데 그런 사람으로 몰리면서 나오게 됐고, 세상도 저를 마치 주류가 아닌 비주류처럼, 패배한 사람처럼 여기는 것 같아 탄식도 했고요.

MBC에서 시사프로그램을 정말 열심히 진행할 때도 그런 편향된 시각을 많이 느꼈어요. 제가 시사프로그램을 열심히 진행한 것은 아나운서나 기자들을 능가해서 잘하겠다는 게 아니었거든요. '여기서 어떻게 하면 코미디를 더 잘할 수 있지'라는 고민에서부터 시작한 거예요. 물론 제가 미모는 아나운서를 능가합니다만.(웃음)

시사프로그램을 잘하면 나중에 또 새로운 코미디를 만들어볼 수 있는 아이템을 뽑아낼 수 있겠다는 생각으로 도전한 거거든요. 그런데 우리 사회에서는 시사프로그램이 너무 높게 추앙받고 있어요. 그래서 "코미디언 네까짓 게 시사프로그램을 해" 하는 분위기도 있었는데, 제가 정말 잘했거든요. 시사프로그램을 10년 했어요. '너무 오래 했어. 이제 그만

해야 해'라는 생각이 들 정도였으니까요.

시사프로그램을 하면서 내 눈높이에서 궁금한 걸 물어보자 했던 게 사람들의 많은 관심을 끌었던 것 같아요. 그렇게 사랑을 받기 시작하니까 사람들이 "김미화가 혹시 딴생각하는 거 아니야? 정치하려고 하는 거 아니야?" 그러더라고요.

요즘은 연예인이 "나는 어느 후보를 지지합니다"라고 공개적으로 선언했다고 해서 불이익을 당하지는 않잖아요. 그런데 저는 정체가 모호했던 거예요. 어떤 후보에게도 지지선언을 안 하니까 "얘는 어느 편이야?" 하면서 수상해하는 거죠.

제가 NGO 활동을 많이 했는데 "그게 도대체 뭐야?" 하면서 자기들끼리 규정지어버린 거죠. 전 그런 세월들이 굉장히 억울했어요. 그래서 '아, 지난 5년간 이야기를 한번 쓰자'란 생각이 들었어요. 신문이나 방송을 통해 단편적으로 봐서는 제 일상을 알기 어렵잖아요. 개그생활만 30년이 흘렀는데 저에 대해서는 속속들이 잘 모르실 거 아니에요. 그래서 책을 내게 됐습니다.

인생은 타이밍,
깨달음의 순간을 놓치지 마라

「웃기고 자빠졌네」에는 지난 5년 동안의 이야기가 담겨 있어요. 행복한 이야기도 담겨 있어요. 제가 시골에 들어가 산 지 8년 됐는데, 정말 행복합니다. 재혼, 그건 진짜 어렵거든요. 재혼이 정말 성공하기 어렵습니다.

그런데 저는 성공했거든요. 누구한테도 듣지 못했던 재혼 이야기도 있어요. 재혼 이야기는 솔직하게 쓰고 싶었어요. 제 감정을 정말 솔직히 써야 하기 때문에 이걸 고치고 다시 뜯어고치고 하느라고 1년이 걸렸어요. 이 책이 얇은데도 그렇게 세월이 흐르더라고요. 열심히 쓰느라고요.

오늘 어떤 말씀을 드릴까 생각하다가 아침에 트위터를 봤어요. 이외수 선생님께서 "타이밍을 제대로 맞추는 센스"라며 제 책을 사진 찍어서 트위터에 올리셨더라고요. 「웃기고 자빠졌네」, 웃기는 이 세상하고 타이밍이 절묘하게 맞는다는 거죠. 그래서 '이거다, 타이밍!'이라는 생각이 들었습니다.

오늘 제 이야기를 들으러 오신 여러분은 알파레이디죠. 알파레이디……. 여성이라는 한계를 뛰어넘고, 사회의 편견을 뛰어넘어서 나 홀로 우뚝 서는 성공한 여성들. 저는 남자와 여자가 같은 선상에서 똑같이 제일 좋은 운동화를 신고 뛰어야 한다고 생각해요. 그런데 우리 사회에서는 남자는 운동화 신고 여자는 고무신 신고 뛰고 있어요. 지금 그런 몹시 어려운 상황에 있습니다. 여성들은 직장에서 계속 진급하지 못하고 어느 선에서 멈추게 되죠. 하지만 우리는 우리 스스로 그걸 뛰어넘어야 해요.

사실 전 첫 결혼이 행복하지 못했습니다. 그렇게 19년을 살았어요. 정말 저를 속이며 살아온 거였죠. 행복하지 못한데 계속 살아가는 것……. 그때는 그냥 제가 코미디언이고, 사회에서 어느 정도 알려져 있고, 사람들이 나를 주목하는데 '만에 하나 내가 이혼을 한다면 지금 하고 있는 일에 불이익을 받지 않을까' 하고 생각했어요. '사회적 편견으로 인해 매장당하는 것은 아닌가' 하는 두려움이 있었어요. 그래서 어쩌면 제 이기심으로, 성공하기 위해서 제 감정을 감추고 살았는지도 몰라요.

그런데 어느 날 침대에 누워 있다가 벌떡 일어났어요. '내가 여기서 왜 이러고 있지' 하는 생각이 들었던 거예요. 이상한 깨달음이죠. 사실 일상에서 부족한 게 없었어요. 좋은 집도, 좋은 차도 있고 코미디언으로서 엄청 잘나가는데 제가 부족한 게 뭐가 있었겠어요. 그런데 마음은 항상 슬프고 외로웠어요. 태양은 내리쬐는데 쉴 그늘이 없었던 거죠. 비가 내리는데 우산이 없는 느낌, 그런 마음들 있잖아요. 그런 마음에 무언가가 간절했는데도 저는 그냥 감추고 살았던 거죠.

그런데 그날 침대에서 벌떡 일어나면서 '인생은 짧아. 내일 내가 어떻게 될지 몰라' 하는 생각이 들었어요. 내일 교통사고로 죽을 수도 있고, 한 치 앞이 어떻게 될지 모르는 거잖아요. '아, 내가 왜 내 인생을 이렇게 허비하고 있지? 이렇게 살면 안되잖아. 그래! 가진 돈, 다 버릴 수 있어. 코미디언, 버릴 수 있어.' 그때 엄청난 결심을 한 겁니다.

'내가 가진 것 다 버리고 나면 뭘 할까. 일어나자마자 리어카를 끌고 명동에 가서 풀빵 장사라도 하자' 이런 생각을 했어요. 명동에 가서 '순악질표 풀빵'이라고 간판을 달고 이마에 일자 눈썹을 붙이고 풀빵을 팔면 하루에 열 사람은 팔아주지 않겠어요. 그때 저는 그것만 해도 행복할 것 같았어요. 정말 간절하게 그렇게 생각을 했습니다. 배추장사도 할 수 있다고 생각했고요. 나를 다 놓으니까 저 밑바닥에 정말 어떤 어려운 일도 할 수 있다는 용기를 갖게 된 거죠.

방송에 나오는 저 높은 분들을 보세요. 방송사는 잘 돌아가는 것 맞나요? 언론들은 제대로 돌아가고 있나요? 다 자기 출세를 위해서 자기 밥

그릇은 안 놓겠다는 거잖아요. 정치권도 마찬가지고요. 그러나 전 이걸 다 놓아버려야겠다고 생각하는 순간 정말 행복했습니다. 그래서 그때 제가 스스로에게 이렇게 선언했습니다. "이전의 김미화는 죽었다. 그리고 새로 태어났다."

이후 저한테 엄청난 일들이 벌어졌죠. 여러분, 회사에서 자의로 퇴사하는 것과 타의로 "너 나가"라는 소릴 듣는 건 다르죠. 갑자기 방송국에서 하던 시사프로그램 말고 다른 걸 하라고 하는데, 왜 내가 다른 데로 가야 해요? 이유도 물을 수 없고 무작정 다른 데로 가라고 하면 이건 견딜 수 없는 거거든요. '내가 패배했나? 실패한 건가?' 생각할 수 있잖아요.

밑바닥까지 가보면
무서울 게 없다

제가 책에 자세히 기술해 놨지만 'KBS 블랙리스트 사건' 때 127일 동안 경찰서를 네 번 갔어요. 경찰서에 갈 때마다 사진기자들이 와서 '파바박' 플래시를 터뜨리며 사진을 찍어대죠. 그때마다 제가 어떤 생각을 했을까요? 사실 속으로는 즐기고 있었어요. 이게 정말 힘들면 엄청난 스트레스잖아요.

여러분, 제가 이혼을 생각하면서 김미화는 죽었다고 생각했다고 했잖아요. 사람에게 가장 큰 스트레스는 죽음이래요. 인간이라면 누구나 죽는다는 것이 굉장한 스트레스죠. 가끔 누워 있다가 '나 이렇게 죽는 거야?' 하는 생각이 들면 나약해지고 벌떡 일어나게 되잖아요.

죽음 다음으로 가장 큰 스트레스가 이혼입니다. 제가 이런 엄청난 스트레스를 견딘 여인인 거죠. 이런 사람들이 무서운 사람입니다. 그 스트레스를 받아봤기 때문에 나머지 스트레스는 아무것도 아닌 거였어요. 'KBS에서 이렇게 나온다면…… 오케이! 나도 즐겨줄게' 전 사실 이런 마음가짐이었어요.

자, 제가 오늘 경찰서를 간다고 쳐요. 그럼 저는 '오늘은 뭘 어떻게 입고 가나'를 궁리했어요. 제가 TV 뉴스를 보면서 분석도 해봤다니까요. '아휴, 저 아줌마는 너무 칙칙해'라고 하면서요. 옷도 여러 색깔을 골라서 입어보고 가방도 핸드백을 들까, 배낭을 멜까 고민하는 거죠.

'스카프도 다음에는 밝게 매야지'라고 다짐하고요. 그런데 뉴스를 보니까 사람들이 경찰서에 올 때 하나같이 서류가방 같은 걸 다 들었어요. 그래서 나도 저런 걸 들어야겠다고 생각하고 찾아봤어요. 마침 우리 집에 노트북 가방이 있더라고요. 그래서 그걸 들고 갔죠.

또 경찰서에 가면 기자들이 제 앞에 반달형으로 쫙 서 있습니다. 요새는 카메라가 자동으로 연속촬영이 되잖아요. 한 발짝 갈 때마다 플래시가 '파바박' 터져요. 제가 손만 올려도 '파바박'. 몸을 조금만 움직여도 '파바박'. 그래서 제가 속으로 '손을 한번 콧구멍에도 넣어볼까' 이런 생각까지도 해봤습니다.(웃음)

사람을 잘못 본 거죠. 왜냐면 이혼이라는 극한의 스트레스를 맛봤던 여인에게 어떤 스트레스를 더 줄 수 있겠습니까? 방송을 못 하게 된 거요? 아까 제가 얘기했죠. '풀빵 장사나 할까' 하는 생각을 했을 때 너무나 자유로웠다고. MBC? 왜 저한테 시사프로그램을 못하게 해요? 내가 무슨 얘기를 했기에? 왜 자기들이 편견을 가지고 그러는지 모르겠더라고요.

그때 남편이 제 짐을 덜어주더군요. "괜찮아, 내 월급 갖고 삽시다." 그래서 저도 "그럼 적게 먹고 적게 싸지, 뭐" 이렇게 된 거죠.

침대에서 벌떡 일어나 저를 깨우치게 한 게 뭔지는 모르겠어요. 신이 가르침을 줬는지 모르겠지만, 그게 절묘한 타이밍에 내가 인생을 주도적으로 살아갈 수 있도록 하는 계기가 된 것 같아요. 아무런 자신감이 없어도 나에게 '나는 이렇게 갈 거야'라고 스스로 자신감을 불어넣으면 그게 자신감이 되는 거예요.

뼛속까지,
나는 코미디언이다

제가 〈개그콘서트〉를 기획했습니다. PD들이 아무도 안된다고 할 때 큐 시트(프로그램을 제작하기 위해 연기자의 동작이나 진행순서를 정리한 표)까지 직접 그려서 방송국 본부장실에 가져갔어요. 저도 사실 자신은 없었어요. 이게 과연 성공할지 의문도 들었고요. 그래도 본부장을 꾀어야 하니까 똑바로 쳐다보고 얘기했죠. "제가 자신 있습니다"라고 말하면서 말입니다. 그렇게 탄생해서 성공한 것이 〈개그콘서트〉입니다. 그렇게 내 인생은 내가 만들어가는 거죠.

제가 시사프로그램을 한다고 어떤 분들은 달갑지 않은 시선으로 바라보세요. 많은 분들이 시사프로그램을 높게 칩니다. 하지만 저한테는 이게 그렇게 높은 게 아니거든요. 저는 좋은 코미디를 하기 위해서, 개그를 잘하기 위해서 시사프로그램을 했던 거고요. 제가 처음에 MBC에서 잘 했기 때문에 PD들이 선택한 거예요. '김미화는 재미있으니까 말랑말랑한 시사프로그램을 한번 맡겨보자.' 이렇게 해서 된 거거든요.

사실은 제가 예전에 교양 프로그램도 많이 했습니다. 〈TV, 책을 말하다〉부터 시작해서 아나운서들과 함께 아침 프로그램도 많이 진행했어요. 〈TV는 사랑을 싣고〉도 했고요.

그런데 그런 건 기억 못 하고 '쓰리랑 부부'에 순악질 여사로 나온 코미디언으로만 기억하잖아요. 그래서 저는 스스로 실험을 해본 거죠. '내가 10년 뒤에 뭐가 돼 있을지 보자. 그리고 당신들도 지켜봐달라'라고 생각해서 시도를 했던 거예요.

저는 코미디언이 이 세상에서 제일가는 직업이라고 생각하고, 코미디언으로서 자부심도 굉장해요. 시사프로그램 진행자가 된 건 제가 코미디를 잘해서 뽑힌 거잖아요. 그런 자부심이 있는데 그게 왜 더 발전이 안되고 남들에 의해서 코미디를 못하게 되느냐는 거죠. 그건 아니죠.

긍정의 힘,
간절하면 이루어진다

지금 후배들이 잘하고 있어요. 칭찬합니다. 잘하는 건 칭찬해야 하는 거예요. 재석이 만나도 칭찬하고, 강호동을 만나도 칭찬해요. 〈개그콘서트〉 후배들은 가서 자장면도 사주고, 책도 사주고, 칭찬도 많이 해줘요.

이러면 뭐가 좋으냐. 나중에 얘네들이 잘나가서 기자들과 인터뷰할 때 제일 존경하는 선배로 김미화를 꼽을 거 아니에요. 그 효과가 어마어마하거든요.(웃음)

그러나 이 친구들은 저와 경쟁자예요. 저도 이대로는 물러설 수 없죠. 저는 제 일생 동안 문화를 바꿔보고 싶어요. '나이듦'을 인정하지 못하는 문화, 이게 바뀌어야 해요. 바뀔 수 있다는 가정하에 저는 실험하는 겁니다. 제 인생을요. 꼭 성공할 겁니다. 이제는 좀 나이 들어서도 진행할 수 있는 프로그램들이 생겨야 하지 않을까요. 세상이 많이 바뀌었잖아요. 미국 프로그램, 유럽 프로그램은 좋아하면서 우리는 왜 할아버지 앵커는 이상하지 않다고 하고 할머니 앵커는 이상하다고 할까요?

제가 1983년에 개그맨이 됐습니다. 그때는 여자 개그맨들이 '꽃'이었죠. 남자들이 이야기하면 여자들은 옆에 서서 그저 "그렇죠" 하고 맞장구만 쳐요. "자, 다음 손님은요" 하고 넘어가는 식이에요. 왜 그렇게 해야 하냐는 생각이 들었어요.

사실 저는 꽃으로 뽑힐 수도 없는 외모예요. 아주 슬프죠. 영원히 잡초로 끝까지 견뎌야 하는 아픔이 있는 외모예요.(웃음) 실제로 보면 진짜 예쁘게 생겼지만……. 어쩔 수 없는 아픔이죠. 이런 것들을 뛰어넘는 건 부단한 노력밖에 없어요.

내가 남에게 기대지 않고 사는 법은 아이디어로 도전하는 거더라고요. 김한국 씨랑 아이디어로 엄청나게 싸웠어요. "자기 것이 재밌네", "아니 내 것이 더 재밌네" 하고요. 하도 많이 싸워서 "저 사람하고는 다시는 작품 하나 봐라"라고 할 정도였는데, 글쎄 '쓰리랑 부부' 콤비가 됐잖아요. 지금은 둘이 오빠 동생 하며 잘 지내는 사이예요.

저는 도전해서 절벽까지 달려갑니다. 극한까지 가는 걸 너무 좋아하거든요. 그런 힘이 어디서 나오느냐. 「웃기고 자빠졌네」 책 속에 있습니다. 긍정은요, 이끌어오는 거예요. 저한테 비밀은 그거예요.

제가 웃기는 얘기 하나만 할게요. 우리 집이 시골에 있어요. 시골 산속에 집을 짓는 데 돈이 너무 많이 들어가는 거예요. 시공업자가 처음에 약속한 것보다 두세 배는 돈이 더 들어가는 거예요. 그래서 잔디를 깔 돈이 없었어요. 도심에 집 짓는 건 일도 아녜요. 시골은 인프라가 아무것도 없어요. 비포장도로에, 빨간 진흙탕 바닥이죠. 그래서 제 집이 TV에 나올 때 집 안쪽만 찍게 하고, 바깥 전경은 잔디를 다 심고 난 다음에 찍었어요.

저희 집이 서울에서 한 시간 반 거리인데 그렇게 '깡촌'이에요. 동네 어귀에 슈퍼마켓도 하나밖에 없어요. 버스도 안 들어와요. 너무 좋죠. 여러분, 인생은 거꾸로 살아야 해요. 자연이 파괴된 데는 이제 죽은 곳이에요. 자연이 최고라니깐요. 자연이 많이 남은 곳으로 가야 해요.

지금은 또 집 값도 싸요. 물론 집을 지어도 오르지는 않는 단점은 있어요. 그건 감안하셔야 돼요. 자연에 있으면 일단 공기가 좋아요. 극장도 갈 필요가 없어요. 밤하늘에 별이 막 쏟아져요. 누워 있으면 별똥별이 떨어지는 게 보여요. 이런 집이 어디 있어요? 늘 나무 냄새가 물씬 나고 반딧불이 날아다니고 얼마나 좋아요.

돈이 없어서 잔디를 못 깔았더니 마당의 길이 빨간 진흙탕이에요. 걸을 때마다 신발이 빠지질 않아 죽을 맛이죠. 방송한다고 뾰족구두를 신었는데 그걸 신고 어떻게 와요. 그래서 차에 빨간 장화를 두고 진흙탕을 걸어다녔어요. 그 생활을 6개월 동안 했습니다. 그랬더니 잔디를 깔아야겠다는 생각이 간절했습니다.

제가 방송국에 일찍 옵니다. 나이 들면 그게 또 경쟁력이에요. PD들이 깜짝 놀라요. 그런데 어느 날은 너무 일찍 갔어요. 오후 6시에 방송인데 오후 2시에 간 거죠. 시간이 남아서 한강 고수부지를 한 바퀴 돌았어요.

한 세 시간을 걸었나. 다리가 아파서 의자에 앉았죠. 그때 키가 한 180센티미터는 되어 보이는 중년 남자가 팔짱을 끼고 어슬렁어슬렁 거리다가 저한테 와서는 "행복하십니까?" 하고 물어요. 그래서 제가 "예. 예. 행복합니다. 그런데 그걸 왜 물어보세요?" 했더니 눈빛이 '저를 좀 알아주세요' 하는 눈빛이에요. 자세히 봤더니 제가 아는 사람이에요. 제가 "너 경성이 아니니?"라고 했죠.

경성이가 누구냐. 지금으로부터 한 29년 전이죠. 개그맨 시험에 붙고 나서 개그맨들이 미팅을 가자고 했어요. 첫 미팅 파트너가 경성이었어요. 걔를 고수부지에서 만날 줄이야……. 저는 걔를 세 번밖에 안 봤어요. 첫 미팅에 군대 간다고 하는데 얼마나 비리비리할 때예요. 그런데 세월이 흘러서 건장한 아저씨가 돼서 나타난 거죠.

불쌍하다는 생각이 먼저 들더라고요. 낮에 고수부지에서 양복 입고 어슬렁거리니까. 아무래도 신상에 안 좋은 일이 있나 보다 해서 "요즘 뭐 하고 사니?"라고 물어봤더니, 아 글쎄 경성이가 "나 요새 잔디 깔아" 그러는 거예요.(웃음) 순간 저도 모르게 "경성아!" 이렇게 된 거에요. 내 미팅 파트너 경성이가 큰 조경회사 사장이 된 거에요. 우리 '각하'가 만드신 청계천의 잔디도 자기가 다 깔았다는 거예요.

그날은 경성이가 고수부지에 잔디 깐 걸 감독하러 나온 거고, 그러다 우연히 서로 만난 거예요. 제가 그랬어요. "경성아, 너 고수부지에 깔다 남은 잔디 좀 우리 집에 깔아줘라." 이래서 경성이가 우리 집에 잔디를 깔아줬어요. 이렇게 6개월 동안 간절히 잔디를 원했던 사람이 어디 있겠어요. 이게 긍정의 힘이라는 거죠. 긍정의 힘이 결국 나에게 좋은 일을 끌어다 주는 거죠.

제가 왜 이런 말씀을 드리느냐면 어느 분이 그랬거든요. "나 혼자만 잘 살면 무슨 재미냐!" 더불어 살고, 저 사람이 더 행복했으면 좋겠다고 마음을 먹으면 정말 편안해져요. 저는 정말 전국 각지에 친구들이 있어요. 심지어 백담사 앞에 백숙 하는 집 주인아저씨가 제 친구예요. 전국 각지에 없는 친구들이 없어요. 바닷가에 가면 바닷가에 사는 친구가 생선 회를 떠가지고 나와서 저한테 먹으라고 갖다주고요.

내가 꼭 모든 걸 가지고 있지 않아도 많은 사람이 내 친구가 될 수 있다면, 그리고 성공한 사람들이 내 주변에 있다면 얼마나 행복하겠어요. 내가 그 친구한테 가서 웃어주기만 해도 그 친구들이 알아서 잠도 재워주고 밥도 사줍니다. 그보다 더 행복한 게 뭐가 있어요? 전 그냥 죽을 때 웃기고 자빠지고 싶은 소원밖에 없어요.

외로워도 슬퍼도
나는 안 울어

주변의 사람들은 나에게 스트레스를 줍니다. 그거 받지 마세요. 스트레스 받아서 먼저 죽으면 누구만 손해예요? 나만 손해잖아요. 저도 사람인지라 하도 억울해서 '내가 왜 MBC에서 짤려야 해' 하면서 울었어요. 그런데 울다가 그쳤어요. 거울을 보는데 너무 웃긴 거예요. 저는 울면 웃는 얼굴이 나오거든요.

'내가 왜 울어. 내가 슬퍼하면 나한테 스트레스 준 저 인간들만 더 좋아할 거 아냐! 내가 엎어져 있으면 더 좋아하겠지.'

제가 활동도 많이 하고 트위터 같은 데서 떠들면 '쟤 왜 저래. 쟤 미쳤네' 하면서도 무시는 못 하고 저를 무서워합니다. 김미화가 엎어지고 쓰러지면 너무 좋아합니다. 주변은 다 그런 거예요.

정말로 우리는 쓰러지지 말아야 합니다. 정신도 건강하게, 신체도 건강하게 자꾸 나 스스로를 경영해야 돼요. 저는 지금 저를 경영하고 있어요. 그리고 저를 실험하고 있어요.

제가 〈나는 꼼수다〉를 하니까 사람들은 '김미화는 정치를 할 거야'라고 생각해요. 그런데요, 전 지금 이대로가 편하고 좋아요. 저는 동네에서 정말 없는 분들이 농사짓는 걸 봐요. 새벽에 일찍 일어나서 농사짓는 일이 너무너무 힘든데 그만큼 이익이 돌아가지 않아요. 저는 정말 그런 사람들을 돕고 싶은 마음뿐이에요.

여러분, 우리 동네에 한번 놀러오세요. 1년에 한 번 정도는 오실 수 있잖아요. '지산밸리 록 페스티벌'을 하는 그 동네예요. 우리 동네가……

와 보신 분은 알겠지만 여기는 자연이 살아 있고 아주 좋아요. 이런 데서 살지 왜 복잡한 데서 복닥복닥 저 사람들과 권력 싸움하고 살아야 해요? 저는 싫거든요. 저한테 안 맞아요. 저는 코미디하고 진짜 웃기고 싶거든요.

그렇게 못 살 수도 있겠죠. 하지만 저는 무슨 일을 하든 최선을 다해요. 실패하는 경험도 정말 많이 해봤거든요. 그렇더라도 열심히 해보는 거예요. 끝까지 가보는 거예요. 그런데 그렇게 했는데도 안 되면 그냥 '꼴까닥, 열심히 해봤으니까 됐어' 하고 말아요. 이거예요. 그 이상 뭐 있어요.

인생이 내 맘대로 다 되면 이혼도 안 했을 거고, 방송에서 이런 아픔도 겪지 않았겠죠. 그런데 인생이 내 마음대로 다 된다고 생각하는 게 이기적인 거거든요. 여러분은 그냥 주어진 일 열심히 하면서 그 생활에 만족하면서 행복하셔야 돼요. 진짜로 늘 행복하셔야 돼요. 다 귀한 분들이시잖아요. 정말 행복하시길 바랍니다. 저, 엄청 행복해요. 진짜로요.

제가 〈나는 꼼사리다〉 대선후보 편 녹음을 했어요. 기절할 정도로 피곤한 상태에서 집에 돌아와서 방바닥을 봤더니 장갑이 두 개 있어요. 남자 장갑, 여자 장갑 이렇게 두 개가 있습니다. 그래서 '남편이 어디서 얻어왔나 보다' 하고 생각했죠. 그런데 자세히 보니까 새 장갑이에요. 일단은 자고 아침에 일어났죠.

아침에 남편이 커피를 한 잔 타가지고 와서는 저를 불러요, 가까운 마트에 가서 사 온 거래요. 저희 남편이 원래 복잡한 데 쇼핑하러 가는 것을 제일 싫어하거든요. 그런데 제가 추운 날씨에 손이 안 녹아서 운전을 잘 못하는 걸 보고 그게 그렇게 안돼 보였대요. 그게 사랑이라고 생각해요. 내가 진짜 결혼 잘했구나 생각도 들었고요. 정말 '작은 것에서부터 행복을 느끼고 살아야겠구나'라고 다짐했어요. 이제 저는 부러울 거 없고, 무서울 것도 없으니 "힘든 일이여, 와라. 내가 이겨줄게" 이렇게 외치면서 살 겁니다.

■ 〈세계는 그리고 우리는〉 열혈 청취자에요. 시사프로그램을 진행하실 때 해박한 지식을 쉽게 잘 전달해주시는 것 같아요. 두 시간 동안 방송하기 위해 얼마나 준비하셨는지 궁금해요.

저는 사실 시사프로그램을 하기 싫어서 도망 다녔어요. 그런데 PD가 저한테 "사회복지를 공부하셨다는데 사람들이 김미화 씨 목소리 들으면서 힘을 얻으면 그것도 사회복지니까 한번 해봅시다"라고 했어요. 그럴 수도 있겠다는 생각이 들어서 그때부터 최선을 다했죠.

저는 사실 〈조선일보〉, 〈중앙일보〉, 〈경향신문〉, 〈한겨레신문〉 사이에 어떤 차이가 있는지조차 몰랐어요. 신문을 왜 여러 개 봐야 하는지도 몰랐고요. 그래도 무슨 프로그램을 하기로 했으면 저도 뭔가 알아야 할 거 아니에요. 그래서 처음에는 신문에 나온 사설들을 다 읽었어요. 그리고 손석희 씨가 방송한 프롬프터 대본들도 다 봤고요. 읽으면서 '아, 이렇게 하는 거구나' 감을 잡았죠.

그러다 재미있다는 생각을 하기 시작했어요. '똑같은 사건인데 여기는 이렇게 보고 저기는 또 저렇게 보네' 그런 생각을 하다가 '그럼 여기서 중간은 뭘까'를 따지고 균형감각을 생각하게 된 거죠. 그렇게 공부를 하고 들어갔는데, 제가 첫날 방송한 걸 들으시면 아마 기가 막히실 거예요. 그렇게 큰 방에서 저 혼자서 뭔가를 진행해본 적이 없거든요. TV에 나올 때도 늘 남자 진행자와 같이 했고, 웃기고 떠들고 이런 것만 했잖아요.

첫날 방송에 저희 프로그램 담당 PD는 바깥에서 속 많이 탔을 거예요. 그런데 PD가 "잘했다"고 그래요. 제가 긴장한 탓에 화장실을 자주 갔는데 남자 화장실을 지나쳐서 가야 했거든요. 그런데 그 남자 PD분이 화장실벽에다 머리를 박고 있더라고요.(웃음)

제가 그래도 굉장히 성실한 사람이에요. 저는 일찍 가요. 인터넷도 다 뒤져보고요. 라디오정보센터에 작가들이 있는 사무실이 있습니다. 그곳에 각종 종이신문이 다 있어요. 그걸 다 읽어봤습니다. 그걸 보면 그날의 일들이 비교돼요. '아, 여기는 헤드라인을 이렇게 뽑았네', '조선이 편집을 잘했네', '경향은 사진을 잘 찍었어' 이렇게 비교를 하는 거죠. 처음 신문을 읽을 때는 한 시간이 걸려요. 천천히 보죠. 그런데 그걸 읽고 다음 신문을 읽으면 금방 읽어요. 그러면서 이렇게 잘하게 되는 거죠.

■ 동양철학 박사과정을 밟고 계신다고 들었는데 그쪽을 공부하게 된 계기를 알고 싶어요. 특히 철학 쪽에서 어떤 분야를 전공하시는지 알고 싶습니다.

저는 '인생을 우리 사회가 정해놓은 프레임에 갇혀서 살아가지 말자'

는 생각을 해요. 전 여상을 졸업하고 '빨리 사회에 나가서 코미디언이 될 거야' 이런 생각을 했어요. 일찍 사회에 나오는 게 제 꿈이었어요. 교복을 벗기도 전에 입사 시험을 봐서 몇 번이나 떨어졌습니다. 어머니께서 "여자는 남편을 잘 만나서 결혼하면 장땡"이라고 하셨지만 전 시험을 봐서 여행사에 들어갔어요.

그런데 여행사를 나와서 코미디언이 됐잖아요. 생각해보니까 내가 개그맨이 됐는데 뭔가 부족해요. 그러다가 중앙대 언론정보대학원을 다녔어요. '아 그래, 방송이 이런 거구나' 감을 잡았죠. 그런데 또 제가 늙고 인기가 떨어졌을 때, 사람들이 사회자를 구한다고 해도 어디 저 같은 할머니를 부르겠어요? 제가 NGO단체를 오랫동안 돕다 보니까 '남한테 어떤 도움을 줄 수 있을까' 생각하게 됐어요. 그래서 사회복지를 공부하게 된 겁니다.

제가 언론정보대학원에서 석사 공부를 했는데, 광고 홍보하는 친구랑 같이 공부를 했어요. 광고홍보가 코미디랑 일맥상통하는 게 있어요. 짧은 시간에 웃기잖아요. 기억이 남게 만들잖아요. 이 사람들은 어떻게 이런 웃음의 요소를 잡아낼까 궁금했죠. 그 친구들하고 공부보다는 술 먹으면서 물어보고 그런 재미였죠.

언론정보학, 그리고 사회복지학 공부를 다 마치고 일체 공부를 안 하려고 했어요. 그런데 공부를 하라고 저절로 그렇게 된 건지 모르겠는데, 제가 MBC라디오를 관두게 됐어요. 7개월 동안 쉬었어요. 평생 안 쉬다가 7개월 쉬려니까 정말 엄청난 거더군요. 끊임없이 달려왔는데 말이죠.

제가 멍하니 있는데, 남편이 또 교수 아니에요. 남편이 "부인. 공부를 해도 시간이 가고 공부를 안 해도 시간이 가오. 이럴 땐 공부를 하시오." 그래서 영원히 방송에서 나를 안 불러주면 공부를 해야겠다고 마음먹었죠.

왜 그런데 동양철학이냐고요? 성균관대에는 동양철학 중에서도 예술철학이 있어요. 그 예술철학 안에서도 코미디의 웃음이라는 주제를 심화해서 논문을 쓰고 싶다고 생각했죠. 웃음이란 무엇인지에 대해서 코미디언이 쓴 건 없는 거 같아요. 영화 〈왕의 남자〉에서도 그렇고 영화 〈광해〉를 봐도 광대들이 결국은 그 시대의 코미디언이잖아요. 그 사람들이 어떤 저항정신이 있었기에 이 분야가 이렇게 발전돼왔을까 궁금해요. 하지만 어떻게 될지 아직은 잘 모르겠네요.

■ 저는 사소한 것에 스트레스를 잘 받는데요. 스트레스를 긍정적으로 풀라고 말씀을 하셨는데 어떻게 하면 되나요?

여태껏 한 얘기가 그 얘긴데……. 그러니까 욕심이 많은 거예요. 이런 거죠. 아까 얘기한 것처럼 초심으로 돌아가는 것, 그게 굉장히 중요한 거 같아요. 주변에 미운 사람들이 정말 많죠. 그리고 나를 괴롭히잖아요. 제 책을 보면 어떻게 이겨냈는지 잘 나와 있는데요. 누군가가 진짜 미워서 몇 달 동안 밤에 그 사람 생각이 나서 힘들었던 기억이 있어요. 위산이 올라오고, 운전하다가도 숨이 턱턱 막혀오고요. '나 이러다 쓰러지는 거 아냐, 죽는 거 아냐?'라고 생각했죠. 그래서 그때부터 좀 더 이기적으로 살자고 생각했습니다.

남 생각하면 안 돼요. 부모님 생각하면 안 돼요. 자식도 생각하면 안 돼요. 왜 애들이 첫 번째가 돼야 해요? 남편? 저는 남편을 정말 많이 사랑해요. 그런데도 남편이 첫 번째가 아니에요. 제가 첫 번째예요. 제가 행복해야죠. 직장에 있는 저 미운 사람, 저 사람은 나를 아프게 할지 몰라요. 남편도 그렇습니다. 하지만 그들은 정작 그들이 나를 아프게 했는지도 몰라요. 그래서 우리는 굉장히 이기적인 존재가 돼야 하는 겁니다.

미운 사람도 오래간만에 보면 반가울 때가 있어요. 앙심을 품고 인생을 허비할 게 아니에요. 자신을 행복하게 할 이기적인 마음의 노하우를 쌓았으면 좋겠어요. 아침에 일어나면 "나는 행복해질 거야"라고 선언을 하고 시작하세요. 너무 어린 나이에 극복하려고 생각하지 마세요. 즐기세요. 매일매일 성실하게 살다 보면 꿈이 우리에게 온다는 걸 알게 될 겁니다.

심심한 인생, 가슴 찌릿할 재미를 찾아라

르네상스적인
호기심으로

가슴 짜릿할
재미를 발견하라

조영남은 가수이자 화가, 작가로 종횡무진 활약하고 있습니다. 서울대학교 성악과를 중퇴한 뒤 가수로 데뷔, 음악은 물론 미술과 글쓰기까지 장르를 불문하고 하고 싶은 일에 거침없이 도전하고 있습니다. 시인 이상에 관한 책 「이상은 이상 이상이었다」, 미술에 관한 책 「현대인도 못 알아먹는 현대미술」 등을 출간했습니다. 늘 '무슨 재미있는 일이 없을까?' 궁리하며 평생을 살아온 그는 2011년 '쎄시봉 열풍'의 주역이기도 했습니다.

한 우물만?
아니, 여러 우물을 파라

조영남: 의자가 일렬로 세워져 있는데, 절 중심으로 방향을 틀었으면 좋겠어요. 멀리 계신 분들은 앞쪽으로 오시고요. 가운데에 텅 비게 두지 마시고……. 카메라는 무시해버려요.(웃음)

유인경: 다짜고짜 질문으로 들어가볼까요? 선생님은 책을 굉장히 많이 쓰셨어요. 처음 제가 기억하는 것은 「놀멘놀멘」이라고 〈시사저널〉에 연재했던 자전적인 글을 묶은 것이었고요. 그다음 미국에서 신학공부를 하면서 목사 자격증을 따고 「예수의 샅바를 잡다」라는 신학 책도 쓰셨죠. 또 「현대인도 못 알아먹는 현대미술」이라는 책도 쓰셨고, 「이상은 이상 이상이었다」는 시인 이상에 대한 책도 쓰셨고요. 가장 최근의 책

인 「그녀 패티 김」은 패티 김과 대담하면서 쓴 자전적 이야기죠. 이다음에는 20가지 그림을 이택광 경희대 교수와 함께 분석한 책이 나올 거라고 알고 있습니다. 본업이 가수인데 굉장히 다양한 일을 하셨습니다.

선생님이 몇 년 전에 이런 칼럼을 쓰셨어요. "김한길 씨가 예전에 방송작가를 할 때는 정치를 할 것이라고 전혀 생각지 못했는데, 김대중 정부에서 청와대 정책기획수석으로 입성하니 감개무량하다. SBS의 〈자니윤 쇼〉를 만든 이남기 PD가 보도본부장이 됐는데 코미디를 하던 사람이 보도본부장이 된 것이 참 신기하다. 소설가 김홍신 씨는 국회의원이 됐다. 우리가 흔히 생각하기를 음악이면 음악, 정치면 정치 등 한 우물을 파라고 하는데, 한 우물을 팠던 사람들은 우물에서 물이 안 나오는 경우가 많다. 정치든 문학이든 막 쑤셨던 사람은 뭐가 되든 되더라" 하는 이야기를 하면서 "청년이여, 여러 우물을 파라"고 했어요.

요즘은 특히 여러 가지 인문학적인 소양이 중요한 때인데, 그때 얘기에 지금도 공감하시나요? 진짜 여러 우물을 파야 하는 건가요?

조: 저는 어려서부터 "여러 우물을 파면 밥 굶는다"는 얘길 너무 많이 들었어요. 제가 노래도 하고, 그림도 그리니까요. 선생님들도 저한테 "여러 가지 하면 밥 굶는다"는 식으로 많이 얘기했는데 전 '참 이상하다. 왜 그런 이야기를 하지?'라고 생각했어요. 오기 같은 게 생겼던 것 같아요.

'여러 우물을 파도 진짜 물이 안 나올까?' 그런 오기가 생겨서 슬슬 파기 시작한 것 같아요. 그런데 웬일로 물이 다 나오더라고요. 그런 경험 때문에 그렇게 얘기했던 것 같아요. 그 당시엔 누구도 그런 이야기는 안 하는 것 같아서 한 것 같아요.

유: 그렇게 다양한 분야에 대한 관심을 갖게 된 동기가 있습니까?

조: 낚시꾼이 낚싯대를 던지면서 '이번엔 잉어를 잡아야지', '이번엔 피라미를 잡아야지', '붕어를 잡아야지'라는 식으로 마음먹고 던지나요? 그렇게 마음먹는 게 아니라 그냥 던진다고 봐요. 딱 건져 보면 잉어일 수도, 붕어일 수도, 뱀장어일 수도 있는 거잖아요. 저는 처음부터 그런 답을 갖고 있지 않았어요. 이런 식으로 얘기하고 싶네요. "계획한 게 아니고 걸린 것이었다."

유: 낚싯대조차 잘 못 던지는 사람이 많거든요. '난 못할 거야', '재능이 없을 거야' 이런 마음 때문에요. 사실 복권도 사야 당첨이 되는 건데 말이죠. 낚싯대를 던질 수 있는 힘은 어디에서 나오는 걸까요? 예전에 얘기를 나누다 깜짝 놀랐던 것이 선생님이 피노키오를 모르시는 거예요. 우리가 어릴 때 흔히 봤던 디즈니 만화도 없던 그 시절, 그렇게 문화가 척박한 환경에서 어떻게 노래, 그림, 글에 재능이 있다는 걸 아셨나요?

조: 그건 아무도 모르는 건데……(웃음) 그걸 정확히 알려면 경기 군포의 한 언덕배기에 누워 계시는 두 분에게 물어봐야죠. 나를 낳으신 두 분이거든요. 어떻게 당신 아들이 그렇게 됐느냐고 묻는 것이 가장 정확할 것 같아요. 제가 왜 그림을 그렸는지, 왜 노래를 잘했는지 저도 몰라요.(웃음)

이렇게 말하면 맞아죽을 것 같지만, 결국은 이거였어요. "심심하니까." 여자친구가 24시간 같이 있어주는 게 아니잖아요. 한 여자가 13년 동안 나와 같이 있었는데, 어느 날 더 젊고 예쁜 여자가 나타나는 거예요. 그래서 그 여자와 끝을 내고 새 여자와 다시 시작했는데 그것도 몇 년 가니까 시들해지더라고요. 부인이 곁에 있어도 재미없는 시간이 있잖아요. 그래서 회사에 가야 합니다. 심심하지 않기 위해 결혼이란 제도도 있는 거고, 회사에 가서 일도 하는 거죠.

그런데 결혼을 하고 회사에 가도 심심할 때가 많잖아요. 눈을 뜨자마자 회사에 가는 것도 아니고, 가기 전에 좀 서성거리잖아요. 그 서성거리는 게 심심해서 그림도 그리고, 책도 쓰고 한 거죠. 제가 원 없이 같이 시간을 보내고 싶은 여자가 있었다면 그림도 안 그리고, 책도 안 쓰고 노래나 하면서 데이트 비용을 벌었을 텐데 이 세상은 또 안 그렇잖아요? 남는 시간을 뒀다 뭐해요?

여러 우물을 파는 이유,
심심하니까

유: 행복해서, 즐거워서 또는 어떤 목표가 있어서 그림을 그리고 책을 쓴 게 아니라 심심하거나 불행하거나 우울해서 하신 건가요?

조: 꼭 그런 감정의 산물이라고 규정할 수는 없지만 "심심했다"는 게 질문의 의도에 가장 적합한 답인 것 같아요.

유: 세상에는 예술가를 꿈꾸는 사람이 참 많아요. 자신의 그림 한 점을 인정받고 갤러리에 전시되길 기다리는 사람도 너무 많고요. 자기 노래를 들려주기 위해 수많은 오디션에 나가는 사람들도 있어요. 그런 점에서 지금 선생님은 '안티' 300만 명이 생길 만한 말씀을 하신 거예요. 죽기 살기로 그림을 그리는 것도 아니고, 심심해서 노래를 부르고 심심해서 그림을 그렸는데 화투 몇 장을 그려놓고 어마어마한 금액을 받잖아요. 그렇다고 청춘들에게 "너네도 심심해져라. 불행해봐라"고 이야기할 수는 있을까요.

조: 제가 젊은 친구들에게 "심심해라. 불행해라"고 굳이 말하지 않아도 젊은 친구들은 결국 불행해요. 그것을 이야기해야 압니까? 이미 아침에 눈을 뜨는 게 불행의 시작이고, 심심함의 시작인데요.

유: 그런 '심심'과 '불행'을 잘 활용하는 사람과 아닌 사람의 차이가 있더라는 거죠.

조: 전 이런 걸 연구해보고 싶어요. 전 그림을 그릴 때 굉장히 조심스럽게 그렸어요. 우리나라에선 화가에 대한 편견이 굉장히 심한 편이에요. 가수가 화가를 흉내 내는 것을 금기로 여겨요. 저도 그걸 잘 알고 있어요. 유명한 화가들과 굉장히 친하고 화랑에 인맥도 많지만 "당신네 미술관에서 전시 한번 합시다"라고 말을 꺼내본 적이 없어요. 저는 주변부에서 돌았어요. 가나아트센터에서 열린 자선 그림경매에 한 번 제 그림을

내놓은 적이 있고, 그 외에는 모두 주변부에서 맴돌았어요.

이런 이야기를 왜 하느냐? 제가 뭘 하는 행위 중에는 '이렇게 하면 안 된다'는 것을 이미 알고 있는 것들이 있어요. 가수가 이 나라에서 화가 노릇을 하면 안 되거든요. 그런데 결국엔 해요. 그것만큼 재미있는 게 또 없으니까요. 그렇게 하다 보니까 사람들이 저를 가수가 아닌 화가로도 보기 시작하더라고요.

글도 그래요. 제가 제 입으로 책을 쓰겠다고 해본 적은 없어요. 출판사 사람을 우연히 만났는데 책을 쓰자고 그러더라고요. 제가 떠드는 것, 잡담하는 것을 보고 책을 써도 되겠다고 하더라고요. 그래서 책을 쓰게 된 거예요. 제가 2005년에 "일본과 친해야 한다"고 발언해서 문제가 된 적이 있는데 제가 왜 그런 말을 했는지 한번 물어봐주세요.

유: 아, 네. 선생님이 쓰신 책 중에 「맞아죽을 각오를 하고 쓴 100년 만의 친일선언」이라고 있죠. 그런데 말이 씨가 된다고 그걸 쓴 뒤에 정말로 맞아죽었어요.(웃음)

조: 그래서 제가 할 일이 없어졌잖아요.(웃음) 제일 바쁠 때 그 발언을 해가지고……. 당시 그 말을 하고 싶어서 한 게 아니라, 아는 기자가 "2005년이 한일합방 100년이 되는 해고, 해방 60년이 되는 해, 한일수교 40년이 되는 해인데 누군가가 새로운 이야기를 해야 하지 않을까? 계속 앙숙으로 지내야 하느냐?"고 얘기했어요. 누가 그런 이야기를 한 사람이 있습니까? '일본은 친할 만한 이웃이다'라는 논점으로 글을 쓴 지식인은

없어요. 다들 무서워하고 못 쓰잖아요.

그때 그 기자가 나를 쳐다보더라고요. "당신은 광대 아니냐"면서요. 내가 광대죠. 임금 앞에서 재주를 부리면서 하고 싶은 말을 해서 임금의 마음에 들면 '왕의 남자'가 되는 것이죠. 역사적으로 그렇잖아요. 그게 광대라는 거죠. 그래서 '아, 내가 광대지. 내가 써야겠네' 하고 생각했죠. 일본에 가서 조사도 한 뒤에 "일본은 앙숙으로만 봐서는 안 되는 나라다. 100년이나 됐으니 '친일'이라는 단어를 '매국'이라는 단어로부터 떼어놓자"고 썼습니다. 진정한 친일을 '일본과 친하다'는 뜻의 친일로 하자고 선언한 건데요. 저는 역사상 큰일을 한다고 생각했다가 작살이 났죠.

그때 작살 난 것 때문에 다른 여러 가지 책이 나온 거예요. 「이상은 이상 이상이었다」 같은 책이죠. 이 시대에는 사람을 귀양 보내지는 않잖아요. 요새는 현직에서 물러나라는데도 바득바득 안 물러나는 친구들이 있지만 나는 바보 같았죠. 물러나라고 해서 딱 물러났어요. 그러니 할 일이 없잖아요. 할 일이 없어서 책이나 쓴 거죠. 뭘 쓸까 고민하다가 "현대미술에 대해 생각해오던 것을 씁시다"고 해서 현대미술에 관한 책을 쓰게 된 겁니다.

그보다 「어느 날 사랑이」라는 책을 먼저 썼어요. 제가 사랑했던 이야기죠. 그런데 그 책이 나오면 또 맞아죽을 것 같아서 그건 보류하고 미술을 먼저 쓰자고 해서 미술에 대한 책을 썼어요. 그다음에 「어느 날 사랑이」가 출간됐죠. 그다음에 출판사에서 뭘 쓰고 싶으냐고 해서 "평소에 이상의 시에 대해 이야기하고 싶었는데 그서 써도 될까?" 하니까 "그럽시다" 해서 쓰게 된 거에요. 「이상은 이상 이상이었다」는 어려서부터 생각해 둔 제목이었어요. 이상에게 매료돼서요.

제가 "심심해서" 책을 썼다는 것은 논리적으로도 맞는 말이에요. 그때 그 기간이 제게는 굉장히 중요한 때였어요, 제 딴에는요. 정약용이 17년 동안 귀양 가 있을 때 책을 많이 쓰게 된 거 아네요. 그건 귀양 덕분이에요. 나라가 "물러나 있어라"고 한 게 오늘날의 정약용 선생을 만든 거예요. 그 선생이 귀양살이를 안 했으면 지금 아무도 정약용을 모를 수도 있어요. 그렇게 정조시대에 우리나라의 르네상스를 만든 인물이 정약용입니다.

제 핵심은 심심하기 때문에, 시간이 남기 때문에 그런 인물이 됐다는 겁니다. 저도 시간이 남아서, 심심해서 책을 쓰게 됐다는 얘기를 하고 싶은 거예요.

눈높이를 맞추고
젊은 감각과 교류하라

유: 심심한 시간을 어떻게 관리하느냐에 따라 베스트셀러 작가나 화가가 되기도 하고, 노숙자가 되거나 자살하게 될 수도 있어요. 선생님은 심심해서 썼다고 하지만 「이상은 이상 이상이었다」 같은 책은 어마어마한 참고문헌이 있더군요. 랭보의 시부터 각종 인문학 저서의 내용들이 들어가 있고요. 「현대인도 못 알아먹는 현대미술」은 굉장히 다양한 내용과 그림들이 들어가 있어요.

많은 책을 읽고 전시회를 가본 것이 단지 책을 쓰기 위한 것이 아니라 선생님의 생활 자체였던 것 같아요. 여러 가지 예술을 즐기는 생활이 영향을 미쳤나요?

조: 좋은 영향을 미쳤죠. 노상 하니까요. 제가 남자친구도 많지만, 여자친구도 많은 이유는 나이에 관계없이 노상 만나서 그런 거거든요.

유: 본인들은 그렇게 생각 안 하던데요?(웃음)

조: 상관없어요. 저는 저보다 나이 많은 사람과 대화하는 게 즐겁지 않다는 걸 일찍 알았어요. 나이 든 사람들은 묻지도 않은 말을 자꾸 하거든요. 한 말을 또 하고 또 하고……. 그게 나이 든 사람들의 증상이에요. 저는 일찍이 혀를 깨물고, 누가 묻지 않는 것은 이야기하지 않겠다고 다짐했어요. 이야기를 자꾸 반복하는 버릇도 없애려고 했고요. 젊은 친구들과 얘기하려면 젊은 친구들에게 맞춰야죠. 얘기하는 수준을 낮추는 게 아니라 젊은 사람들이 생각하는 방식처럼 생각할 수 있어야 대화가 가능하다고 생각했죠.

유: 수준이 아니라 눈높이라는 말씀이시죠?

조: 그렇죠. 눈높이를 맞춰야 정상적인 대화가 되는 겁니다. 내 딸 나이가 스물세 살이면 눈높이가 스물세 살로 내려가야 딸과 대화할 수 있다고 생각해요. 저는 그 기술을 총동원해서 발버둥치는 거죠.

유: 사람이 살면서 퇴직하고 '명함'이 떨어지고 나면 그 사람을 파악할 만한 것이 별로 없어요. 교수였든, 국회의원이었든, 기자였든 간에 말이죠. 그 이후의 삶은 취미가 규정한다고 생각해요. 만약 조영남 선생님의 취미가 현대미술 관람이나 글쓰기가 아니라 도박, 경마, 여자들 만나서 더듬기였다면 추한 노인으로 전락하셨을 텐데……(웃음) 혀를 깨물고 말을 아끼고 문화 활동에 전념한 끝에 젊은 여성들과 대화도 나누고 하는 것 같아요. 눈높이를 낮추는 일은 어렵나요? 어려운데 억지로 하는 겁니까?

조: 세상에 그것처럼 어려운 게 어디 있겠어요? 모두 그걸 잘하면 제가 이 자리에 오지도 못하고, 그냥 보통 사람으로 전락했겠죠. 근데 다들 그걸 못하고, 노인네들은 노인답게 사니까 노인대접을 받는 겁니다.

만약 법으로 '대화하는 격에 맞게 대화상대를 정해야 한다'고 정했져 있다면 전 종신형을 받았을 거예요. 그런데 지금 그건 자유잖아요. 그래도 제가 열네 살짜리하고는 교제하려고 하지는 않아요. 최소한 스무 살 넘은 성인하고 사귀려고 하죠. 전 그게 제 노력의 결과라고 생각해요. 이게 지금 맞아죽을 소리인지 교만한 소리인지는 모르겠는데, 물어보니까 대답하는 거예요. 가장 정확하게 대답하고 싶어서 이런 식으로 대답했어요.

유: 김정운 전 명지대학교 교수가 한 말도 똑같아요. 대한민국 중년남성들이 참 불쌍하고 외로워지는 이유가 이야깃거리가 없다는 거죠. 이야깃거리가 없다 보니 싫어하는 정치인을 씹고 연예인 가십이나 얘기하고 그것도 말할 거리가 없어지면 폭탄주를 돌리죠. 조영남 선생님은 스스로

가 지닌 풍성한 스토리 덕분에 이 자리까지 온 것 같아요.

근데 사람들이 묻습니다. 마그리트 그림을 하나 보는 것, 바흐의 음악을 듣는 것이 인생에 무슨 도움이 되냐고요. "밥이 나오느냐, 돈이 나오느냐"는 거죠. 21세기 상류층은 돈 많은 사람이 아니라 문화체험이 다양한 사람이라는 말을 들은 적이 있어요. 문화생활을 부담 없이 할 수 있는 방법이 있을까요? 어떻게 그렇게 지치지도 않고 매주 영화를 보고 연극을 보고 전시회도 가세요?

조: 여자친구를 사귀잖아요? 그러면 처음에는 둘이서 이야기만 해도 지루하지 않아요. 그런데 적당한 시간이 지나면 반드시 뮤지컬이나 영화를 보러 가게 되요. 제겐 데이트 순서죠. '영화광'까지는 아니고. 제 또래 사람들은 영화를 잘 안 보게 돼요. 근데 저는 영화 보러 가는 기회가 많으니까 볼 만한 영화는 놓치지 않고 보게 되더라고요.

유: 그렇게 전람회에 가서 본 그림이나 음악회에서 들은 음악이 삶이나 창작활동에 어떤 영향을 주나요?

조: 여자친구와 영화보기 전에 이런 저런 얘기를 하면서 영화에 대해서 얘기하게 되죠. 영화를 보고 나서도 "영화가 좋았다", "별로였다"고 평가도 하고요. 그런 얘기 자체가 제 인생을 풍요롭게 하는 거죠. 그 이상 뭘 더 하려고 하지 않았어요. '당신과 힘께 나의 인생을 풍요롭게 한다' 그걸로 충분하다고 생각해요.

유: 그러니까 데이트가 선생님을 문화 예술인의 반열에 올려놓은 거군요.

조: 자꾸 그렇게 기자처럼 질문하면 제가 넘어갈 것 같지만……. 예, 넘어갑니다.(웃음)

유: 아까 선생님이 많은 친구들, 특히 젊은 여성들과 사귀는 비결이 '물어보지 않는 말에 답하지 않는 것'이라고 하셨는데요. 선생님이 말끝마다 '여친', '여친' 하셔서 묻겠습니다.
　조영남 선생님과 피카소가 비슷한 건 젊은 여성에게 집착한다는 점이죠. 왜 젊은 여성을 좋아하세요?

조: 제가 피카소의 전시회를 가봤는데 제일 인상 깊었던 게 '피카소와 여자들'이란 제목으로 피카소와 여인들의 관계를 그려놓은 도표였어요. 엄청 큰 도표인데 공식적으로는 여덟 명인데 사실상 열한 명인가 되더라고요. 누구는 아들을 낳고, 누구는 딸을 낳고……. 도표가 없으면 설명하기 어려울 정도로요. 제 도표도 그 정도는 된다고 봐요.(웃음)
　저도 공식적으로는 두 여자밖에 없어요. 그건 나라의 문화 차이입니다. 그 나라에서는 그게 흉도 아니고, 용인된다는 게 굉장히 부러워요. 우리나라에서는 그렇게 했다가는 또 '맞아죽잖아요'. 그러니까 치사하게 되고, 비겁하게 되고, 몰래 하게 되죠.

남의 눈치 안 보는 법?
부러우면 지는 거다

유: 선생님의 큰 특징이자 가장 오해받는 것 중 하나가 '남의 눈치 안 보고 산다'는 거예요. 그렇게 남의 눈치를 안 보고 자유롭게 사는 비결이 궁금합니다.

조: 안 볼 수가 있겠어요. 오늘 '까만 셔츠를 입을까', '하얀 셔츠를 입을까' 이런 눈치를 보죠. 뭐 속옷을 입을 때는 그런 생각 안 하겠지만요. 어젠 이발도 했어요. 눈치를 안 본다고 하는 건 "당신이 인간입니까?"라고 묻는 것과 마찬가지예요.

유: 2012년 기준으로 정말 눈치 안 보고 사시는 거거든요.(웃음) 방송에서 실수도 많이 하시잖아요. 남들이 들으면 깜짝 놀랄 만한 발언, 아슬아슬한 발언도 잘하시고요. 이런 걸 보면 사람들은 '오, 조영남은 진짜 눈치 안 보고 사는구나'라고 생각하죠. 지금은 이혼이 정말 흔해졌지만 선생님은 아주 예전에, 이미 두 번이나 하셨잖아요. 그것도 눈치를 안 보고 사신 거죠.

조: 서로 눈치를 주고 눈치를 보면서 사는 게 인간의 참모습이에요. 그렇죠? 제가 눈치를 안 보는 건 그렇게 하려고 공부도 하고, 책도 읽고, 영화를 본 결과예요. 내가 나이기 들었기 때문에 나이 든 여자하고만 만나야 한다는 건 손해더라는 거죠. 예순아홉 살이라도 스무 살 여성과 정상

적으로 데이트하면 법에 어긋나지도 않고 욕먹을 이유도 없습니다.

그건 다 제가 배운 겁니다. 다 책을 뒤져가면서 배운 거예요. 사람들이 제게 "눈치를 안 본다"고 하면 저는 그냥 '눈치 안 보는 게 부러워서 그렇게 말하나 보다'라고 생각하고 강행합니다. 엄청난 용기가 필요하죠.

유: 선생님이 남몰래 읽었던 책, 남몰래 봤던 영화가 20대 여성들하고 만나는데 도움이 됐나요? 20대 여성들이 선생님의 지성 때문에 선생님께 끌린다고 생각하세요?

저는 조영남이라는 사람은 60년간 치열하게 공부하고, 위기가 있어도 견뎌내고, 맞아 죽을 만큼 밟혀도 다시 일어나고 그런 숱한 내공들이 쌓여 있어서 그런 것 같아요. 더군다나 숱한 여자 친구들이 있어도 단 한 번도 성희롱에 연루된 적이 없잖아요.(웃음)

조: 단 한 번도 없어요.(박수) 지금 박수 치는 게 한 번 걸리라는 뜻이에요? 별걸 다 축하하네.(웃음)

유: 그럼 20대 여성들이 영악해서 그런 거죠. 다른 연예인과 달리, 나름 서울대학교도 나오고 지성적인 분으로 분류돼 있으니까.

조: (안경을 벗고) 지성적으로 보여요?(웃음)

유: 아까 "젊은이들이 불행하다. 눈만 뜨면 불행하다"고 말씀하셨어

요. 저도 맞는 얘기라고 생각해요. 그래서 「아프니까 청춘이다」가 베스트셀러가 됐는지 몰라요. 사소한 일에도 상처받고 심지어 자살에 이르기도 하는데, 청소년 10대 사망 원인 중 1위가 자살이라고 하더라고요. 선생님은 숱한 구설과 질타, 이런 걸 다 견뎌내셨잖아요. 경험자로서 조언을 한다면요?

조: 견뎌냈다는 표현이 마땅하지 않은데요. 그저 구설수나 스캔들에 얽혀 온 거지. 제가 뭘 견디고 그럴 정도는 아니죠. 그럴 만큼 제 삶이 위대하고 굉장하지는 않아요.

유: 그래도 이겨내신 거죠. 어쨌건 자살하지 않고 지금까지 사셨잖아요.

조: 분명한 건 자살은 안 했다는 거죠. 제가 문제가 된 일본 관련 책을 출간했을 때 마침 주변에서 동시다발적으로 자살하는 사람이 많았어요. 그래서 '나도 자살해야 하는 순간인가' 그런 느낌까지 가져봤어요. 하지만 용기를 못 냈죠. 죽을 정도는 아니더라고.

유: 그럼 어떤 힘으로 버틸 수 있었나요?

조: 그때 여자친구들이 전화해서 "아저씨는 괜찮아", "선생님은 잘못 없어" 해주니까…….

묘한 인생,
'착하게' 살면 복이 온다

유: 그때 제가 전화하지 말았어야 했네요. 선생님을 보낼 수도 있었는데.(웃음) 선생님께서 계속 여자친구 얘길 하시는데, 사실 남자친구들도 많잖아요. 조영남이라는 사람이 대단하다고 느꼈던 게 뮤지컬 〈레미제라블〉을 할 때 '조영남과 친구들'이라는 이름으로 하루 공연을 열어서 세종문화회관 전체 층을 조영남 씨가 초대한 인물로 다 메운 적이 있어요. 그때 에로배우, 조직폭력배부터 스님에 이르기까지 한 500명 정도가 왔어요. 어떻게 그렇게 각계각층의 사람들과 교류를 할 수 있는지 궁금해요.

조: 난 모르겠어요.

유: 동생 조영수 교수는 굉장히 내성적이고 말도 없으시던데요.

조: 내가 그놈과 친형제인지 부모님께서 돌아가시기 전에 꼭 물어봤어야 했는데……. 그때는 그냥 '동생이라고 하면 동생인가보다' 하고 살던 시절이라……(웃음)

유: 선생님, 궁금해할 이유가 전혀 없어요. 두 분이 똑같이 생겼어요. 사람 사귀는 데 무슨 교묘한 기술이 있나요?

조: 살면서 극심하게 친한 친구들이 있는데 희한하게 높은 자리로 빨리

올라가더라고요. 그게 불안한 적도 있어요. 누가 나를 감시하나 싶어서요. 왜 내가 친한 친구들이 느닷없이 다 잘나가는지 이유는 모르겠어요.

김한길, 김홍신…… 진짜 별 볼일 없는 친구들이거든요. 그런데 장관도 되고 잘나가잖아요. 한편으론 '이 나라에 인물이 없구나'라는 걸 통감하게 됩니다. 정운찬, 정동영 이런 친구들이 나라를 이끌어가는데, 평소에 보면 그렇게 대단하지 않거든요. 그러면 불안하지 않겠어요? 제 느낌을 이해해주세요. 어느 날 신문사에서 우리나라에서 인맥을 가장 두텁게 쌓은 사람이 조영남이라고 썼다는 얘길 듣고 '이 나라에 인물이 없구나'라는 생각을 했어요.(웃음)

유: 그래서 한때 '인간복덕방'이라는 별명을 얻은 적이 있잖아요. 사실 친해진 사람이 잘됐다는 것이 참 중요한 것 같아요. 행운의 법칙 제1조가 "운이 좋은 사람하고 사귀라"는 거예요. 선생님은 늘 "참 나는 재수가 좋다. 종교를 하나 만들어야겠다. '재수교'"라고 하시잖아요. 근데 운이 중요한 건지 성실한 게 더 중요한 건지 모르겠어요.

조: 무릇 인간 만사는 다윈의 진화론을 시작으로 아무도 몰라요. 우리의 삶이 어떻게 형성되고 어떻게 살아야 옳은 건지 해답을 못 낸단 말이죠. 단지 제가 눈치를 챈 것은 세상은 내 옆에 있는 사람과 내 뒤에 있는 사람, 나 자신이 생각하고 배운 것, 그 모든 것이 다 섞이고 교묘히 통합돼서 움직이는 거라는 게 제 생각이에요. 교묘하게 그렇게 되고 있어요.

그 가운데 한 가지 분명한 건 선량하게 사는 게 중요하다는 거예요. 선량하게 살려고 노력하는 사람에게 재수가 많이 붙는 것 같아요. 제가 '재수교' 교주를 자청한 적 있는데 그 여러 가지 교묘한 것 중에 '재수'라는 것도 포함된다고 봐요. 아무리 노력해도 재수 좋은 놈한테 못 당하잖아요.

가슴을 찌릿하게 만드는 것이
바로 재미

유: 다시 주제로 돌아가 볼까요? 선생님처럼 다양한 문화, 예술을 즐기고 활동하려면 어떻게, 무엇부터 시작해야 좋은지 약간 팁을 주세요.

조: 제가 젊은이들과 대화할 수 있는 건 이래라 저래라 하지 않기 때문이에요. 이 자리에서도 미술에 대해 이래라 저래라 하고 싶지 않고, 이상 시인의 시는 하나쯤 알아야 한다는 얘기도 하고 싶지 않아요. 나 정도나 알고 책으로 써놨으면 됐지, 굳이 멀쩡하게 잘 사는 친구들에게 미술에 대해서 알려면 마르셀 뒤샹 정도는 알아야 한다고 얘기하고 싶지 않아요.

유: 지혜로우시네요. 60대 이상 되면 '입은 다물고 지갑만 열면 된다'고 하더라고요.(웃음) 그러면 뭔가 할 때 목적의식을 갖고 해본 적이 한 번도 없으세요?

조: 이건 어떻게 대답해야 할지 모르겠어요. 제가 그림을 그리면서 '내

가 무슨 생각으로, 이걸 그리는가', 이 책을 쓸 때 '무엇 때문에 쓰는가'라는 생각은 안 해봤어요. 그냥 책을 쓸 때는 너무 재미있으니까 썼죠. 낚시광들이 낚시에 열광하고 바둑광들은 3박4일 동안 바둑만 두잖아요. 그런 걸 물어봤자 대답이 나오겠어요?

유: 정상을 차지하려고 노력하는 사람도 있고, 사장 자리에 올라가려고 기를 쓰는 사람도 있고……. 세상엔 뭔가 목표를 설정해놓고 사는 사람이 많잖아요. 야심을 갖고 도전하며 사는 건데요. 선생님은 야심을 갖거나 도전의식을 가져본 적이 없나요?

조: 그런 기억은 없어요. 책을 쓴 건 도전이 아니었어요. 그냥 내가 재미있어서 한 거죠.

유: 문제는 요즘 젊은 사람들은 재미를 잘 못 찾는다는 거예요. 〈개그콘서트〉 같은 TV 프로그램을 보면서 재미있다고 하지, 깊이 있는 재미를 추구하지 못하는 것 같아요. 선생님이 느끼는 재미는 뭔가요?

조: 「예수의 샅바를 잡다」라는 책을 쓸 때예요. 제가 발견한 '라철'이라는 인물을 알아갈 때, 우리 종교가 왜 없어졌는지를 공부할 땐 정말 찌릿찌릿했어요. 이상 시인에 관한 책을 쓸 때 보니 이상 시인은 말도 안 되는 숫자를 적어놓고 그림을 그려놨는데, 그건 도저히 인간으로서 풀 수 없는 문제더라고요. 이상의 시는 인문학적으로 가장 어려운 문제였다고 생

각해요. 근데 저는 '죽기 전에 그 어려운 문제를 풀어 낼 수 있으면 얼마나 재미있겠느냐' 그렇게 생각했어요. 문제를 풀다가 심지어 미세한 뇌경색 3기까지 갈 뻔 했지만요.(웃음) 뇌 핏줄 중 하나가 막혔다는 진단까지 받았어요. 그런데도 무지하게 재미있더라고요. 암호 같은 것들이 풀리지 않는데 새벽 2~3시까지 '이게 뭘까?' 하고 있다가, '내일 출근해야 하니 자야지' 하고 불을 꺼요. 그런데 누워도 계속 그 암호들이 생각나요. 일어나서 막 생각난 것들을 쓰다 보면 몇 시간이 가요. 다시 불을 끄고 숙제를 안고 누우면 또 생각이 나죠. 일어나서 쓰다 보면 하룻밤을 꼴딱 새고 출근하는 거예요.

그렇게 방송하다가 드러누워서 골골하고……. 그러다가 급기야 뇌경색이 왔는데 그때 알았죠. '아, 사람이 정도껏 해야 되는 거구나. 혹사하면 이렇게 되는구나.' 그때 처음 알았어요. 그래도 그때는 정말 찌릿찌릿할 정도로 재미를 느꼈어요.

유: 어떤 일이든 자기 가슴을 찌릿찌릿하게 하고 희열을 느끼게 하는 것을 찾으면 그게 재미라는 거죠? 다시 선생님의 삶을 좀 보자면 최근 '쎄시봉' 공연이 빵 터졌잖아요. '쎄시봉' 멤버들을 보면 평균연령이 67세예요. 미국, 호주 등 해외 공연을 다니면서 이렇게 제2의 전성기를 구가할 줄 아무도 몰랐을 텐데요. '쎄시봉' 공연을 이끌어 낸 것도 어찌 보면 선생님의 힘인 것 같아요.

조: 그건 재수라고 봐요. 재수가 작용한 것 같아요. 우리 딸도 '쎄시봉'

을 보고 기타 하나 사달라고 해서 기타를 배워요.

유: '쎄시봉'이란 말도 "참 좋다. 훌륭하다"는 뜻인데, 재수 좋은 인간으로 살기 위해 특별히 노력하는 게 있나요?

조: 그런 건 없고. '쎄시봉' 얘기가 나왔으니까 하는 말이지만, 제가 친구들과 관계를 잘 유지했어요. 이장희, 송창식, 김세환 이런 친구들과 서로 잊지 않고 끊임없이 교우해왔기 때문에 "야, 한번 하자"라고 할 수 있었죠. 아이디어는 최유라 씨가 냈어요. "라디오에서 음악회 한번 하지 그래요?" 해서 "야, 다 모여" 한 거죠. 30년~40년 만에 처음이었어요.

기타만 들고 와서 연습도 안 했어요. "우리 옛날에 하던 것부터 하자"면서 연습도 안 하고 "지금부터 조영남과 친구들이 공연합니다"라고 시작했는데 제가 듣기에도 괜찮더라고요. 노인네들이 기타 하나 들고 연습도 없이 그냥 했는데 방송에서 대박이 난 거예요. 우리도 깜짝 놀랐죠.

그러더니 어느 날 TV에서도 그걸 그대로 하자고 해요. 처음엔 TV출연은 안 하려고 했어요. 라디오는 눈에 안 보이지만 TV에 노인들이 기타를 들고 나와서 그러면 노인정도 아니고 후줄근해 보일 것 같아서요. 그래도 딱 한 번만 하자고 해서 다들 또 연습도 없이 왔어요. '짠~' 하고 한 것이 그냥 대박을 치더라고요.

유: 60년대 청년문화의 기수, 포크음악의 기수들이 지금 60대에게 새로운 문화를 만들어냈어요. 요즘 50·60대 남성들이 밴드를 결성해서 트럼펫 불고 기타치고 그런대요. 조영남 선생님이 장년문화 부흥에 엄청난

영향을 준 거예요.

조: 저도 고등학교 때 트럼펫을 불었어요. 정동영의 친구 손학규는 제 2년 후배예요. 그때 손학규도 저하고 같이 트럼펫을 불었어요. 그래서 둘이 만나면 입으로 나팔을 만들어서 불죠. 손학규는 경기고, 저는 강문고였고요.

우리가 그때는 데모를 그렇게 많이 했어요. 4.19 전후 격변기였으니까요. "지금부터 동대문부터 시청 앞까지 행진이 있겠습니다. 밴드 순서를 말씀드리겠습니다"라고 하면 순서가 보통 '가나다' 순이에요. 강문고, 경기고, 경서고, 경북고…… 우리 학교가 제일 앞에 섰죠. 자랑스러웠어요.

유: 마지막으로 '재미의 부활'에 대해 얘기해주세요. 다양한 문화를 체험하는 것이 나이 들어서 얼마나 좋은지도요. 교훈적으로 말씀하시는 걸 싫어하시지만, 좀 잘난 척을 하셔도 좋을 것 같아요.

조: 잘난 척 할 수 있는 기회를 주셔서 감사한데, 너무 막연한 것 같아요. 구체적으로 질문할 분 있으면 해주세요.

■ 왜 그림의 소재가 화투인가요?

조: 화투에 대해 말하자면 두 시간 이상 해야 하는데……. 간단히 얘기

하면 그림은 음악하고 달리 독자적이어야 하잖아요. 노래는 파바로티와 똑같이 부르면 세계 1, 2위의 성악가가 돼요.

그런데 미술은 반대에요. 제가 피카소와 똑같이 그림을 그리면 "미친 놈" 소리를 들어요. '조영남표 미술'만 해야 해요. 뭉크의 '절규' 같은 걸 똑같이 그리면 대번에 실력 없는 놈, 따라 하는 놈이 되죠. 미술은 음악과 달라서 '조영남의 독창성'이 더 필요합니다.

그리고 제일 중요한 것은 사람들의 시선을 끌어야 해요. 뭘 그려야 지나가는 사람들 발길을 세울까 생각하는데, 어느 날 화투를 보게 됐어요. 그 속에 그림이 있더라고요. 그래서 시선을 끄는 방법으로 화투를 선택했어요. 그래서 그렸는데 성공한 거죠.

- '내 인생은 나의 것'이라는 강연주제를 보고 신청했어요. 전 방황하는 24세 젊은이입니다. 하고 싶은 것을 위해 자퇴를 선택했어요. 그런데 주변에서 많은 분들이 "네가 앞으로 살아갈 때 걸림돌이 될 거다"라고 하세요. 재미를 찾아 하고 싶은 걸 해왔다고 하셨는데, 그때마다 불안함은 없으셨나요? 내가 당장 하고 싶은 걸 선택해도 괜찮을까요?

조: 스물네 살이면 제 딸 나이인데, 방황이라는 단어를 서슴없이 얘기하는 것이 못마땅합니다. 왜 자기 삶을 방황한다고 표현하죠? 그럴 필요가 없죠. 그렇게 느끼는 것 자체가 너무 웃기고 건방지다고 생각해요. 방황이라고 생각하면 안 돼요. 방황이라고 생각하니 방황하고 있다고 느끼는 거죠. 스물네 살이면 인생이 가장 꽃피우는 나이 아니에요?

여러 생각이 들고 불안하고 초조할 수 있어요. 신은 우리에게 행복과 불행을 반반씩 줬고, 불안과 안정을 반반씩 줬습니다. 나쁜 것만 자꾸 생각하면서 "불안하다. 불행하다. 초조하다. 왜 이렇게 살아야 하느냐?"고 물으면 공평하지 않다고 생각해요. 그건 그냥 우리가 그리고 당신이 짊어지고 가야 하는 삶, 그 자체예요. 당신이 가진 재료인 겁니다. 음식을 만들 때 후춧가루 자체는 맛이 없잖아요. 그러나 그게 있어야 해요. 마늘도 맵기만 하죠. 고추도 그렇고요. 하지만 그걸 다 조화롭게 섞어야 음식이 맛있죠.

불안함, 초조함, 외로움 등을 다 소화하고 잘 엮어서 살아야 나중에 근사한 삶을 살 수 있다고요. 저는 솔직히 질문하신 분이 "왜 나는 이렇게 불안하고 초조해야 하고 망설여야 하는가"라고 질문하는 게 좀 우스워요. 지금 그런 걸 물을 때가 아녜요. '이게 재미있구나' 싶으면 그냥 해요. 끝까지 해요. 옆에서 누가 뭐라고 그러든. 아버지가 그러든 선생님이 그러든. 그렇게 살아보는 거죠. 남자친구 만나는 게 더 좋으면 밤새 수다 떨고, 쏘다니고 하는 거죠. 재미있는 것을 찾으세요.

유: 선생님 말씀은 방황이라는 부정적인 말 대신에 '생각이 많음'으로 바꿔야 한다는 것이죠. 이것저것 도전하다 보면 다양한 체험이 여러분의 인생을 훨씬 강하게 해줄 거예요. 청춘만 아픈 게 아니에요. 중년도 아파요.

조: 청춘들은 자기들만 아프다고 하는데, 말도 안 되죠. 왜 청춘만 아파야 해? 노인네도 아픈데. 노인네는 비가 오면 쑤신다고……(웃음)

유: 선생님이랑 저랑 책을 하나 쓸 건데, 저는 「결리니까 중년이다」, 선생님은 「쑤시니까 노년이다」를 쓸 거예요. 아프고 결리고 쑤시는 과정을 통해서 이제 삶을 성숙시켜 나가야 합니다. 하염없이 얘기하면 끝이 나지 않을 것 같아서 오늘의 토크는 여기서 마무리하도록 하겠습니다. 감사합니다.

조: 다 된 건가요? 감사해요.(웃음)

후기 _알파레이디 시즌2, 책에서 지혜를 빌리다

 2012년 한 해 동안 진행된 '알파레이디 북토크'는 지난 2011년 경향신문 인터랙티브팀이 독자와 함께하는 기획으로 마련한 '알파레이디 리더십포럼'의 후속 기획이었습니다.
 알파레이디 '시즌1'이라 할 수 있는 '알파레이디 리더십포럼'은 똑똑한 알파걸(Alpha girl)들이 사회에 진출한 뒤부터는 알파레이디(Alpha lady)로 성장하지 못하는 현실을 극복하기 위한 리더십 프로젝트였습니다.
 여성들이 남성들의 질서로 구성된 사회구조나 제도적인 한계를 문제제기하는 데 그치지 않고 때로는 이런 룰에 당당히 부딪혀 싸우고, 때로는 현명하게 대처하면서 어떻게 하면 진정한 리더로 성장할 수 있을지 찾아보자는 취지였습니다. 이 과정을 먼저 거친 멘토 열두 명이 강연에 초대됐고 한 해 동안 600명이 넘는 알파걸들이 참여해 경청하고 고민을 나누었습니다.
 그런데 '알파레이디 리더십포럼'을 찾은 2030여성들의 고민은 생각보다 복잡했습니다. 여성들이 그리는 미래는 단순히 사회에서 성공하고 인정받는 리더가 되는 데서 그치지 않았습니다.

취업의 문턱에서부터 시작되는 고민은 직장생활을 시작해서도, 사랑과 연애 앞에서도, 결혼을 앞두고서도, 출산과 육아 문제에 직면해서도 꾸준히 이어졌습니다. 결국 모든 고민은 '어떻게 살아갈 것인가'로 향했습니다.

알파레이디 '시즌2'에서는 이 물음에 대한 답을 책에서 찾고자 했습니다. 이렇게 기획된 '알파레이디 북토크'는 한 권의 책과 그 책을 지은 이로부터 책 속에 담은 생각과 지혜를 듣는 프로젝트였습니다. 때로 강렬한 책 한 권은 사람의 인생을 바꿔놓을 수도 있는 깨달음을 던집니다. 책이 주는 인문학적 소양과 지식은 내 삶을 풍성하게 해주는 자양분이란 건 말할 것도 없습니다.

지난 한 해 저자들의 알토란 같은 강연에 참석자들은 때로는 고개를 끄덕이고 때로는 손을 들어 질문했습니다.

감각적인 독서가로 유명한 정혜윤 CBS 라디오 PD는 책을 삶의 다양한 재료로 쓰는 법을 얘기했습니다. "책을 읽고 이제 어떻게 살까를 생각하는 순간 (진정한 독서 행위가) 이뤄지는 것"이라며 자기계발에 밀려 잊어버렸던 진짜 독서법을 일깨워줬습니다.

고전평론가 고미숙 씨는 현대사회에서 소외된 여성의 몸의 문제를 날카롭게 지적했습니다. 그는 "지혜는 여성의 몸을 생성시킨 자연으로부터 온다"면서 자신의 몸으로부터 삶의 지혜를 얻으라고 조언했습니다.

방송인 김미화 씨는 도전과 실험으로 가득 찬 자신의 인생 이야기를 담담하게 풀어냈습니다. 아픔과 상처를 솔직히 드러내고 그마저도 유쾌한 입담으로 승화시킬 수 있는 내공에 모든 청중이 귀 기울여 듣지 않을 수 없었습니다. 나승연 전 평창동계올림픽유치위원회 대변인은 자신의 강연을 정돈되고 설득력 있는 하나의 프레젠테이션처럼 선보여 청중과 소통하는 강연이 무엇인지 보여줬습니다. '더반의 여왕'이란 별칭이 무색치 않았죠. 곽금주 서울대 교수는 다양한 심리학 이론을 들어 사랑의 심리학을 흥미롭게 풀어냈습니다.

올해에는 시즌1에 비해 남성 강사들이 많이 초대됐습니다. 김정운 '여러가지문제연구소' 소장은 여성들도 알아야 할 세상의 절반, '대한민국 남자'의 심리를 익살맞게 들려줬습니다. 음악, 미술, 문학 등 문화·예술에 조예가 깊은 가수 조영남 씨는 우리가 찾아야 할 삶의 재미와 열정을 얘기했습니다. 언뜻 엉뚱해 보여도 천천히 곱씹어볼 만한 '조영남표 철학'을 만날 수 있는 시간이었습니다. 홍성태 한양대 교수는 나를 세상에 알리기 위한 마케팅 비법을 '마케팅학의 권위자'답게 귀가 솔깃해지는 강연으로 소개했습니다.

2012년이 선거의 해인 만큼, 시민의식과 정치에 관한 이야기도 빼놓을 수 없습니다. 우석훈 성공회대 외래교수는 대선을 한 달 앞두고 '시민'의 역할과 우리 사회의 미래에 대해 강연했습니다. 박찬일 셰프는 현대인들이 진정한 맛을 잃어버린 과정이 정치·경제적 구조와 얼마나 밀접하게 연결돼 있는지 역설했습니다.

알파레이디 시즌2를 거치면서 알파레이디들과 맺은 인연은 한층 두터워졌습니다. 2011년에 이어 2년째 강연에 참석한 2030여성들은 "시야가 넓어지고 내 삶에 좋은 자극제가 됐다"고 얘기했습니다. 이 프로젝트를 기획하고 준비한 인터랙티브팀도 뿌듯함을 느낍니다.

이제 1년의 강연을 엮어 책으로 선보입니다. 이 책은 이 시대 '여자사람'으로 살면서 한 번쯤 생각해볼 것들을 추려 낸 '다이제스트' 판이라고도 할 수 있습니다. 강연에 직접 참여하지 못한 많은 독자들이 이 책을 통해 열 명의 저자들이 들려준 지혜와 열정을 공유할 수 있길 바랍니다.

2013년에는 알파레이디 '시즌3', '알파레이디 문화톡톡'이 진행됩니다. 음악, 미술, 문학, 대중문화 등 다양한 문화·예술 분야를 전문가와 함께 경험해보는 프로젝트입니다. 앞으로도 알파레이디 시리즈에 많은 관심과 사랑을 부탁드립니다.

2013년 1월
경향신문 인터랙티브팀